本书为江苏高校哲学社会科学重大项目“江苏人口老龄化对经济社会发展影响及其对策研究”(2010ZDAXM004)成果

人口老龄化对经济社会发展的影响及其对策研究

——以江苏省为例

Population Aging Influences and Counter Measures On Economic and Social Development： A Case Study On Jiangsu Province

黄健元　王　欢／著

科学出版社

北　京

图书在版编目(CIP)数据

人口老龄化对经济社会发展的影响及其对策研究：以江苏省为例/黄健元，王欢著．—北京：科学出版社，2013.11

ISBN 978-7-03-038987-9

Ⅰ.①人…　Ⅱ.①黄…②王…　Ⅲ.①人口老龄化-影响-经济发展-研究-江苏省　Ⅳ.①F127.53

中国版本图书馆 CIP 数据核字(2013)第 254813 号

责任编辑：侯俊琳　牛　玲　张翠霞/责任校对：宣　慧
责任印制：徐晓晨/封面设计：无极书装

编辑部电话：010-64035853
E-mail：houjunlin@mail.sciencep.com

科学出版社 出版
北京东黄城根北街 16 号
邮政编码：100717
http://www.sciencep.com

北京凌奇印刷有限责任公司 印刷
科学出版社发行　各地新华书店经销

*

2014 年 1 月第 一 版　开本：720×1000　1/16
2019 年 1 月第四次印刷　印张：14 1/2
字数：252 000

定价：68.00 元

(如有印装质量问题，我社负责调换)

序

PREFACE

人口老龄化对经济社会发展产生了重大而又深刻的影响，其带来的一系列社会经济问题正受到国内外学者的广泛关注。人口学家侧重于对人口老龄化现状、成因、发展趋势的研究；管理学家主要关注人口老龄化背景下的社会保障、社会管理等方面的研究；经济学家则主要研究人口老龄化对储蓄-消费及劳动力市场等方面的影响。

21世纪初，我国已步入人口老龄化社会。作为全国的一个经济大省和人口大省，江苏省早在1986年就开始进入老龄化社会，老龄化的程度明显高于全国平均水平。2010年，江苏省65岁及以上老年人口已占全省总人口的10.89%。伴随着经济社会的高速发展，未来较长时间内江苏省人口老龄化的进程还将持续加快，并对江苏省经济社会的发展产生深远的影响。黄健元、王欢两位同志所著的《人口老龄化对经济社会发展的影响及其对策研究——以江苏省为例》一书比较系统地研究了相关问题。作者在广泛借鉴相关研究成果的基础上，以江苏省2010年第六次全国人口普查数据为依据，结合深度访谈、问卷调查等取得的第一手资料，综合应用人口社会学、计量经济学、社会保障学、统计学等多学科方法集成研究了江苏省人口老龄化的现状、趋势，以及对劳动力市场、储蓄-消费、社会保障、老龄产业等经济社会重要方面发展的影响，得到了一些重要的研究结论，提出了可供相关部门决策参考的政策建议。

对当代问题的社会科学研究不仅应当形成学术贡献，也需要为公共政策的设计、制定、改革和完善提供决策参考依据。在构建和谐社会的时代背景下，江苏省应如何积极应对人口老龄化、统筹解决人口问题、实现人口与经济社会协调可持续发展，是我们面临的重大课题。相信本书的研究成果将为江苏省积极应对人口老龄化提供新的知识积累和政策启示。

黄健元教授曾参与过由我主持的“省委省政府《关于加快我省老龄事业发展的意见》（省发2009年5号）贯彻落实情况调查评估”等课题研究。在合作过程中，感受到了该同志敬业的精神和良好的学术素养。在此，谨对此书的出版表示祝贺，同时也希望作者继续努力，不断研究出更多优秀的成果。

以上简言，是为序。

江苏省人民政府原副省长
江苏省老年学学会会长

2013年2月

前　言 FOREWORD

人口老龄化是人类历史发展的必然产物，已经成为全球性的人口发展趋势。目前，世界上所有先进国家的人口年龄结构都已转变为老年型人口[①]，许多发展中国家正在或即将转变为老年型人口。进入21世纪以来，世界人口老龄化程度向着进一步加深的方向转变，2010年，全世界65岁及以上老年人口占总人口的比重已经达到8%。老龄化不再是一个国家或地区的人口现象，而是全世界人口的共同发展趋势。21世纪是人口老龄化的世纪，世界人口从进入老龄化到基本稳定将主要在21世纪完成。

21世纪初，我国已经步入人口老龄化社会，并成为世界上老年人口最多、增长速度最快的国家。《2010年第六次全国人口普查主要数据公报》(第1号)显示，我国65岁及以上老年人口为1.19亿人，占总人口的8.87%，与2000年相比上升了1.91百分点。我国人口老龄化进程在具有与发达国家类似发展过程的同时，还有其自身的特点，即人口老龄化速度快、老年人口绝对数量大、未富先老、区域不平衡、高龄老人增长迅速等。

江苏省是我国经济社会发达的省份，同时也是人口老龄化程度最为严重的省份之一。江苏省于1986年就进入了人口老龄化社会，早于全国14年。伴随着经济社会的快速发展，江苏省人口结构持续老化，人口老龄化进程不断加速。《江苏省2010年第六

① 这里"老年型"人口标准采用"65岁及以上老年人口占总人口的比例达到或者超过7%"。

次全国人口普查主要数据公报[1]》显示，江苏省65岁及以上老年人口占总人口的比重已经达到10.89%。在未来较长一段时期内，江苏省人口老龄化水平仍将持续提高，人口老龄化进程将快速推进。

人口老龄化与经济社会之间具有复杂的关系，一方面人口老龄化是经济社会不断发展的必然产物，是人类社会进步、文明、发达的标志；另一方面人口老龄化对经济社会的进一步发展也会产生深刻的影响。人口老龄化最直接的后果就是老年人口的增多和劳动年龄人口的相对减少，导致有效劳动力的短缺和劳动质量的下降，会对劳动生产率的提高产生抑制作用，进而影响经济的增长。与此同时，老年人口的增多将对市场消费结构产生影响，其庞大而又具有特点的需求必将催生新的市场，以直接或间接方式对产业结构进行调整，进而带动就业结构发生改变。伴随着人口老龄化的不断加深，老年人口会不断增多，国家支付给老年人的各种福利开支也会迅速增加，这会对社会保障造成巨大压力，从而影响社会环境的稳定。

进入21世纪以来，江苏省在经济社会高速发展的同时，人口老龄化进程还将持续加快，并呈现出基数大、增速快、高龄化、空巢多、赡养系数大等特点。庞大的老年人口的形成，将对江苏省经济社会产生重大而深远的影响，主要表现在：影响劳动力的有效供给、劳动生产率的提高、资本积累；加重财政负担、加大社会保障压力；影响家庭代际关系、社会养老模式等方面。在全面贯彻落实科学发展观、改善民生、构建和谐社会的时代背景下，有效应对人口老龄化带来的挑战事关社会稳定、健康发展的大局。因此，客观认识江苏省人口老龄化发展变化的现状和趋势、深入研究人口老龄化给经济社会发展带来的挑战、提出合理应对老龄化的可行的政策建议，是统筹解决人口问题、实现人口与经济社会协调发展长远战略的重要基础，具有重大的意义。研究成果可以为政府部门制定、改革和完善相关政策提供重要的决策参考依据。

本书综合应用人口社会学、计量经济学、社会保障学、统计学等多学科进行集成研究，主要方法包括：①文献综述与调查研究相结合的方法。通过实际调研，并借鉴其他专家、学者的研究成果，分析江苏省人口老龄化的现状及特点；结合专家咨询意见，定性研究江苏省人口老龄化对劳动力市场、储蓄-消费、老龄产业及社会保障等方面发展的影响。②数理模型及经济计量的方法。运用有关方法预测分析江苏省人口老龄化发展的趋势；特别针对养老保险，分析其影响因素，选择确定代表性指标，通过构建计量经济模型，测算分析人口老龄化背景下未来江苏省基本养老保险基金平衡面临的压力。③比较研究和分析的方法。比较、分析江苏省人口老龄化与国内外有关国家、地区的异同，在对先进国家和地区应对人口老龄化挑战的方法进行系统梳理的基础上，针对江苏省实际情况进行方法的适用性分析，汲取有借鉴价值的经验。

本书共由六章构成：第一章主要阐述了人口老龄化现状，预测分析了人口老龄化的发展趋势及特征。第二章分析了江苏人口老龄化对劳动力市场的影响，并且分析了老年人力资源开发利用的可行性，剖析了先进国家和地区发展劳动力市场的做法及其对江苏省的启示。第三章主要通过实证研究分析了江苏人口老龄化对储蓄、消费的影响，通过借鉴先进国家和地区的有益经验，提出了江苏省在应对人口老龄化对储蓄和消费影响方面的建议。第四章主要通过对社会保障内涵的再认识，研究分析江苏省人口老龄化对社会保险、社会救助、社会福利的影响，同时揭示了人口老龄化对老年教育需求的影响。通过借鉴先进国家和地区的经验，对江苏省应对人口老龄化对社会保障影响方面进行了思考。第五章主要研究了江苏人口老龄化对基本养老保险基金平衡的影响，分析了江苏省基本养老保险基金收支情况，揭示了基金收支中存在的问题、后果，剖析了江苏省基本养老保险基金收支失衡的状况及其原因。通过借鉴先进国家和地区的相关经验，提出了促进江苏省基本养老保险基金平衡的建议。第六章主要研究江苏人口老龄化背景下的老龄产业的发展情况，通过分析江苏省老龄产业的发展现状，揭示老龄产业发展存在的问题，剖析其原因，结合先进国家及地区的相关经验，提出发展老龄产业的建议。

本书主要是由我和我指导的博士研究生王欢共同完成的。我的同事陈际华老师、郭剑平老师，还有我指导的潘付拿、王薇、章书平、谭珊珊、廖迪菲五位研究生均参与了研究工作。他们在资料的收集、整理，统计图表的绘制、分析，计量经济模型的构建及实证分析等方面做了一定的工作。另外，需要特别指出的是，本研究得到了江苏省教育厅、江苏省统计局、国家统计局江苏调查总队、江苏省人力资源和社会保障厅、江苏省民政厅、江苏省人口和计划生育委员会、江苏省社会保险基金管理中心、江苏省人口学会、江苏省老年学学会等组织机构有关领导、专家的大力支持和帮助。研究过程中参考了一些文献资料，并得到了有关专家、领导的关心、指导，在此一并表示衷心的感谢！

人口老龄化对经济社会发展的影响及其对策研究是一项复杂而困难的工作。由于学术水平及实际研究条件有限，本书中的一些结论和观点还需不断改进和完善，有些问题还有待于进一步研究和探讨。期盼有关专家和研究人员批评指正，提出宝贵意见。

黄健元

2012 年 12 月于河海大学

目　录 CONTENTS

第一章　人口老龄化现状及趋势分析

人口老龄化的现状及发展趋势研究是深入探讨人口老龄化对经济社会发展影响的重要切入点。现阶段，我国正处于人口老龄化进程发展的加速时期，与一些已经进入人口结构深度老化的先进国家相比，我国明显具有人口老龄化速度快、水平高，人口老龄化推进速度不均，人口老龄化空间分布不平衡等突出特点（田雪原，2007）。

然而，随着时间的推移，一些研究表明，我国人口老龄化进程将不断推进并呈现出阶段性发展趋势。基于对中国未来一百年的人口发展趋势预测，21世纪上半叶，我国老年人口总数会一直保持增加趋势，并于2053年达到峰值，约为4.3亿，之后开始进入缓慢减少阶段，但到2100年时仍将有3.5亿以上的老年人口（杜鹏等，2005）。田雪原（2007）采用多区域离散型人口发展模型对2000～2050年中国人口的发展趋势进行了预测，结果显示，2017～2022年、2027～2038年是人口老龄化加速推进的两个时期，而2050年过后不久将达到人口老龄化最高峰，65岁及以上老年人口比例将在25％上下波动。

西方学者有关人口老龄化成因的大量研究发现，人口老龄化的决定性因素是生育率的下降而非死亡率下降导致的平均寿命延长，生育率和死亡率变动的根本原因则是工业化、城市化和经济现代化。我国学者对新中国成立以来人口结构变化的研究也得到了类似的结论（杜鹏，1992；曲海波，1989）。原新等（2009）采用模拟方法再现了1982～2007年的人口发展进程，研究结果为生育率、平均预期寿命延长、人口惯性作用对老龄化水平升高的贡献率分别为27.11％、18.67％和56.06％，即现实的人口老龄化进程主要受人口惯性作用的影响，而生育率和死亡率水平对当前的人口老龄化进程影响力较小。

事实上，不同地区的人口具有不同的人口老龄化进程发展特征，与区域人口过程有着密切关系。上海市老龄科学研究中心预测得到，上海市将在2025～2030年达到人口老龄化发展的最高峰，60岁及以上老年人口占总人口的比重在32%左右，人口老龄化在2025～2040年将经历一个高速发展过程。在欧广源等（2006）对广东省的人口预测研究中，2015～2035年则是广东省老年人口增长最快的时期，2035年65岁及以上老年人口将达到1700万人左右，2050年将达到2100万人左右。由此可见，人口老龄化进程发展具有区域性差异。

江苏省作为我国东部沿海地区经济社会发达的省份，早在1986年就进入了人口老龄化社会，早于全国14年，人口老龄化进程更是一直领跑全国，并具有独特之处。本章首先通过分析江苏省人口老龄化现状来总结其人口老龄化特征，其次基于对江苏省人口发展趋势的预测结果来研究人口老龄化发展的趋势，为后续研究奠定基础。

第一节　人口老龄化现状

江苏省是我国人口大省。《江苏省2010年第六次全国人口普查主要数据公报［1］》显示，江苏省人口总数已达到7865.99万人，其中，男性人口3963.02万人，女性人口3902.97万人；出生率9.73‰，死亡率6.88‰，自然增长率2.85‰；城镇人口4737.15万人，占全省总人口的60.2%，农村人口3128.84万人，占总人口的39.8%。江苏省人口总量占全国总人口的5.90%，在全国各省（自治区、直辖市）中，继续低于广东、山东、河南、四川四省，居全国第五位。由于地域较小，人口密度较高，遥居全国各省区之首。2010年年末，人口密度达到767人/km^2，是全国平均水平的5.43倍。作为全国的人口大省，江苏省在经济社会高速发展的同时，人口老龄化趋势日趋明显。纵观人口年龄结构的变化，江苏省人口老龄化的特征可以概括为“两大三高”：绝对数量大、地区差异大；高速、高龄、老年抚养比高。

（一）绝对数量大

江苏省是全国人口老龄化最严重的省份之一，首先体现在老年人口绝对数量大上。江苏省人口基数大，加上在30余年的改革开放中，人民生活水平不断提高，医疗卫生条件日益改善，人口预期寿命不断延长，以及人口自身生产的惯性作用，使得老年人口数量逐年增加。这也决定了江苏省将同全国一样会迎来劳动力、总人口和老年人口三大高峰。同时，江苏省的人口老龄化是伴随着人为条件，即严格控制人口增长，通过全面实行计划生育政策使人口出生率、生育率和自然增长率急剧下降的情况下进行的，因此明显地表现为一种刚性的过程。只要计划生育政策继续实施，生育水平继续保持在更替水平以下，那么人口老龄化过程仍将快速发展。如图1-1所示，在1990年第四次人口普查时，江苏省 65 岁及以上的老年人口有 455.28 万人；到 2000 年第五次人口普查时，江苏省 65 岁及以上的老年人口为 645.84 万人；而到 2010 年第六次人口普查时，江苏省 65 岁及以上的老年人口数量已经增长至 856.78 万人。

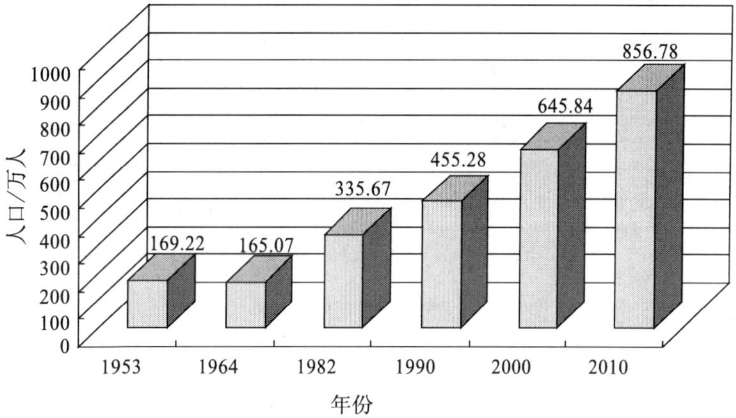

图 1-1　江苏省 65 岁及以上老年人口总数情况

资料来源：江苏省历次人口普查公报。

（二）地区差异大

1. 各地市间差异大

从总体上看，虽然江苏省各地市的人口老龄化均达到了相当高的程度，但由于经济发展水平、人口迁移与流动及城市化水平不均，江苏省老龄化程度地区差异是十分明显的（表 1-1）。

表 1-1　江苏省按地区分的人口情况（2010 年 11 月 1 日零时）

地区	总人口	年龄			
		0～14 岁/万人	15～64 岁/万人	65 岁及以上人口/万人	65 岁及以上人口占比/%
江苏省	7865.99	1023.02	5986.19	856.78	10.89
苏南	3254.87	323.01	2631.48	300.37	9.23
苏中	1636.12	186.03	1208.54	241.55	14.76
苏北	2975.01	513.98	2146.17	314.86	10.58
南京市	800.47	76.14	650.72	73.61	9.20
无锡市	637.26	65.60	511.15	60.51	9.50
徐州市	858.05	154.17	614.39	89.49	10.43
常州市	459.20	52.86	361.43	44.91	9.78
苏州市	1046.60	96.34	861.17	89.09	8.51
南通市	728.28	77.40	530.63	120.25	16.51
连云港市	439.39	85.48	313.57	40.34	9.18

续表

地区	总人口	年龄			
		0～14 岁/万人	15～64 岁/万人	65 岁及以上人口/万人	65 岁及以上人口占比/%
淮安市	479.99	80.65	349.43	49.91	10.40
盐城市	726.02	104.21	534.90	86.91	11.97
扬州市	445.98	52.70	337.75	55.52	12.45
镇江市	311.34	32.07	247.01	32.26	10.36
泰州市	461.86	55.92	340.16	65.78	14.24
宿迁市	471.56	89.46	333.89	48.20	10.22

资料来源：2011 年《江苏统计年鉴》。

江苏省的苏北、苏中、苏南三大板块自北向南其经济社会发展水平依次递增，发展极不平衡。江苏省各地市间人口老龄化程度差异也较大。由表 1-1 可知，苏中人口老龄化程度最高，南通 65 岁及以上老年人口占比达到了 16.51%，是江苏省人口老龄化程度最高的城市，而泰州和扬州则分别以 14.24%和 12.45%的水平位列第二和第三。

改革开放以来，苏南地区经济社会发展较快，农村劳动力以就地转移为主，同时该地区也吸纳了大量的外地农村劳动力，发达的社会经济状况为人口迁移创造了有利条件。苏北由于历史和自然等多方面原因，经济社会发展相对缓慢，农村劳动力就地转移较少，向外输出较多，成为省内人口迁移的主要流出地。苏中的情况则介于二者之间。与工业化程度和经济发展水平相对应，江苏农村劳动力就业和转移在三大区域之间的差异也呈现出显著的梯度特征。大批经济不发达地区的青壮年人口移向了经济发达的苏南地区，从而导致苏南地区劳动人口众多，人口老龄化程度得以缓解，老年人口占总人口比例反而偏低。表 1-1 显示，2010 年江苏省苏南地区 65 岁及以上老年人口占比为 9.23%，低于苏北地区 1.35 百分点，低于苏中地区 5.53 百分点，而外来劳动力人口最多的城市苏州，其 65 岁及以上老年人口占比为江苏省 13 个地级市中最低的城市，仅为 8.51%。

苏中地区人口老龄化程度为全省最高，达 14.76%，这一结果同样与劳动力转移密不可分。虽然随着江苏省经济社会的不断发展，苏中地区发展势头强劲，吸引了越来越多的流动人口，南通市更是在 2010 年首次出现了迁入人口大于迁出人口的局面，但是由于历史上该区域劳动年龄人口存在大量流出的现象，老年人口占比仍相对较大。20 世纪 90 年代以来，由于区域人口过密，过多的人口与有限的资源及就业空间之间的矛盾迫使苏中地区部分人口通过流动寻求发展机遇。以南通为首的“建筑铁军”不断发挥优势，成为带动该区域劳动力外出的主要载体，大批年轻人长期在外从事建筑业。与此同时，经济社会的不断发展和城市化进程的加速，进一步促进了农村人口向城镇聚集和流动速度的提高。

2000年，全国第五次人口普查资料显示，仅南通市迁移人口就高达103.3万人，迁出率13.17%；流入人口为69.16万人，迁入率8.82%；净流出34.14万人，总迁移率21.99%。大量劳动力的转移造成了老年人口比重增高，人口结构迅速老化，从而促成了苏中地区成为全省人口老龄化最严重区域的现状。

2. 城乡差异较大

江苏人口老龄化呈现明显的“二元化”特征，经济发展、人口流动及城市化程度的差异，导致人口老龄化存在着城乡差异（表1-2）。

表1-2 2010年江苏省城乡老龄化程度差异情况 （单位：%）

地区	城市	镇	乡村
60岁及以上老年人口占比	12.34	14.83	19.36
65岁及以上老年人口占比	8.21	10.16	13.39
80岁及以上老年人口占比	1.54	1.92	2.64

资料来源：江苏省第六次全国人口普查数据。

由表1-2可以看出，镇和乡村的人口老龄化程度明显高于城市，60岁及以上老年人口占比中，乡村人口已经高达19.36%，镇人口次之，为14.83%，最低为城市人口12.34%；65岁及以上老年人口和80岁及以上老年人口占比中，乡村人口同样居高不下，形成了鲜明的人口老龄化城乡二元格局。江苏省人口结构现状形成的基本原因是流动和迁移人口的持续增加，大量乡村年轻劳动力迁往城市，农村老年人口比例上升，致使农村老龄化程度相对高于城镇。可以预料，随着农村人口向城镇转移速度的逐渐减缓，农村人口老龄化速度也会随之减慢，城镇（特别是较大城市）人口老龄化速度将会有所加快。从城乡分布来看，尽管农村婴儿出生率高于城市，但是由于户籍制度的改革、城市对农村剩余劳动力吸纳能力的增强和比较收益的刺激等因素的影响，越来越多的农村青壮年人口流入城市，客观上加快了农村人口老龄化的进程，也导致了农村出现大量的“留守老人”，农村人口老龄化程度高于城市。从总体上看，江苏城乡老龄化程度都达到了相当高的程度，但农村人口老龄化问题显得更为突出。

江苏省第六次人口普查资料显示，2010年，江苏农村老年人口达721.77万人，占全省老年人口的77.48%。然而，在农村养老和医疗保险制度建设远滞后于城市、社会保障事业尚未健全的情况下，农村老年工作无疑成为江苏老年工作的重点与难点，而农村人口老龄化问题也将成为构建和谐江苏的一大瓶颈。

（三）高速

我国人口老龄化是在计划生育与经济发展推动的生育率迅速下降、医疗卫生保健及居民营养水平明显改善导致的平均预期寿命提高的条件下，由人口年龄金字塔底部收缩和顶部扩展两种合力并举而实现的。严格意义上说，我国人口老龄化过程起步于1970年，比西方国家晚了三四十年，但仅仅二十多年的时间，在20世纪90年代末就实现了人口结构向老年型人口的转变，其速度之快可以说是空前的。江苏省于1986年进入了老龄化社会，比全国提前了14年，而且人口老龄化发展势头迅猛。由于江苏省人口基数大，加上人民生活水平日益提高、医疗卫生条件明显改善和人口预期寿命日益延长，老年人口不断增加，1950年以后出生的人口将陆续进入老年人口行列，人口老龄化速度将进一步加快。1990年，江苏省65岁及以上老年人口455.28万人，占比6.79%；2000年，65岁及以上老年人口增加190.56万人，占比8.84%，高出同期全国平均水平1.88百分点；2010年，江苏省65岁及以上老年人口已达到856.78万人，占比达到10.89%，高出同期全国平均水平2.01百分点（图1-2）。江苏省人口老龄化程度不断加深，与全国人口老龄化平均水平的差距不断扩大。

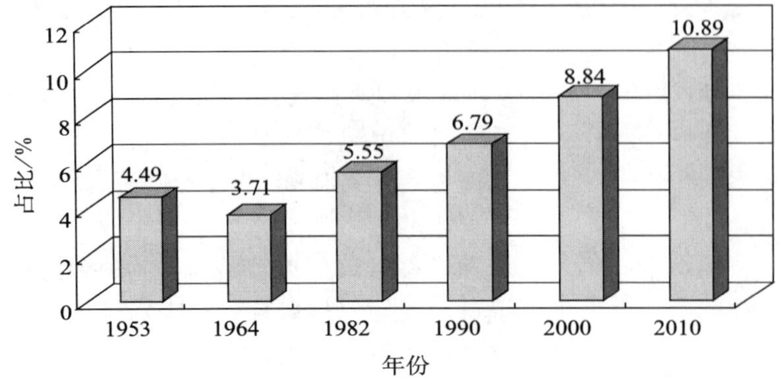

图1-2 江苏省历次人口普查65岁及以上老年人口占总人口的比重

资料来源：江苏省历次人口普查公报。

（四）高龄

随着平均预期寿命的不断增加，我国高龄老人比重不断上升。高龄人口从1990年的801万增长到2009年的2069万。高龄人口丧偶和患病的概率高，高龄女性多于男性，高龄老人生活自理能力差，他们不仅需要经济上的供养，而且需要生活上的照料，这也是人口老龄化负担比较重和比较特殊的一部分原因。

随着江苏省人口老龄化程度的不断加深，老年人口的高龄化倾向十分明显，内部老化的现象日趋严峻。1982年，江苏省80岁及以上的高龄老年人口仅有40.34万人，到1990年增加到61万人，1995年又增至76万人，增幅由1982～1990年年均增加2.58万上升到1990～1995年年均增加3万人。2000年，江苏省80岁及以上的高龄老年人口为99.21万，占总人口的1.35%，即每万名居民中有 135 个高龄老人，而到 2010 年，江苏省 80 岁及以上的高龄老年人口已经达到 167.53 万人，占 60 岁及以上老年人口的 13.32%，占江苏省总人口的 2.13%，十年间江苏省高龄老年人增加了 68.32 万人，平均每万名居民中高龄老年人口数增加了 78 人。江苏省 1982～2010 年 60 岁及以上老年人口结构变化情况见表 1-3。

表 1-3　江苏省老年人口结构变化情况　　（单位：%）

年龄组/岁	1982 年	1990 年	2000 年	2010 年
60～69	62.60	61.20	55.86	54.84
70～79	29.73	29.99	33.36	31.84
80^{+}	7.67	8.81	10.78	13.32

注：80^{+} 表示 80 岁向以上，下同

资料来源：根据有关年份人口普查数据整理得到。

（五）老年抚养比高

老年抚养比是指老年人口数与劳动年龄人口数之比，即 65 岁及以上的老年人口与 15～64 岁的劳动年龄人口之比。随着人口老龄化程度的不断加重，在相当长一段时间内江苏省老年抚养比都在不断上升。江苏省有关年份的老年抚养比情况见表 1-4。

表 1-4　江苏省有关年份老年抚养比情况　　（单位：%）

年份	1953	1964	1982	1990	2000	2005	2010
老年抚养比	7.75	6.56	8.47	9.77	12.23	14.77	21.00

资料来源：根据江苏省历次人口普查或抽样调查数据推算得到。

从表 1-4 可以看出，1982 年江苏省的老年抚养比为 8.47%，1990 年为 9.77 %，2000 年已上升为 12.23%，2005 年时已上升到 14.77%，而到了 2010 年时已经达到 21.00%，这意味着每 5 个劳动年龄人口就要供养 1 个老年人，老年人口对劳动年龄人口构成的抚养负担为 1982 年江苏省进入人口老龄化社会前的 2.48 倍。预计随着人口老龄化的不断推进，江苏省未来半个世纪的老年抚养比将持续增高。高老年抚养比说明江苏省未来 50 年内劳动年龄人口的负担将不断加重，同时政府也将面临巨额退休金与社会福利支出等方面的严峻挑战。

第二节　人口系统模型构建及实证分析

人口老龄化趋势及变化特征是由人口在未来时间内的发展和变动所决定的，对人口发展趋势的研究是人口老龄化趋势研究的先决条件。人口本身是一个复杂的有机系统，往往由一系列人口子系统构成。比如，按户籍性质，我国人口可以分为城市人口系统、镇人口系统和乡村人口系统；按照居住区域可以划分

为东部地区人口系统、中部地区人口系统和西部地区人口系统。不同的人口子系统往往具有不同的人口特征，但这种特征并不是由系统本身孤立发展形成的。随着社会开放性的日趋增强，传统人口出生、死亡的自然生长过程受到人口迁移这一机械变动的冲击，封闭的人口系统在迁移人口的融入下得以开放并促进了人口子系统与外界或其他子系统之间的相互交流与影响。人口子系统不断发展、演变，在相互作用下不断交织变化，使得人口整体呈现出复杂特征，恰恰是这种人口系统的复杂性，对人口发展趋势的系统性研究提出了必然而又迫切的要求。

一 人口系统模型的相关假设

仅从人口学的角度考虑，在不考虑社会、经济、政治等因素影响的条件下，人口系统的数量与结构变动是系统本身随着时间的流逝由出生、死亡、迁移三大主要人口过程的发展而决定的。封闭人口系统是仅考虑出生、死亡人口过程的系统，而人口迁移使得人口系统由封闭转为开放。封闭系统下的人口自身发展及其与外部系统之间的人口“交流”构成了开放人口系统数量和结构变动的主要原动力。基于上述考虑，人口系统的发展本身是受到诸多因素影响的复杂过程。为深入研究人口系统发展过程及其内部子系统变动特征，人口系统模型的构建需要做出相关假设：

(1) 人口系统模型研究对象为人口，是一个群体概念，所有表征人口发展、变动的因素，如生育率、死亡率、出生人口性别比、人口迁移率等，都是在整个人口群体平均意义下确定的。

(2) 人口系统模型仅考虑在时间的作用下，出生、死亡和迁移对人口结构和数量的影响及变动趋势，并将这些因素视为决定人口系统变动的全部因素；同时，假定社会人口政策没有发生重大改变，社会经济稳定发展。

(3) 人口系统模型假定封闭系统的人口发展和迁移人口的融合作用具有“瞬时性”，即迁移人口进入封闭人口系统后就能够立刻获得封闭系统内的人口特征，如死亡水平、生育水平等。

二 人口系统模型构建

任意时刻 t，对任一给定开放人口系统，其人口数量的年龄构成可以看成封闭系统人口年龄构成与迁移人口年龄构成之和，即

$$X_s(t)=IX_s(t)+OX_s(t) \tag{1-1}$$

或以人口向量形式表达为

$$\begin{pmatrix} x_{1,s}(t) \\ x_{2,s}(t) \\ \vdots \\ x_{\omega-1,s}(t) \\ x_{\omega,s}(t) \end{pmatrix} = \begin{pmatrix} ix_{1,s}(t) \\ ix_{2,s}(t) \\ \vdots \\ ix_{\omega-1,s}(t) \\ ix_{\omega,s}(t) \end{pmatrix} + \begin{pmatrix} ox_{1,s}(t) \\ ox_{2,s}(t) \\ \vdots \\ ox_{\omega-1,s}(t) \\ ox_{\omega,s}(t) \end{pmatrix} \tag{1-2}$$

其中，t 表示年份；s 表示人口性别状态，$s=0$，1，分别表示女性人口($s=0$)和男性人口（$s=1$)；ω 表示极限年龄，$\omega>0$；$X_s(t)$ 表示在第 t 年开放人口系统的人口年龄构成向量；$x_{k,s}(t)$ 表示在第 t 年开放人口系统中年龄为 k、性别状态为 s 的人口数量；$IX_s(t)$ 表示在第 t 年封闭人口系统内性别状态为 s 的人口年龄构成向量；$ix_{k,s}(t)$ 表示在第 t 年封闭人口系统中年龄为 k、性别状态为 s 的人口数量；$OX_s(t)$ 表示在第 t 年外部净迁入封闭人口系统的迁移人口中性别状态为 s 的人口年龄构成向量；$ox_{k,s}(t)$ 表示在第 t 年净迁移人口中年龄为 k、性别状态为 s 的人口数量，$ox_{k,s}(t)>0$，表示该人口系统在与外界进行人口迁移的过程中，迁入人口大于迁出人口，$ox_{k,s}(t)<0$，表示迁出人口大于迁入人口，$ox_{k,s}(t)=0$，表示迁入与迁出人口相等，人口不增不减。

进一步假定，该人口系统由 L（$L\in\mathbf{N}$）个存在内部子系统间人口迁移的开放人口子系统构成，则在任意时刻 t，人口系统的人口总量年龄构成是各个子系统的总人口年龄构成之和，即

$$X_s(t) = IX_s^{(1)}(t) + IX_s^{(2)}(t) + \cdots + IX_s^{(L)}(t) + OX_s(t) \tag{1-3}$$

同时，由于每个人口子系统都是一个开放的人口系统，由封闭人口与迁移人口构成，则在时刻 t，人口系统模型（1-3）又可以表达为

$$\begin{aligned} X_s(t) &= [ICX_s^{(1)}(t) + IOX_s^{(1)}(t)] + [ICX_s^{(2)}(t) + IOX_s^{(2)}(t)] + \cdots \\ &\quad + [ICX_s^{(L)}(t) + IOX_s^{(L)}(t)] \\ &= \sum\nolimits_{i=1}^{L} ICX_s^{(i)}(t) + \sum\nolimits_{i=1}^{L} IOX_s^{(i)}(t) \end{aligned} \tag{1-4}$$

其中，$ICX_s^{(i)}(t)$ 表示在第 t 年，第 i 个子系统中其封闭系统内性别状态为 s 的人口总量年龄分布向量，$ICX_s^{(i)}(t) = [icx_{0,s}^{(i)}(t), icx_{1,s}^{(i)}(t), \cdots, icx_{\omega,s}^{(i)}(t)]^T$，其中 $icx_{j,s}^{(i)}(t)$，($j=0, \cdots, \omega$) 表示性别为 s 年龄为 j 的封闭系统人口数量；$IOX_s^{(i)}(t)$ 表示在第 t 年，净迁移到第 i 个子系统中性别状态为 s 的人口总量依年龄分布向量，$IOX_s^{(i)}(t) = [iox_{0,s}^{(i)}(t), iox_{1,s}^{(i)}(t), \cdots, iox_{\omega,s}^{(i)}(t)]^T$，其中 $iox_{j,s}^{(i)}(t)$，($j=0, \cdots, \omega$) 表示性别为 s 年龄为 j 的净迁移人口数量。

由人口系统模型（1-4）的构成可知，人口系统的结构和人口数量取决于各人口子系统的结构与数量，人口系统的演变与各子系统的发展、变动密不可分，因此建构更为细致的人口子系统发展模型对人口系统的研究至关重要。根据人口系统模型假设，在仅考虑人口出生、死亡和迁移过程对人口系统发展的影响的前提条件下，应相应地建立起子系统的生育、死亡和迁移模型。

1. 人口子系统内封闭人口生育模型

根据人口学理论，人口系统内每年新生儿的数量可以通过育龄妇女人口的年龄结构分布、生育率和生育模式计算确定。总和生育率由一孩生育率、二孩生育率和三孩及以上生育率构成，相应的生育模式也分为一孩、二孩和三孩及以上生育模式，生育模式表示如下

$$h_k^{1(i)}(t)=\frac{f_k^{1(i)}(t)}{\sum_{n=15}^{49} f_n^{1(i)}(t)},\quad h_k^{2(i)}(t)=\frac{f_k^{2(i)}(t)}{\sum_{n=15}^{49} f_n^{2(i)}(t)},\quad h_k^{3(i)}(t)=\frac{f_k^{3(i)}(t)}{\sum_{n=15}^{49} f_n^{3(i)}(t)} \tag{1-5}$$

由于生育模式往往具有较强的稳定性，因而育龄妇女的年龄别生育率通常可以由总和生育率及生育模式计算得出。对于人口系统中任意子系统 i，其封闭人口系统生育模型可以采用下式表示

$$\begin{aligned}
c_0^{(i)}(t) &= \beta^{(i)T}(t)\cdot H^{(i)}(t)\cdot IX_s^{(i)}(t)\\
&= [\beta_1^{(i)}(t)\beta_2^{(i)}(t)\beta_3^{(i)}(t)]\\
&\quad\cdot\begin{bmatrix}0 & \cdots & 0 & h_{15}^{1(i)}(t) & h_{16}^{1(i)}(t) & \cdots & h_{49}^{1(i)}(t) & 0 & \cdots & 0\\ 0 & \cdots & 0 & h_{15}^{2(i)}(t) & h_{16}^{2(i)}(t) & \cdots & h_{49}^{2(i)}(t) & 0 & \cdots & 0\\ 0 & \cdots & 0 & h_{15}^{3(i)}(t) & h_{16}^{3(i)}(t) & \cdots & h_{49}^{3(i)}(t) & 0 & \cdots & 0\end{bmatrix}\\
&\quad\cdot\begin{bmatrix} ix_{0,\ s=0}^{(i)}(t)\\ \vdots\\ ix_{15,\ s=0}^{(i)}(t)\\ \vdots\\ ix_{49,\ s=0}^{(i)}(t)\\ \vdots\\ ix_{\omega,\ s=0}^{(i)}(t)\end{bmatrix}\\
&= \beta_1^{(i)}(t)\cdot\sum_{j=15}^{49} h_j^{1(i)}(t)\cdot ix_{j,\ s=0}^{(i)}(t)+\beta_2^{(i)}(t)\cdot\sum_{j=15}^{49} h_j^{2(i)}(t)\cdot ix_{j,\ s=0}^{(i)}(t)\\
&\quad+\beta_3^{(i)}(t)\cdot\sum_{j=15}^{49} h_j^{3(i)}(t)\cdot ix_{j,\ s=0}^{(i)}(t)
\end{aligned} \tag{1-6}$$

其中，$c_0^{(i)}(t)$ 表示在第 t 年 i 系统封闭人口新生儿数量；$\beta^{(i)}(t)$ 表示在第 t 年 i 系统封闭人口的生育率向量；$\beta_j^{(i)}(t)$ 表示在第 t 年 i 系统中封闭人口 j 孩生育率，$j=1$，2，3 时分别表示一孩、二孩、三孩及以上孩次别的总和生育率；$h_k^{j(i)}(t)$ 表示在第 t 年 i 系统中封闭人口 k 岁育龄妇女的 j 孩生育模式，$j=1$，2，3 时分别表示 k 岁妇女的一孩、二孩、三孩及以上孩次生育模式；$f_k^{j(i)}(t)$ 表示在第 t 年 i 系统封闭人口 k 岁育龄妇女中 j 孩的生育率，$j=1$，2，3 时表示 k 岁妇女一孩、二孩、三孩及以上生育率。

2. 人口子系统内封闭人口生存模型

封闭人口系统内人口在死亡过程的作用下，第 t 年 $k-1$ 岁年龄组存活下来

的人口到第 $t+1$ 年时转组为 k 年龄组的人口，$\omega-1$ 岁与 ω 岁年龄组的人口存活下来的仍属于 ω 岁年龄组，则 t 年到 $t+1$ 年的人口状态转移方程为

$$\begin{cases} icx_{0,s}^{(i)}(t+1)=\delta_s^{(i)}(t)\cdot c_0^{(i)}(t), \\ icx_{k,s}^{(i)}(t+1)=p_{k-1,s}^{(i)}(t)\cdot icx_{k-1,s}^{(i)}(t),\ k=1,\ \cdots,\ \omega-1 \\ icx_{\omega,s}^{(i)}(t+1)=p_{\omega-1,s}^{(i)}(t)\cdot icx_{\omega-1,s}^{i}(t)+p_{\omega,s}^{(i)}(t)\cdot icx_{\omega,s}^{(i)}(t) \end{cases} \tag{1-7}$$

也可以采用矩阵形式写为

$$ICX_s^{(i)}(t+1)=A_s^{(i)}(t)\cdot ICX_s^{(i)}(t)$$

其中，$A_s^{(i)}(t)$ 为 Leslie 状态转移矩阵。

由状态转移方程（1-7）可以计算出人口子系统 i 的封闭人口系统在 t 时刻的男性、女性和总人口分别为

$$ICN_{s=0}^{(i)}(t)=\sum_{k=0}^{\omega}icx_{k,s=0}^{(i)}(t)$$

$$ICN_{s=1}^{(i)}(t)=\sum_{k=0}^{\omega}icx_{k,s=1}^{(i)}(t)$$

$$ICN^{(i)}(t)=\sum_{s=0}^{1}\sum_{k=0}^{\omega}icx_{k,s}^{(i)}(t)$$

其中，$\delta_s^{(i)}(t)$ 表示在第 t 年 i 系统中封闭人口内性别状态为 s 的新生婴儿占比；$p_{k-1,s}^{(i)}(t)$ 表示在第 t 年 i 系统封闭人口中性别状态为 s 的 $k-1$ 岁人口存活到第 $t+1$ 年的概率；$ICN_s^{(i)}(t)$ 表示在第 t 年 i 系统封闭人口中性别状态为 s 的总人口；$ICN^{(i)}(t)$ 表示在第 t 年 i 系统封闭人口中的总人口。

3. 人口子系统的人口迁移模型

根据模型假定，人口系统内的每一个人口子系统是开放系统，人口子系统的开放性同样在于迁移这一人口过程的存在。人口子系统的净迁移人口主要由两部分构成，一是该子系统与人口系统内其他子系统之间的净迁移人口，二是该子系统与人口系统外部之间的净迁移人口。对于子系统 i，其净迁移人口可以表达为

$$\begin{aligned} IOX_s^{(i)}(t) &= IIOX_s^{(i)}(t)+IOOX_s^{(i)}(t) \\ &= \sum_{j=1,\ j\neq i}^{L}IIOX_s^{(j\to i)}(t)+IOOX_s^{(i)}(t) \\ &= \sum_{j=1,\ j\neq i}^{L}iir_s^{(j\to i)}(t)\cdot IIOR_s^{(j\to i)}(t)+ior_s^{(i)}(t)\cdot IOORX_s^{(i)}(t) \end{aligned} \tag{1-8}$$

其中，$IIOX_s^{(i)}(t)$ 表示在第 t 年子系统之间存在的净迁移到人口子系统 i 性别状态为 s 的迁移人口向量；$IOOX_s^{(i)}(t)$ 表示在第 t 年人口系统外部净迁移到人口子系统 i 性别状态为 s 的迁移人口向量；$IIOX_s^{(j\to i)}(t)$ 表示在第 t 年人口子系统 j 净迁移到人口子系统 i 性别状态为 s 的人口向量；$iir_s^{(j\to i)}(t)$ 表示在第 t 年人口子系统 j 净迁移到人口子系统 i 性别状态为 s 的总人口；$IIORX_s^{(j\to i)}(t)$ 表示在第 t 年人口子系统 j 净迁移到人口子系统 i 性别状态为 s 的人口依年龄分布结构向量，$IIORX_s^{(j\to i)}(t)=[iiorx_{0,s}^{(j\to i)}(t),\ iiorx_{1,s}^{(j\to i)}(t),\ \cdots,\ iiorx_{\omega,s}^{(j\to i)}(t)]$，满足 $\sum_{k=0}^{\omega}iiorx_{k,s}^{(j\to i)}(t)=1$；$ior_s^{(i)}(t)$ 表示在第 t 年人

口系统外部向人口子系统 i 净迁移性别状态为 s 的人口总量；$IOORX_s^{(i)}(t)$ 表示在第 t 年人口系统外部向人口子系统 i 净迁移性别状态为 s 的人口依年龄结构分布向量，$IOORX_s^{(i)}(t)=[ioorx_{0,s}^{(i)}(t),\ ioorx_{1,s}^{(i)}(t),\cdots,ioorx_{\omega,s}^{(i)}(t)]$，满足 $\sum_{k=0}^{\omega} ioorx_{k,s}^{(i)}(t)=1$。

综上所述，对于任意一个人口子系统 i，其性别状态为 s 的人口发展过程都可以由如下人口系统发展方程进行描述

$$\begin{aligned}IX_s^{(i)}(t+1)&=ICX_s^{(i)}(t+1)+IOX_s^{(i)}(t+1)\\&=A_s^{(i)}(t)\cdot ICX_s^{(t)}(t)+\sum_{j=1,\ j\neq i}^{L} IIOX_s^{(j\to i)}(t+1)\\&\quad+IOOX_s^{(i)}(t+1)\end{aligned}\tag{1-9}$$

方程（1-9）中第一项表示包括出生、死亡在内的人口自然增长过程；第二项和第三项构成了迁移人口，其中第二项为由其他人口子系统迁移到子系统 i 的人口，第三项表示人口系统外部迁移到人口子系统 i 的人口。因此，在第 t 年人口子系统 i 的总人口可以表示为 $\sum_{s=0}^{1} IX_s^{(i)}(t)$。

对于整个人口系统而言，任意年份性别状态为 s 的人口，其数量、结构特征是由各个子系统中同性别状态的人口数量和结构特征所确定的，它既与上一时刻人口状态有关，也与当前迁移人口状态有关，即

$$\begin{aligned}X_s(t+1)&=IX_s^{(1)}(t+1)+IX_s^{(2)}(t+1)+\cdots+IX_s^{(L)}(t+1)\\&=\sum_{i=1}^{L}\begin{bmatrix}A^{(i)}(t)\cdot ICX_s^{(t)}(t)+\sum_{j=1,\ j\neq i}^{L} IIOX_s^{(j\to i)}(t+1)\\+IOOX_s^{(i)}(t+1)\end{bmatrix}\end{aligned}\tag{1-10}$$

人口系统所表现出的人口特征，是各子系统中不同性别状态人口特征的综合体现

$$X(t)=\sum_{s=0}^{1} X_s(t)=\sum_{s=0}^{1}\sum_{i=1}^{L} IX_s^{(i)}(t)\tag{1-11}$$

因此，若给定人口系统中各子系统人口初始向量 $IX_s^{(i)}$（0），（s=0，1），根据人口系统发展模型（1-10），经生育、发展和迁移人口过程，可以计算在第 t 年的子系统人口向量 $IX_s^{(i)}(t)$，（s=0，1），进而根据式（1-11）可以计算整个人口系统在第 t 年的人口向量 $X(t)$ 和 X_s（t），（s=0，1）。

三 江苏省人口预测

江苏省人口是一个复杂的系统。按户籍性质进行划分，江苏省人口可以划分为城市人口、镇人口和乡村人口，前两者合并可以构成城镇人口；按地域划分，江苏省人口可以划分为苏南人口、苏中人口和苏北人口。从宏观层面上看，江苏省人口系统作为开放系统，存在与江苏省以外的人口群体进行的人口迁移；从微

观层面上看，各子系统之间也存在着密切联系，比如，在城镇化进程的影响下，人口从乡村人口系统向城镇人口系统的迁移，在经济社会和个人等因素的影响下，苏北、苏中人口向苏南人口系统的迁移。不同的人口子系统具有不同的发展轨迹，而正是各子系统的发展特性，构成了整体人口系统的特征与演变规律。

在江苏省人口预测过程中，考虑到江苏省近年正处于城镇化的快速发展阶段，存在大量乡村人口向城镇人口的转移，这一过程将对江苏省人口系统结构产生重要影响，因此以户籍性质为依据，将江苏省人口系统划分为两个子系统，城镇人口系统和乡村人口系统，而因城镇化进程引起的人口迁移便构成了城镇、乡村人口子系统之间的人口内部交流。根据人口系统发展模型，以 2010 年江苏省第六次全国人口普查数据为基础，对江苏省生育率、死亡率、迁移率等参数进行预测。由于预测期为 50 年（2011～2060 年），时间较长，在预测参数的设定上，以 2010 年、2030 年为控制节点，对参数进行适当的调整。

1. 总和生育率

2010 年江苏省人口普查数据显示，城镇人口总和生育率为 0.98，乡村人口总和生育率为 1.41。一直以来，江苏省均为计划生育政策的严格执行省份，始终坚持执行“一胎”政策，对人们的生育观产生了较强的外在形塑作用。与此同时，经济社会快速发展背景下现代化进程的推进促使人们在生育理念与认知上也发生了自内向外的现代化转变。“江苏生育意愿和生育行为研究”课题组（2008）调查显示，江苏省居民生育意愿普遍不高。基于上述分析，结合发达国家生育率长期变动规律，根据 2010 年城镇和乡村人口系统的实际总和生育率数据，以及既定的 2020 年、2030 年总和生育率控制目标，利用曲线拟合法预测 2011～2060 年的城镇和乡村人口子系统总和生育率并设定高、中、低方案（表 1-5）。

表 1-5　主要年份江苏省育龄妇女总和生育率

年份	高方案		中方案		低方案	
	城镇	乡村	城镇	乡村	城镇	乡村
2011	1.165	1.652	1.005	1.492	0.845	1.332
2015	1.249	1.779	1.125	1.655	1.001	1.531
2020	1.336	1.845	1.230	1.739	1.124	1.633
2025	1.405	1.858	1.287	1.740	1.169	1.622
2030	1.357	1.770	1.197	1.610	1.037	1.450
2035	1.344	1.747	1.174	1.578	1.005	1.409
2040	1.340	1.742	1.168	1.570	0.997	1.399
2045	1.339	1.741	1.167	1.568	0.995	1.396
2050～2060	1.339	1.740	1.166	1.568	0.994	1.396

2. 死亡率

以 2010 年江苏省人口生命表中的分性别、分年龄的城镇人口生命表和乡村人口生命表中的死亡概率为基础，通过 Brass-Logit 变换，得到预测生存概率与基准生存概率之间的关系函数解析式，即

$$p_a(t) = \frac{ps_a(t_0)}{ps_a(t_0) + [1 - ps_a(t_0)] \cdot e^{2c}} \tag{1-12}$$

其中，$p_a(t)$ 表示未来时刻一个人从出生活到 a 岁的概率；$ps_a(t_0)$ 表示基准生存概率；c 为参数。通过调节参数 c 可以得到未来人口的生存概率，进而计算该年份的人口年龄别死亡率。由公式（1-12）计算得到婴儿死亡率如表 1-6 所示。

表 1-6　主要年份婴儿死亡率　（单位：‰）

年份	城镇婴儿死亡率		乡村婴儿死亡率	
	男	女	男	女
2010	6.38	6.56	12.76	15.66
2015	5.82	6.01	10.81	12.74
2020	5.40	5.60	9.10	10.10
2025	5.13	5.33	8.19	8.69
2030	5.00	5.20	7.90	8.20
2035	4.99	5.19	7.88	8.18
2040	4.98	5.18	7.86	8.15
2045	4.96	5.17	7.84	8.13
2050	4.95	5.15	7.83	8.12
2055	4.95	5.15	7.83	8.12
2060	4.95	5.15	7.83	8.12

3. 净迁移率预测

以净迁移率为被解释变量，以影响净迁移率的人均 GDP、职工平均工资、人均就业与社保支出、二三产业比重等指标作为解释变量构建回归模型，预测净迁移率，结果如表 1-7 所示。

表 1-7　主要年份江苏省人口净迁移率　（单位：‰）

年份	净迁移率
2010	4.704
2015	4.046
2020	2.618
2025	1.568
2030	1.129
2035	1.069
2040	1.059
2045	1.056
2050	1.053
2055	1.052
2060	1.051

4. 出生人口性别比（女性=100）

2010 年江苏省人口普查数据显示，城镇出生人口性别比为 114.53，乡村出

生人口性别比为 118.61。根据 2010 年江苏省城镇人口系统和乡村人口系统实际出生人口性别比，以及既定的 2020 年、2030 年出生人口性别比数据，利用抛物线拟合法预测未来年份出生人口性别比，结果如表 1-8 所示。

表 1-8　江苏省出生人口性别比　　（女性=100）

年份	城镇人口	乡村人口
2010	114.53	118.61
2015	111.39	115.07
2020	108.70	112.29
2025	106.82	110.35
2030	105.73	109.23
2035	105.20	109.13
2040	104.91	109.08
2045	104.76	108.95
2050	104.66	108.83
2055	104.54	108.61
2060	104.46	108.40

5. 城镇化率

根据 2010 年城镇化率数据，以及既定的 2015 年、2020 年、2030 年城镇化率的数据，利用 Logistic 增长曲线拟合法预测 2011～2060 年的城镇化率，结果如表 1-9 所示。

表 1-9　江苏省城镇化率　　（单位：%）

年份	城镇化率
2010	60.585
2015	66.701
2020	69.689
2025	71.472
2030	72.001
2035	72.063
2040	72.076
2045	72.078
2050	72.078
2055	72.079
2060	72.079

6. 二孩率

江苏省 2000 年全国第五次人口普查数据、2010 年全国第六次人口普查数据，以及江苏省人口预测资料汇编及相关资料[①]显示，21 世纪以来，江苏省城

① 资料来源：由江苏省统计局人口普查办公室提供。

镇人口三孩率稳定在2%左右，乡村人口三孩率稳定在8%左右，一孩率和二孩率变化较为明显。根据江苏省2010年全国人口普查二孩率结果，稳定三孩率，同时以2020年、2030年二孩率为控制节点，利用抛物线拟合法预测二孩率变动趋势，结合总和生育率可以进而计算出各个年份的一孩、二孩、三孩生育率。江苏省二孩率情况见表1-10。

表1-10 江苏省二孩率 （单位：%）

年份	城镇	乡村
2010	27.60	41.23
2015	30.56	45.65
2020	32.04	47.86
2025	32.04	47.86
2030	30.56	45.65
2035	30.19	45.11
2040	30.10	44.97
2045	30.08	44.94
2050	30.08	44.93
2055	30.07	44.92
2060	30.07	44.92

根据以上确定的参数，应用人口系统发展模型，可以计算出2011～2060年江苏省人口的预测值（表1-11～表1-13，图1-3）。

表1-11 江苏省总人口预测结果 （单位：万人）

年份	高方案	中方案	低方案
2011	7922.671	7912.381	7902.091
2012	7980.295	7960.256	7940.217
2013	8038.965	8009.618	7980.273
2014	8097.545	8059.385	8021.227
2015	8155.861	8109.397	8062.934
2016	8211.104	8156.841	8102.581
2017	8262.381	8200.810	8139.245
2018	8309.388	8240.951	8172.524
2019	8350.801	8275.941	8201.092
2020	8386.515	8305.634	8224.767
2025	8483.505	8375.767	8268.071
2030	8461.008	8324.809	8188.740
2035	8359.530	8188.169	8017.847
2040	8199.565	7981.213	7767.390
2045	7988.852	7716.648	7453.833
2050	7715.078	7390.212	7079.800
2055	7376.916	7002.352	6647.413
2060	7008.417	6583.647	6184.681

资料来源：由2011～2060年江苏省人口预测结果整理得到。

表 1-12　江苏省分年龄人口中方案预测结果　（单位：万人）

年龄＼年份	2011	2015	2020	2025	2030	2035
0～4	379.364	397.475	400.405	332.983	269.860	244.832
5～9	338.003	383.577	399.394	401.551	333.918	270.829
10～14	308.581	324.034	385.964	400.970	402.759	335.079
15～19	503.994	328.786	328.925	389.444	403.662	405.334
20～24	795.795	594.150	351.117	344.482	401.596	415.129
25～29	577.631	801.814	612.065	363.437	354.173	410.544
30～34	555.415	577.959	812.471	619.360	369.367	359.725
35～39	606.474	565.947	587.439	818.247	623.983	374.116
40～44	792.820	647.871	571.658	590.759	819.808	625.810
45～49	737.738	794.651	646.753	570.519	589.267	817.030
50～54	454.224	645.019	786.585	640.807	565.724	584.350
55～59	560.211	483.998	634.409	774.685	631.509	557.790
60～64	417.992	525.625	469.636	618.227	755.604	615.970
65～69	295.980	379.261	499.369	447.234	591.972	723.400
70～74	235.705	259.908	346.279	459.257	411.900	548.782
75～79	179.516	189.702	220.768	298.257	398.662	356.891
80～84	106.697	126.116	141.862	168.710	231.550	311.806
85～89	48.323	59.489	76.116	88.360	107.557	150.701
90^+	17.918	24.015	34.421	48.478	61.939	80.051
合计	7912.381	8109.397	8305.634	8375.767	8324.809	8188.169

年龄＼年份	2040	2045	2050	2055	2060	—
0～4	246.624	250.062	235.189	211.115	192.342	—
5～9	245.771	247.495	250.878	235.982	211.885	—
10～14	271.970	246.882	248.555	251.879	236.927	—
15～19	337.589	274.425	249.248	250.792	253.975	—
20～24	416.337	448.263	284.713	259.045	260.010	—
25～29	423.712	424.613	356.267	292.327	266.287	—
30～34	415.712	428.705	429.391	360.882	296.786	—
35～39	364.274	419.873	432.699	433.151	364.521	—
40～44	376.535	366.608	421.756	434.468	434.746	—
45～49	623.830	375.726	365.819	420.438	433.153	—
50～54	810.230	618.390	372.284	362.487	416.452	—
55～59	576.160	799.150	609.420	366.683	357.129	—
60～64	544.320	562.220	780.220	594.212	357.337	—
65～69	589.320	521.228	538.310	747.720	568.212	—
70～74	669.620	544.850	482.597	498.321	693.300	—
75～79	479.709	583.787	473.897	420.784	434.336	—
80～84	276.763	377.725	457.513	369.779	329.710	—
85～89	203.127	177.846	248.806	299.267	240.389	—
90^+	109.610	148.800	152.650	192.670	236.150	—
合计	7981.213	7716.648	7390.212	7002.352	6583.647	—

注：90^+表示 90 岁及以上。

资料来源：由 2011～2060 年江苏省人口预测结果（中方案）整理得到。

表 1-13　江苏省人口老龄化有关指标预测结果——中方案

指标＼年份	2011	2015	2020	2025	2030	2035
总人口/万人	7912.38	8109.40	8305.63	8375.77	8324.81	8188.17
0～14 岁人口/万人	1025.95	1105.09	1185.76	1135.50	1006.54	850.74
60 岁及以上人口/万人	1302.13	1564.12	1788.45	2128.52	2559.18	2787.60
65 岁及以上人口/万人	884.14	1038.49	1318.81	1510.30	1803.58	2171.63
80 岁及以上人口/万人	172.94	209.62	252.40	305.55	401.05	542.56
0～14 岁人口占比/%	12.97	13.63	14.28	13.56	12.09	10.39
60 岁及以上人口占比/%	16.46	19.29	21.53	25.41	30.74	34.04
65 岁及以上人口占比/%	11.17	12.81	15.88	18.03	21.67	26.52
80 岁及以上人口占比/%	2.19	2.58	3.04	3.65	4.82	6.63
老年人口负担系数/%	14.73	17.41	22.73	26.36	32.71	42.04
指标＼年份	2040	2045	2050	2055	2060	—
总人口/万人	7981.21	7716.65	7390.21	7002.35	6583.65	—
0～14 岁人口/万人	764.37	744.44	734.62	698.98	641.15	—
60 岁及以上人口/万人	2872.47	2916.46	3133.99	3123.05	2859.43	—
65 岁及以上人口/万人	2328.15	2354.24	2353.77	2528.84	2502.10	—
80 岁及以上人口/万人	589.50	704.37	858.97	862.02	806.25	—
0～14 岁人口占比/%	9.58	9.65	9.94	9.98	9.74	—
60 岁及以上人口占比/%	35.99	37.79	42.41	44.60	43.43	—
65 岁及以上人口占比/%	29.17	30.51	31.85	36.11	38.00	—
80 岁及以上人口占比/%	7.39	9.13	11.62	12.31	12.25	—
老年人口负担系数/%	47.62	50.98	54.72	67.00	72.73	—

资料来源：由 2011～2060 年江苏省人口预测结果（中方案）整理得到。

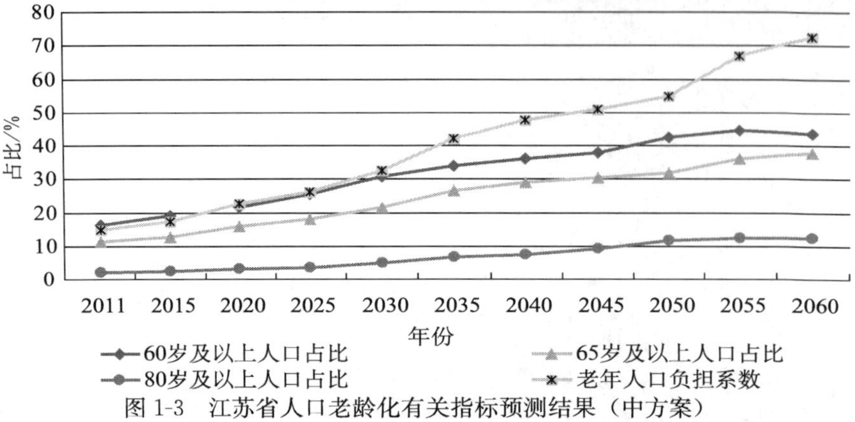

图 1-3　江苏省人口老龄化有关指标预测结果（中方案）

资料来源：由 2011～2060 年江苏省人口预测结果（中方案）整理得到。

第三节　人口老龄化趋势分析

根据江苏省人口发展趋势中方案预测结果，人口老龄化将成为未来相当一段时期内人口发展的主旋律。受 20 世纪 60 年代以来三次人口出生高峰的影响，

2020 年以后江苏省人口老龄化速度将进一步增快，预计到 2060 年江苏省 60 岁及以上老年人口将达到 2859.43 万人，占总人口的 43.43%，80 岁及以上高龄老年人口将达到 806.25 万人，占总人口的 12.25%。在未来的半个世纪中，江苏省人口老龄化将具有一些鲜明的特点。

(一) 人口老龄化速度快、水平高

国际上通常采用 65 岁及以上老年人口占总人口的比重来界定人口老龄化的进程：进入人口老龄化的标准为 7%；深度老龄化的标准为 14%，届时老年人口负担系数达 20%；超级老龄化标准为 20%，届时老年人口负担系数达 30%（United Nations，2009）。江苏省为我国最早进入人口老龄化社会的省份，也是人口老龄化最严重的省份之一。随着江苏省经济社会的不断发展，以及人口死亡率的不断下降，老年人口不断增多，65 岁及以上老年人口占比呈现出不断上升的趋势。根据中方案预测结果，江苏省将于 2017 年左右进入深度老龄化社会，于 2027 年左右进入超级老龄化社会，到 2060 年江苏省 65 岁及以上老年人口占比将达到 38%。纵观 2011～2060 年江苏省人口老龄化进程，其剧烈的变动可以用“快”和“高”两个字来概括。

所谓“快”是指人口老龄化速度快，在未来几十年中，江苏省人口老龄化呈现出不断加速的趋势。中方案预测结果显示，江苏省将于 2017 年、2027 年左右分别进入人口老龄化的深度和重度状态，这意味着江苏省从 1986 年进入人口老龄化社会到转变为超级老龄化社会仅需要 31 年时间。同样的人口老龄化进程，德国需要 60 年（1950～2010 年），英国需要 80 年（1950～2030 年），美国需要 85 年（1950～2035 年）（杨燕绥等，2012），可见江苏省人口老龄化速度远高于德、英、美等发达国家。

所谓“高”是指人口老龄化水平高。中方案预测结果显示，江苏省人口老龄化进程在高速前进的同时，也保持着高水平发展趋势。2045 年左右，江苏省 65 岁及以上老年人口占总人口的比例将突破 30%，2060 年将达到 38%，届时江苏省多于 1/3 的人口将会是老年人。老年人口占比的增多至少与两个方面密不可分，即老年人口的增多和总人口的减少。伴随着经济社会的不断发展和死亡率的不断降低，人口平均预期寿命不断延长，而 20 世纪 60 年代生育高峰期出生的人口和 80 年代人口结构性增长期出生的人口将在 2030 年前后进入老年期，届时会开启老年人口急剧增多的人口老龄化新局面。根据中方案预测结果，江苏省在 2025 年前后人口总量开始减少，老年人口的增多和总人口的减少促使老年人口占比不断上升，加速了人口老龄化进程。

(二) 老年人口负担系数呈不断上升态势

在人口统计中，少年儿童人口和老年人口通常被看做是被抚养人口，这部

分人口与劳动年龄人口的比值在一定程度上反映了社会对少年儿童人口和老年人口的负担情况，也被称为人口负担系数。人口老龄化进程的加快将直接引起老年人口负担系数的上升，从而导致总负担系数的上升。

从江苏省人口老龄化发展趋势的预测结果来看，随着老年人口数量的迅速增加，老年人口负担系数也迅速上升，将由 2010 年的 14.3%不断上升到 2060 年 72.73%的超高水平，这是劳动年龄人口难以承受的程度。倘若扣除在校生、低收入者、失业者、提前退休者等人口，实际老年人口负担系数可能会更高。

从预测期的老年人口负担系数发展趋势来看，江苏省老年人口负担系数在未来 50 年内将节节攀高，保持上升趋势。

（三）老年人口高龄化程度不断加重

在死亡率不断下降，人口平均预期寿命不断延长的趋势下，老年人口高龄化将成为人口发展的必然结果。江苏省 80 岁及以上高龄老年人口将从 2011 年的 172.94 万人增加到 2060 年的 806.25 万人，年均增长速度为 3.13%，分别约等于英国、美国、法国、德国、日本的 2.01、1.42、1.96、1.86 和 1.36 倍（曾毅等，2011）。与此同时，江苏省高龄老年人口占总人口的比例呈现出先升后降的发展趋势：由 2011 年的 2.19%逐渐增加到 2045 年的 9.13%，届时高龄老年人口将多于少年儿童人口，江苏省人口将出现“高龄化”程度高于“少子化”的人口格局；随后高龄老年人口占比将继续增加，于 2055 年达到峰值 12.31%后开始逐渐下降。

（四）人口老龄化的阶段性特征明显

中方案预测结果表明，未来 50 年，江苏省将经历一个人口老龄化从轻度到深度再到重度的过程转变。人口老龄化进程具有较为显著的阶段性特点，大致可以分为以下三个阶段。

第一阶段：2011～2025 年，持续上升阶段。65 岁及以上老年人口占比将由 2011 年的 11.17%增加至 2025 年的 18.03%，老年人口占比增长较为平缓。低生育率对人口年龄结构老化的促进作用开始彰显，同时 1953～1957 年生育高峰期出生的人口将在 2018～2022 年前后进入老年人口阶段，人口老龄化受低生育率和老年人口数量增多的双重影响开始加速发展。

第二阶段：2025～2050 年，快速增长阶段。65 岁及以上老年人口占比将由 2025 年的 18.03%上升到 2050 年的 31.85%，老年人口占比增长迅速。65 岁及以上老年人口总量突破 2300 万人，老年人口数量上的加速发展进一步推进了江苏省人口老龄化进程。

第三阶段：2050～2060 年，推进阶段。65 岁及以上老年人口由 2050 年的 31.85%上升到 2060 年的 38.00%，人口老龄化进程不断推进。在这一阶段，65 岁及以上老年人口将于2055年达到峰值2528.84万人，然后开始减少；同年，60岁及以上老年人口占总人口的比例、80岁及以上老年人口占总人口的比例也将达到峰值。

人口金字塔是一种描绘分性别人口年龄构成情况的统计图表，它能够以条形图的形式直观地表现人口的年龄结构和性别结构。通常人口金字塔以纵轴表示年龄，横轴表示人口数量或比重，横轴左边表示男性人口，横轴右边表示女性人口。年龄按照五岁一组排列，年龄组最小的放在底层，然后逐一将相邻各年龄组向上叠加。人口金字塔的形状除了直观显示年龄性别结构构成之外，还暗示了人口的增长趋势。一般而言，人口金字塔下宽上窄，说明总人口中少年儿童人口比重大，老年人口比重小，人口处于增长状态；人口金字塔主体部分等宽，顶部窄，说明人口处于静止状态，人口总量基本保持稳定；人口金字塔下窄上宽，说明少年儿童人口比重小，老年人口比重大，人口总量趋于减少。

根据江苏省2010年第六次全国人口普查数据及2011～2060年江苏省人口预测结果（中方案），分别绘制出2010年、2030年、2060年江苏省人口金字塔（图1-4～图1-6）。

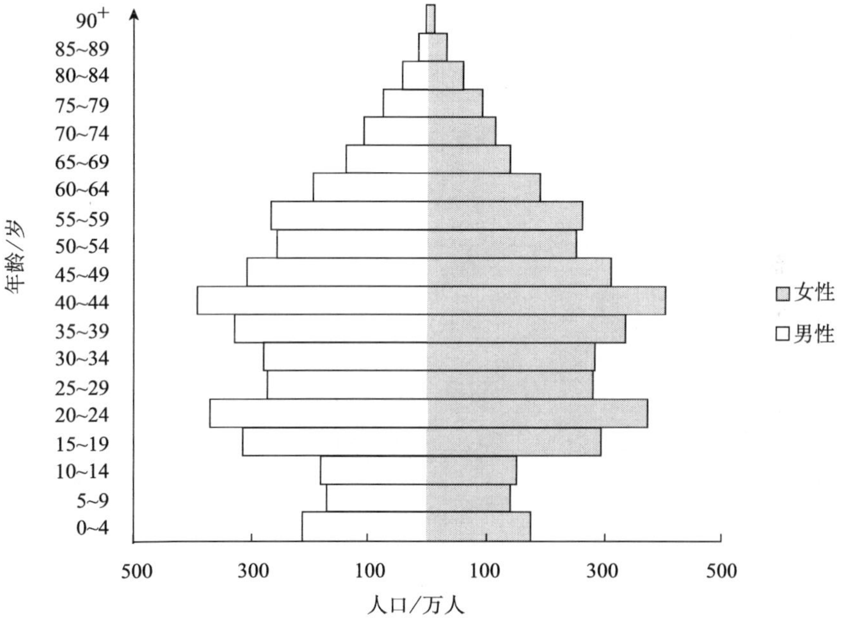

图1-4　2010年江苏省人口金字塔

资料来源：江苏省2010年第六次全国人口普查数据。

2010年，江苏省少年儿童人口与老年人口占总人口的比重相差较为悬殊，金字塔下宽上窄；2030年，江苏省少年儿童人口占总人口的比重减少，老年人口占比增加，金字塔上下宽度相当，差别不大；2060年，江苏省少年儿童人口占比少于老年人口占比，高龄老年人口（尤其是高龄女性人口）急剧增多，金字塔上宽下窄。

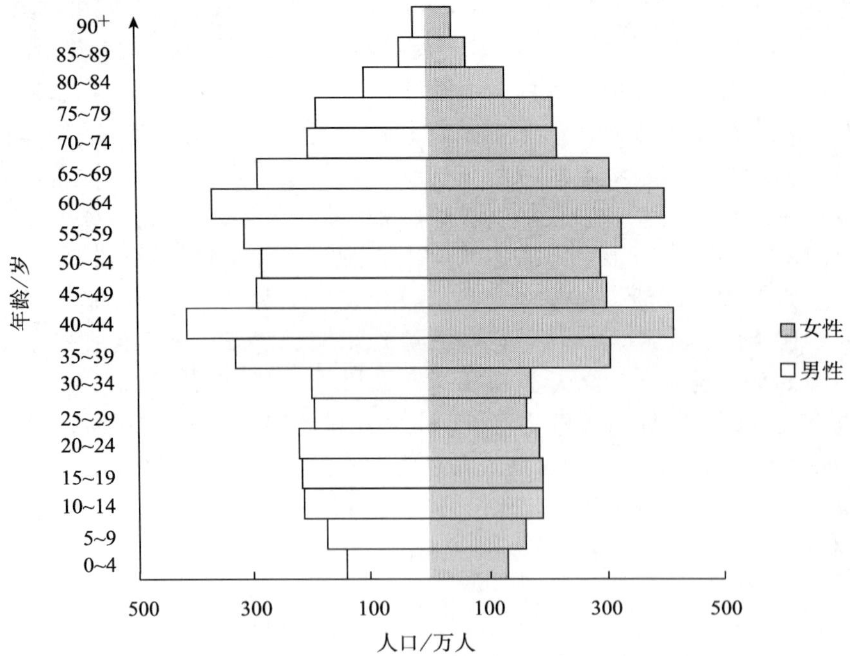

图 1-5 2030 年江苏省人口金字塔

资料来源：2011～2060 年江苏省人口预测结果（中方案）。

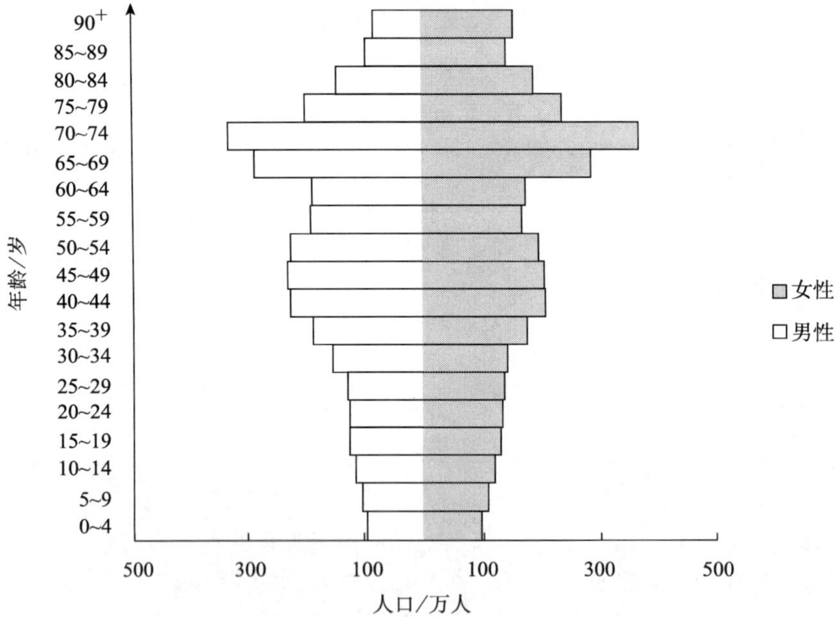

图 1-6 2060 年江苏省人口金字塔

资源来源：2011～2060 年江苏省人口预测结果（中方案）

上述有关年份的江苏省人口金字塔结构变化表明，未来50年内，江苏省人口将在数量和结构上经历巨大的变化：在数量上，江苏省人口总量先增后减，50年后人口总量将比2010年人口总量有大幅度减少；在结构上，江苏省人口将由“成年型”向“老年型”转变，人口金字塔顶部将逐渐加宽同时底部逐渐变窄，呈现出人口结构的深度老化。

第四节　苏南、苏中、苏北地区人口老龄化的差异分析

一 分区域人口老龄化现状

江苏自南向北习惯上可以划分为苏南、苏中、苏北三大区域，各区域的经济发展水平、人口迁移状况历来存在差异。但近年来随着区域经济发展平衡性的不断增强，苏南经济转型升级速度加快，已经接近工业化发达地区；苏中崛起明显提速，处于工业化中期；苏北发展内生动力强劲，工业化发展逐年加速，江苏省经济社会发展协调性日益突出。尽管经济社会发展程度的区域性差距在逐渐缩小，江苏省人口的区域特色还是较为显著的。2010年江苏省人口普查数据显示，苏南、苏中、苏北地区65岁及以上老年人口占比依次为9.03%、14.52%、10.42%，苏南地区人口结构最为年轻，苏中地区人口结构老化最为严重，苏北地区情况介于两者之间。引起人口老龄化程度与经济发展不完全“倒挂”现象的主要原因有两个：一是迁移人口，二是生育率。苏南地区以经济社会发展优势吸引了大量迁移人口，是主要的人口流入地区。2010年江苏省人口普查数据显示，苏南地区流动人口为1265万人，占江苏省流动人口总量的69.4%，大量青壮年劳动年龄人口的流入不仅为苏南地区创造了社会经济价值，也改善了苏南地区的人口结构，使得苏南地区人口结构较为年轻且富有活力，缓解了因低生育率引起的人口结构老化程度。苏中地区和苏北地区以农业发展为主，人口众多和环境承载力相对较弱的矛盾较为显著，是人口流出的主要地区，其中南通、徐州、淮安、泰州是江苏省人口大市，也是全国闻名的建筑大市，常年有大规模建筑队伍在外。劳动力的流失是苏中、苏北地区老年人口比重上升、人口结构老化的重要原因。然而与苏北地区相比，除了存在大量劳动年龄人口外流的事实之外，苏中地区人口总量相对较少、生育率相对较低等特点进一步加重了人口结构老化的程度，使之成为江苏省人口老龄化程度最为严重的区域，2010年65岁及以上老年人口占比达14.52%，表明苏中地区已经进入深度老龄化社会。

二 分区域人口老龄化趋势差异

苏南、苏中、苏北人口老龄化存在着明显的差异，这种差异在未来50年内仍将存在。随着时间的推移人口老龄化的一些特点将逐步被放大，具体表现在老龄化程度、高龄化程度和老龄化发展的阶段性等三个方面。苏南、苏中、苏北人口预测以2010年江苏省人口普查数据为依据，以地域为人口系统划分依据，采用人口系统发展模型进行预测，预测期为50年（2011～2060年），中方案预测主要结果如表1-14，图1-7，图1-8和图1-9所示。

表1-14 江苏省区域人口老龄化有关指标预测结果

指标	区域	2010年	2020年	2030年	2040年	2050年	2060年
总人口/万人	苏南	3253.80	3536.35	3577.02	3423.89	3147.62	2739.88
	苏中	1637.81	1662.96	1619.73	1500.71	1347.35	1175.76
	苏北	2969.49	3106.32	3128.06	3056.62	2895.25	2668.01
0～14岁人口/万人	苏南	328.41	429.22	363.43	236.40	218.08	179.45
	苏中	190.93	203.54	191.92	147.57	140.21	126.45
	苏北	520.20	553.00	451.18	380.40	376.33	335.26
15～64岁人口/万人	苏南	2631.51	2606.36	2488.89	2200.00	1807.43	1287.78
	苏中	1209.07	1102.30	981.56	821.03	736.80	624.06
	苏北	2139.78	2092.40	2044.25	1867.66	1757.59	1528.56
60^+人口/万人	苏南	445.94	678.92	1029.75	1260.32	1543.06	1413.75
	苏中	345.50	468.06	620.95	634.35	578.11	495.58
	苏北	441.21	641.47	908.48	977.79	1012.83	950.11
65^+人口/万人	苏南	293.88	500.78	724.70	987.49	1122.11	1272.66
	苏中	237.81	357.12	446.25	532.11	470.33	425.25
	苏北	309.51	460.92	632.63	808.56	761.33	804.19
80^+人口/万人	苏南	59.42	93.89	162.00	241.03	368.25	395.99
	苏中	47.67	74.05	115.38	151.57	205.45	170.47
	苏北	55.10	84.46	123.66	196.90	285.26	239.78
0～14岁人口占比/%	苏南	10.09	12.14	10.16	6.90	6.93	6.55
	苏中	11.66	12.24	11.85	9.83	10.41	10.75
	苏北	17.52	17.80	14.42	12.45	13.00	12.57
15～64岁人口占比/%	苏南	80.87	73.70	69.58	64.25	57.42	47.00
	苏中	73.82	66.29	60.60	54.71	54.69	53.08
	苏北	72.06	67.36	65.35	61.10	60.71	57.29
60^+人口占比/%	苏南	13.71	19.20	28.79	36.81	49.02	51.60
	苏中	21.10	28.15	38.34	42.27	42.91	42.15
	苏北	14.86	20.65	29.04	31.99	34.98	35.61
65^+人口占比/%	苏南	9.03	14.16	20.26	28.84	35.65	46.45
	苏中	14.52	21.47	27.55	35.46	34.91	36.17
	苏北	10.42	14.84	20.22	26.45	26.30	30.14

续表

指标	区域	2010年	2020年	2030年	2040年	2050年	2060年
80⁺人口占比/%	苏南	1.83	2.65	4.53	7.04	11.70	14.45
	苏中	2.91	4.45	7.12	10.10	15.25	14.50
	苏北	1.86	2.72	3.95	6.44	9.85	8.99
老年人口负担系数/%	苏南	11.17	19.21	29.12	44.89	62.08	98.83
	苏中	19.67	32.40	45.46	64.81	63.83	68.14
	苏北	14.46	22.03	30.95	43.29	43.32	52.61

注：以2010年江苏省人口普查数据中苏南、苏中、苏北区域人口数据为基础，利用人口系统发展模型预测出2011～2060年江苏省各区域年龄别人口，表中人口老龄化相关指标根据区域人口预测结果（中方案）整理得到。

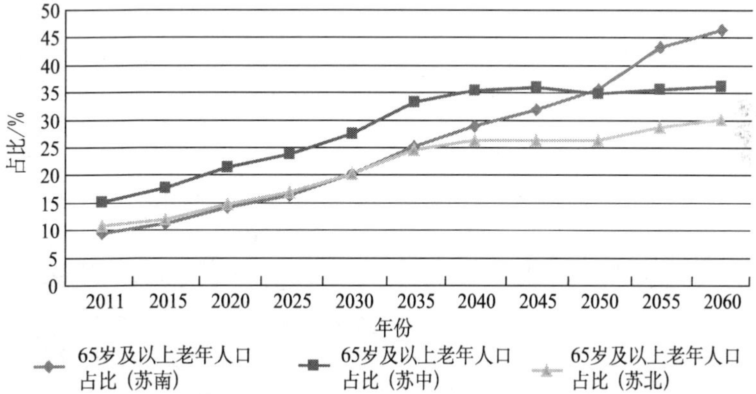

图1-7　江苏省分区域65岁及以上老年人口占比趋势

资料来源：由2011～2060年分区域江苏省人口预测结果（中方案）整理得到。

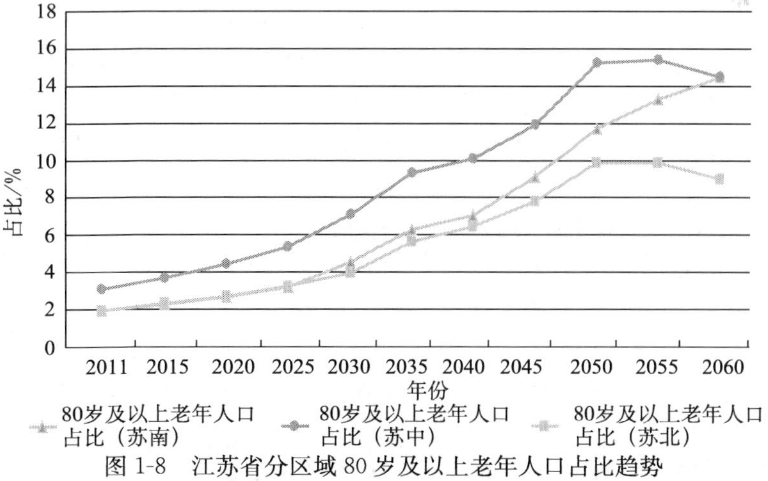

图1-8　江苏省分区域80岁及以上老年人口占比趋势

资料来源：由2011～2060年江苏省分区域人口预测结果（中方案）整理得到。

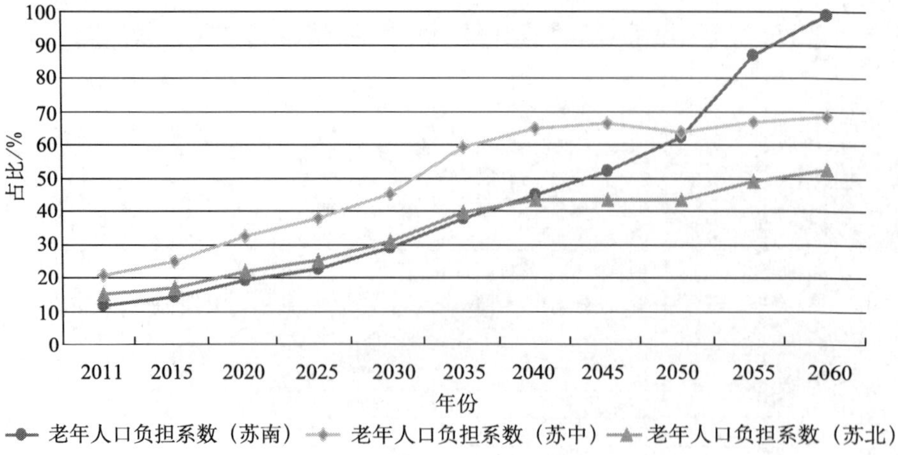

图 1-9　江苏省分区域老年人口负担系数趋势

资料来源：由 2011～2060 年江苏省分区域人口预测结果（中方案）整理得到。

（一）老龄化程度差异

65 岁及以上老年人口占总人口的比例和老年人口负担系数是衡量人口老龄化的主要指标。2010 年，江苏省苏南地区 65 岁及以上老年人口占比为 9.03%，苏中地区为 14.52%，苏北地区为 10.42%，人口老龄化程度从轻到重依次为苏南、苏北、苏中。根据中方案预测结果，在预测期内，苏南、苏中、苏北 65 岁及以上老年人口占比均保持增长趋势：苏南地区 65 岁及以上老年人口占比由 2010 年的 9.03%增长到 2060 年的 46.45%；苏中地区 65 岁及以上老年人口占比由 2010 年的 14.52%增长到 2060 年的 36.17%；苏北地区 65 岁及以上老年人口占比由 2010 年的 10.42%增长到 2060 年的 30.14%。2050 年前后，苏南地区将成为江苏省人口老龄化程度最严重的区域，2060 年时将近有一半的人口是老年人，苏中地区次之、苏北地区最低，但老年人口占比也将超过 30%，高于超级人口老龄化社会的标准。

从老年人口负担系数来看，由于受迁移人口等因素的影响，2010 年江苏省苏南地区老年人口负担系数仅为 11.17%，苏中地区为 19.67%，苏北地区为 14.46%，现阶段江苏省苏南地区人口养老负担最轻，苏中地区最重，苏北地区介于两者之间。2010 年江苏省人口普查数据显示，江苏省流动人口达 1823 万人，其中省内流动人口 1085 万人，省外流动人口 738 万人。大量劳动力人口的流入，成为江苏省人口红利的重要补给，在提供劳动力的同时使得人口结构年轻化，从而降低了人口老龄化的程度。然而，种种迹象表明，流动人口正在逐步减少，随着经济社会发展的不断进步、区域经济社会发展的协调性增强，人口流动将趋于稳定和平衡，失去了劳动力补给，江苏省老年人口负担系数会不可避免地上升。到 2060 年，苏南地区老年人口负担系数将高达 98.83%，老年人口与劳动年龄人口总量相当；苏中地区将达到 68.14%；苏北地区将达到 52.61%。

（二）高龄化程度差异

国际上在研究老龄化问题时，通常把 60～69 岁人口称为低龄老年人口，70～79 岁人口称为中龄老年人口，80 岁及以上称为高龄老年人口。高龄老年人口占老年人口的比例是老年人口内部老化程度的重要指标。

2010 年，江苏省苏南地区 80 岁及以上老年人口占总人口的比例为 1.83%，苏中为 2.91%，苏南为 1.86%。根据中方案预测结果，到 2060 年江苏省苏南地区 80 岁及以上老年人口占总人口的比例将达到 14.45%，苏中地区将达到 14.50%，苏北地区将达到 8.99%。从整个预测期来看，苏中地区人口高龄化现象最为严重，80 岁及以上老年人口占总人口的比例一直高于苏南和苏北地区，但苏南地区人口高龄化的速度最快。

（三）老龄化的阶段性差异

2011～2060 年，江苏省苏南、苏中、苏北区域人口将经历各具特点的人口老龄化进程并带有明显的阶段性特征。根据预测结果，将预测期内江苏省人口老龄化历程分为以下三个阶段。

第一阶段：2011～2025 年，人口老龄化的一般上升阶段。苏南、苏中、苏北地区人口老龄化程度进一步加重，但由于流动人口的补给作用仍然存在，苏南、苏中、苏北地区的人口老龄化严重程度的格局不变，65 岁及以上老年人口占比苏南地区最低，苏北、苏中地区依次增加，但区域间的人口老龄化严重程度的差距在逐渐缩小。

第二阶段：2025～2050 年，人口老龄化快速上升阶段，区域人口老龄化发展差异开始凸显。该阶段中，苏南地区人口老龄化赶超苏北，直追苏中，人口老龄化区域格局发生变化。苏南地区 65 岁及以上老年人口占比于 2030 年左右超过苏北地区，于 2050 年左右超过苏中地区成为江苏省老年人口占比最高的区域，同时也是老年人口数量最多的区域。苏北地区高龄老年人口占比波动上升，苏南地区高龄老年人口占比持续上升，均于 2040 年左右出现“高龄化”大于“少子化”的人口格局。此外，苏中、苏北地区老年人口抚养比在第二阶段内会达到阶段性最高点，而苏南地区老年人口抚养比始终保持增长的趋势。

第三阶段：2050～2060 年，人口老龄化程度区域分化推进阶段。2050 年以后的十年间，苏中、苏北地区人口老龄化速度减缓，65 岁及以上老年人口占比、80 岁及以上老年人口占比均变化缓和、逐渐平稳，而苏南地区则以比前两个阶段更快的速度不断老化。2050年以后，苏南地区65岁及以上老年人口占比、80岁及以上老年人口占比和老年人口负担系数不断增长，均于2060年达到预测期内的峰值。

本章小结

基于江苏省2010年全国第六次人口普查数据及相关资料分析了江苏省人口老龄化发展现状，并对2011～2060年江苏省人口老龄化发展趋势进行了预测研究。

江苏省是全国人口老龄化程度最高的省份之一，人口老龄化具有绝对数量大、地区差异大，高速、高龄、高抚养比的特征。在人口基数大、人口平均预期寿命不断延长的情况下，江苏老年人口数量逐年增加，老龄化水平地区差异和城乡差异显著：从区域来看，苏中地区人口老龄化程度最高，苏北地区次之，苏南地区最低；从城乡来看，乡村人口老龄化程度最高，镇次之，城市最低。其次，江苏老年人口增长速度较快，江苏省65岁及以上老年人口占比从1990年的6.79%增加至2010年的10.89%，高出同期全国平均水平2.01百分点。与此同时，江苏老年人口高龄化趋势也十分明显，2010年江苏省80岁及以上高龄老年人口占60岁及以上老年人口的比重已经达到13.32%，占江苏省总人口的比重已经达到2.13%。此外，江苏省老年抚养比明显高于全国平均水平。江苏省人口老龄化的进一步发展，必然会对其经济社会发展产生重大的影响。

根据人口预测结果，2011～2060年，人口老龄化将成为江苏省人口发展的主旋律，主要表现为：人口老龄化程度不断加深，老龄化进程发展的阶段性特征日益突出，人口老龄化区域分化不断加剧。根据中方案预测结果，到2060年，江苏省65岁及以上老年人口将达到2859.43万人，占总人口的43.43%，届时近一半的人口将会是老年人，人口老龄化水平之高、速度之快将远远超过全国人口老龄化发展进程。受历史上三次人口生育高峰及人口发展惯性作用的影响，江苏省人口老龄化进程发展具有明显的阶段性特征，以2025年和2050年为分界点，未来50年江苏省人口老龄化进程大致可以分为三个阶段：持续上升阶段、快速增长阶段和推进发展阶段。伴随着江苏省人口老龄化进程的发展，苏南、苏中、苏北区域人口老龄化特征将出现分化，人口迁移因素影响的持续减弱将削弱迁移人口对人口老龄化的缓解作用，而持续低生育率造成的人口结构老化等因素将促使江苏省区域人口老龄化差异不断扩大。预计到2060年，苏南地区将面临非常严重的人口老龄化压力，苏中、苏北地区也会超过超级人口老龄化的标准，届时江苏省会成为老龄化程度极为严重、区域差异显著的人口老龄化大省。

第二章 江苏人口老龄化对劳动力市场的影响

人口老龄化对劳动力市场产生影响是必然的。从长期来看，人口老龄化的发展将使得劳动力增长趋缓，劳动年龄人口比重下降，最终劳动力供给规模会趋于萎缩。对于这一影响，悲观主义者认为，人口老龄化背景下劳动力增长的缓慢将减弱技术进步的动力，从而导致劳动生产率增长乏力；乐观主义者则认为劳动力因人口老龄化而具有了稀缺物品属性，劳动增长率的缓慢不但不会削弱技术进步的动力，反而会起到增强动力的作用，从而有助于资本密度的上升和对劳动生产率的提高（Cutler et al.，1999）。

国外相关研究在注意到人口老龄化背景下劳动力供给规模变化的同时，也关注劳动力年龄结构的老化问题。根据生命周期理论，年龄因素不再是可以忽略的因素，而是解释个体生产能力和经济行为的重要变量，即不同年龄的劳动力相互之间并不能完全替代。事实上，发达国家的研究发现，年龄-劳动生产率分布显现出倒U型的曲线，也就是说，在刚进入劳动力市场时劳动生产率较低，以后随着经验的积累，劳动生产率会逐步提高，而接近退休时劳动生产率会出现下降，从而意味着，即使年龄别劳动生产率不变，劳动力年龄结构的变化也将改变总的劳动生产率。为此，美国经济学家Clark等（2004）指出，经济活动中年轻力壮的劳动力和处于接近衰老的劳动力的作用存在很大差别，因此劳动年龄人口高龄化将影响劳动生产率的提高。不过，劳动年龄人口的老化对于劳动生产率一定存在弊大于利的影响显然是存有争论的。一些技术密集型行业部门，对智力的要求高于体力的要求，老年劳动力并不显得比年轻劳动力生产效率低，而在以体力为主的劳动密集型的行业部门，年轻劳动力则明显占有效率上的优势。因此，劳动力年龄结构的老化对劳动生产率究竟会产生怎样的影响，影响程度如何，还需要根据一国或一地区产业结构的特点及劳动力自身情况来做具体的分析。

随着我国人口老龄化程度的不断加深，我国劳动力数量、质量和产业结构等也受到重要的影响。彭秀健等（2006）考察了人口老龄化对总劳动参与率及劳动力供给数量的影响后发现：第一，如果中国的总和生育率维持在现有水平，劳动年龄人口数量将于2015年以后出现负增长。如果总和生育率继续下降到很低的水平（TFR=1.35），则中国的劳动年龄人口规模会急剧收缩，即便将中国的总和生育率提高到联合国人口预测中方案（TFR＝1.84）的水平也并不能阻止劳动年龄人口在2015年以后的缩减。第二，在分年龄劳动参与率维持不变的情况下，人口老龄化会通过降低总劳动参与率来消减有效的劳动力供给数量。第三，年轻人口的劳动参与率很有可能继续其进一步下降的历史趋势。康建英（2009）则基于人口普查资料，重新构建了劳动力的年龄别人力资本存量，分析了人力资本对于综合要素生产率的贡献，结果发现老、少劳动力年龄组对综合要素生产率的贡献为负值，说明相应组别的劳动力存量较低，限制了人力资本外溢作用的发挥。

江苏省作为我国经济社会发达的省份，近年来经济发展一直呈现出良好态势，区域经济生产总值稳定增长，人均GDP更是接连登上新台阶，但与此同时人口老龄化程度也在日益加深。劳动力市场作为劳动力交易对象的一种市场形态，其供需平衡是经济社会有序发展的必要前提。然而快速发展的人口老龄化是否会对劳动力市场产生冲击，又会具有怎样的影响？这无疑成为江苏省进一步加快发展过程中必然会面临的重要问题。在第一章的基础上，本章将综合考虑江苏省区域经济社会发展模式，围绕江苏省劳动力供给、劳动参与率、劳动力需求结构及就业方式、老年人力资源开发与利用等重要方面就人口老龄化对劳动力市场的影响展开研究。

第一节　劳动力供给

一 劳动力供给数量

（一）劳动力供给的现状

在不考虑劳动力输入和输出的情况下，一定时期内某个地区的劳动力供给主要取决于劳动年龄人口的数量。江苏省历次人口普查的劳动年龄人口情况如表2-1和图2-1所示。

表2-1　江苏省劳动年龄人口增长变化情况

年份	总人口/万人	劳动年龄人口/万人	劳动年龄人口比重/%	期间	总人口年均增长率/%	劳动年龄人口年均增长率/%	年均增长人数/万人
1953	3767.29	2183.21	57.95	1953～1964	1.53	1.29	30.12
1964	4452.21	2514.48	56.48				
1982	6088.94	3987.04	65.48	1964～1982	1.75	2.59	81.81
1990	6766.90	4699.61	69.45	1982～1990	1.33	2.08	89.07
2000	7327.24	5245.57	71.59	1990～2000	0.80	1.11	54.60
2010	7865.99	5986.02	76.10	2000～2010	0.71	1.33	74.04

资料来源：由历年《江苏统计年鉴》整理得到。

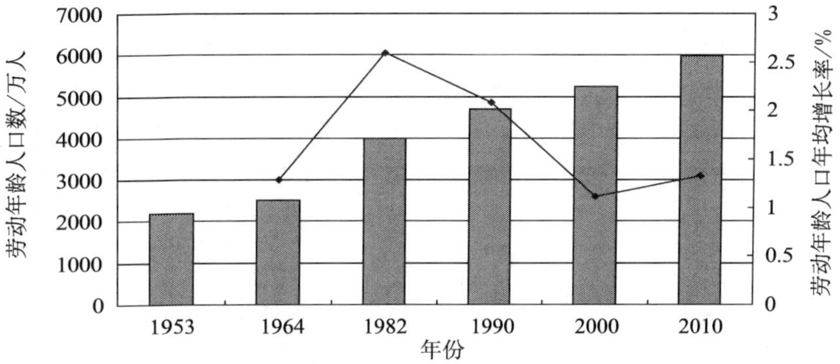

图 2-1　江苏省劳动年龄人口增长变化情况

资料来源：由历次人口普查统计公报数据整理得到。

由于受新中国成立后三次生育高峰的影响，目前江苏省仍然处于劳动年龄人口增长阶段。《江苏省 2010 年第六次全国人口普查主要数据公报 [1]》显示，全省劳动年龄人口达到 5986.02 万人，比 2009 年增加了 183.55 万人，劳动年龄人口比重达到 76.10%。

按劳动年龄人口增长率，1953～2010 年江苏省劳动年龄人口变化先后经历了中速增长、高速增长、低速增长三个阶段。

中速增长阶段：1953～1964 年，劳动年龄人口年均增长率为 1.29%，低于总人口年均增长率（1.53%），平均每年增加劳动年龄人口 30.12 万人。

高速增长阶段：1964～1990 年，劳动年龄人口年均增长率为 2.43%，高于总人口的年均增长率，平均每年增加劳动年龄人口 84.04 万人。这是江苏省历史上劳动年龄人口增长速度最快的时期。其中，1964～1982 年，劳动年龄人口年均增长率为 2.59%，平均每年增加劳动年龄人口 81.10 万人；1982～1990 年，由于劳动年龄人口基数扩大，劳动年龄人口年均增长率略有下降，为 2.08%，但是平均每年增加的劳动年龄人口数量仍有所增加，为 89.07 万人。

低速增长阶段：1990～2010 年，劳动年龄人口年均增长率为 1.21%，总人口年均增长率仅为 0.76%，平均每年增加劳动年龄人口 64.32 万人。其中，1990～2000 年，劳动年龄人口年均增长率为 1.11%，平均每年增加劳动年龄人口 54.6 万人；2000～2010 年，劳动年龄人口年均增长率为 1.33%，平均每年增加劳动年龄人口 74.04 万人。

1964 年至今，劳动年龄人口占总人口的比重一直保持上升趋势，1982 年为 65.48%，2000 年达到 71.59%，2010 年达到 76.10%。

（二）未来劳动年龄人口变动趋势

根据中方案预测结果可以看出（表 2-2，图 2-2），2011～2060 年江苏省人口总量发展趋势可以分为两个阶段：一是持续上升阶段，人口总量从 2011 年的 7912.38 万人持续上升到 2025 年的 8375.77 万人，年均增长 0.41%；二是持续下降阶段，人口总量从 2025 年的 8375.77 万人持续下降到 2060 年的 6583.65 万人，年均下降 0.69%。预测期间，江苏省劳动年龄人口持续保持下降趋势，从 2011 年的 6002.29 万人下降到 2060 年的 3440.40 万人，劳动年龄人口占总人口比重也呈持续下降趋势，从 2011 年的 75.86%下降到 2060 年的 52.26%。

表 2-2　江苏省未来劳动年龄人口变动预测

年份	总人口/万人	劳动年龄人口/万人	劳动年龄人口比重/%	年份	总人口/万人	劳动年龄人口/万人	劳动年龄人口比重/%
2011	7912.38	6002.29	75.86	2020	8305.63	5801.06	69.84
2012	7960.26	6006.88	75.46	2025	8375.77	5729.97	68.41
2013	8009.62	6001.40	74.93	2030	8324.81	5514.69	66.24
2014	8059.39	5981.81	74.22	2035	8188.17	5165.80	63.09
2015	8109.40	5965.82	73.57	2040	7981.21	4888.70	61.25
2016	8156.84	5947.99	72.92	2045	7716.65	4617.97	59.84
2017	8200.81	5908.42	72.05	2050	7390.21	4301.82	58.21
2018	8240.95	5875.32	71.29	2055	7002.35	3774.54	53.90
2019	8275.94	5836.05	70.52	2060	6583.65	3440.40	52.26

资料来源：由 2011～2060 年江苏省人口预测结果（中方案）整理得到。

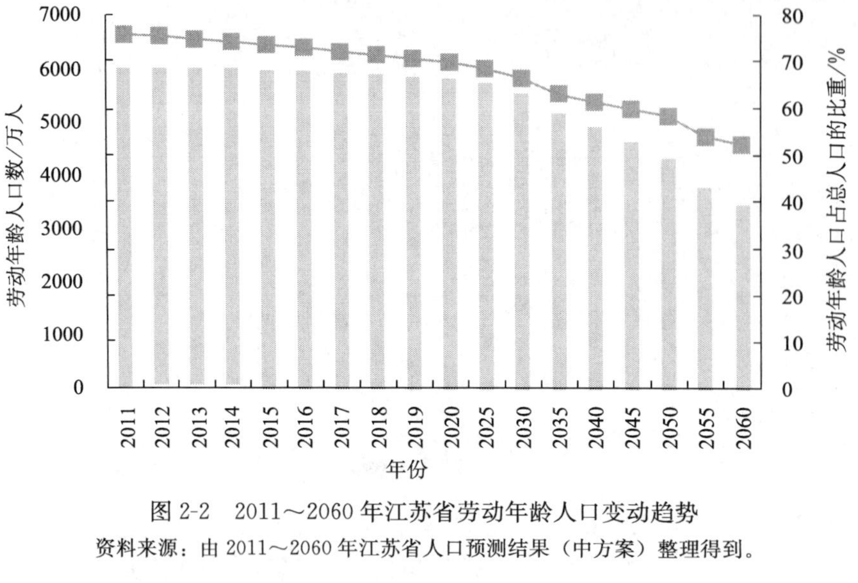

图 2-2　2011～2060 年江苏省劳动年龄人口变动趋势

资料来源：由 2011～2060 年江苏省人口预测结果（中方案）整理得到。

（三）人口变动对劳动力供给的影响

一般来说，影响劳动力供给的因素主要有三种（曾湘泉，2010）：一是自然因素，包括人口规模、人口自然结构和劳动力个体的身体条件；二是经济因素，包括劳动力个体的工作偏好和经济周期波动的影响；三是社会制度因素，包括劳动制度和工资制度等。作为影响劳动力供给的自然要素，人口规模直接影响着劳动力供给数量，人口自然结构决定了劳动力的长期供给能力，劳动力个体的身体条件则影响着劳动力供给的质量。

根据前文的预测可知，2011～2060 年江苏省劳动年龄人口数量将呈现先上升后下降的趋势，这将使江苏省劳动力供给在数量上也呈现先上升后下降的趋势。随着劳动力市场供给数量的下降，“人口红利”将逐渐消退，取而代之的可能将是劳动力供给不足甚至匮乏。

二 劳动力供给结构

（一）劳动力供给的年龄结构变化

一般来说，对于劳动年龄人口而言，24 岁以前是接受教育的时间，25～44 岁是为社会做贡献的黄金年龄，60 岁以后，其劳动能力逐渐衰退。因此劳动年龄人口内部的年龄结构变化，会对劳动就业产生影响。

从年龄角度，可以将劳动年龄人口分为 4 组：15～24 岁组，25～44 岁组，45～59 岁组，60～64 岁组。表 2-3 和图 2-3 所示的是江苏省劳动年龄人口内部的年龄结构变化情况。可以发现，随着总体人口年龄结构由成年型向老年型过渡，劳动年龄人口的相对高龄化趋势也逐渐开始显现：15～24 岁组的人口占劳动年龄人口的比重总体上是不断下降的，但略有起伏变化，从 1990 年的 29.11%下降到 2010 年的 20.50%；25～44 岁组人口占劳动年龄总人口的比重是先上升后下降的；45～59 岁组及 60～64 岁组人口占劳动年龄总人口的比重是不断上升的，前者由 1990 年的 20.13%上升到 2010 年的 29.35%，后者由 1990 年的 4.91%上升到 2010 年的 7.08%。由此看来，计划生育工作使得江苏省生育水平大幅度降低，劳动年龄人口中青年劳动年龄人口比重快速减少，成年及中年劳动人口所占比重显著增加，这一变化趋势将持续并贯穿于总体人口年龄结构老龄化进程之中。伴随着这一变化趋势，在人口年龄结构达到严重老龄化之前，劳动年龄人口必将率先经历一个相对高龄化的过程，这也是人口老龄化发展的一般规律。

表 2-3　江苏省劳动年龄人口年龄结构变化情况　　（单位：%）

年龄组/岁	1990 年	1995 年	2000 年	2005 年	2010 年
15～24	29.11	21.49	19.61	18.37	20.50
25～44	45.85	50.53	49.81	46.43	43.07
45～59	20.13	22.45	25.30	29.03	29.35
60～64	4.91	5.53	5.29	6.17	7.08

资料来源：2011 年《江苏统计年鉴》。

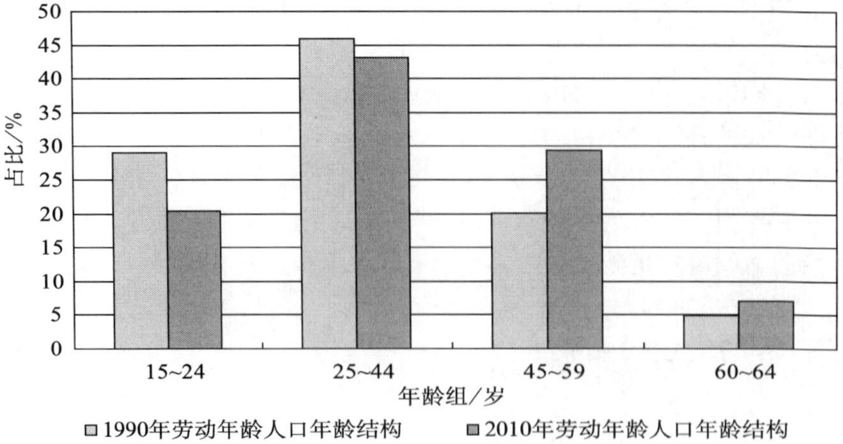

图 2-3　1990 年、2010 年江苏省劳动年龄人口年龄结构情况

资料来源：2011 年《江苏统计年鉴》。

（二）2011～2060 年劳动年龄人口年龄结构变化趋势

表 2-4 和图 2-4 所示的是 2011～2060 年江苏省劳动年龄人口年龄结构的预测数据。可以看出，随着时间的推移，江苏省劳动年龄人口高龄化的趋势将越加明显：15～24 岁组人口占劳动年龄总人口的比重在 50 年里不断地起伏，但总体为下降趋势，最低点于 2020 年左右出现，约为 11.72%；25～44 岁组人口占劳动年龄总人口的比重相对稳定，总体上略有下降，最高点于 2020 年左右出现，约为 44.54%，最低点于 2040 年左右出现，约为 32.32%；45～59 岁组人口占劳动年龄总人口的比重总体呈上升趋势，从 2011 年的 29.19%上升到 2060 年的 35.08%，于 2040 年左右达到最高值，约为 41.12%；60～64 岁组人口占劳动年龄总人口的比重增长迅速，从 2011 年的 6.96%上升到 2050 年的 18.41%，2050 年后则有明显的下降趋势。

表 2-4　江苏省未来劳动年龄人口年龄结构预测趋势　　（单位：%）

年龄组/岁	2011 年	2020 年	2030 年	2040 年	2050 年	2060 年
15～24	21.65	11.72	14.60	15.42	12.41	14.94
25～44	42.19	44.54	39.30	32.32	38.13	39.60
45～59	29.19	35.64	32.40	41.12	31.32	35.08
60～64	6.96	8.10	13.70	11.13	18.14	10.39

资料来源：由 2011～2060 年江苏省人口预测结果（中方案）整理得到。

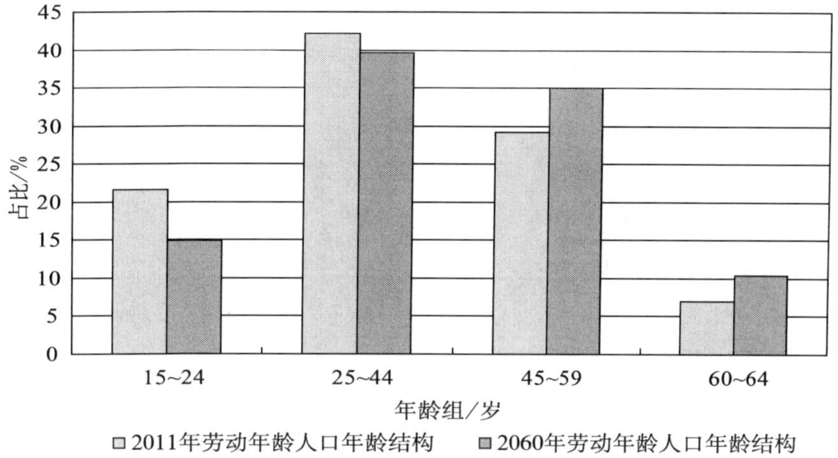

图 2-4　2011 年、2060 年江苏省劳动年龄人口年龄结构

资料来源：由 2011～2060 年江苏省人口预测结果（中方案）整理得到。

三 劳动力供给质量

人口老龄化使劳动力人口的年龄结构发生变化，青年劳动力在劳动年龄人口中的比重下降，年长劳动力比重增加。随着年龄的不断增加，人的生理功能会出现退化，体力和精力都会出现衰退，反应会变慢，接受新知识、新技术的能力也相对较慢，所需的培训费用相对较高。在高速发展的市场经济条件下，变化是经常的。面对变化，年长的劳动力不容易适应繁重的劳动和快节奏的生产活动。随着年长劳动力接受新事物、掌握新技能能力的降低，生产效率往往低于青年劳动力。虽然年长的劳动力在工作经验和工作阅历上具有一定的优势，是社会生产中不可或缺的一部分，然而从整体趋势来看，人口老龄化会对整个社会劳动生产产生不利影响，甚至会对经济发展产生负面影响。换言之，2011～2060 年，随着人口整体上趋于老龄化，劳动年龄人口本身也呈现出结构老化的趋势。一方面，在经济社会发展水平的提高和教育的发展下，15～24 岁年龄组人口中的大部分将接受较高级的正规或非正规教育，因而暂时不进入劳动力市场；另一方面，随着劳动力市场中的劳动年龄人口的结构老化，高龄劳动年龄人口会逐渐增多，而因其流动性较差、再培训的费用高、对新技术的接受速度较慢，会较难适应产业调整对劳动力的需求，从而造成结构性的失业，后果将是劳动生产率下降、社会总产出下降、经济发展速度减缓。随着人口老龄化的日趋严重，这将成为江苏省经济发展中的突出矛盾。

第二节　劳动参与率

根据人的生命周期理论，随着生命的延续，步入老年以后，人的体力、智力等均会趋于衰退，劳动参与能力也会随之减退。对于某总体人口而言，当其进入老年型，老龄化程度不断加深的时候，劳动参与能力的减弱会导致劳动参与率的下降，从而影响到整个社会经济的发展。

一 劳动参与率的变动

劳动参与率是反映劳动力供给的一项综合指标，它的计算可以表达为经济活动人口占劳动年龄人口的百分比，其中分性别、分年龄的劳动参与率可以反映经济活动人口分布的不同侧面。此外，劳动参与率还反映了整个劳动年龄人口的就业强度，在劳动年龄人口规模和结构一定的情况下，劳动参与率决定了社会生产中的劳动投入规模。当劳动年龄人口的年龄结构发生变动时，劳动参与率会相应变动，这通常反映在劳动年龄人口的相对高龄化过程中。为了合理反映劳动参与率变动和劳动力参与强度，我们对江苏省年龄别劳动参与率曲线做出分析。

劳动参与率曲线是指劳动参与率随着年龄变化所形成的曲线，反映了不同年龄劳动参与率的差异和人口生命周期中的劳动就业变动规律。江苏省 2000 年、2010 年的分年龄组劳动参与率变动情况如图 2-5 所示。

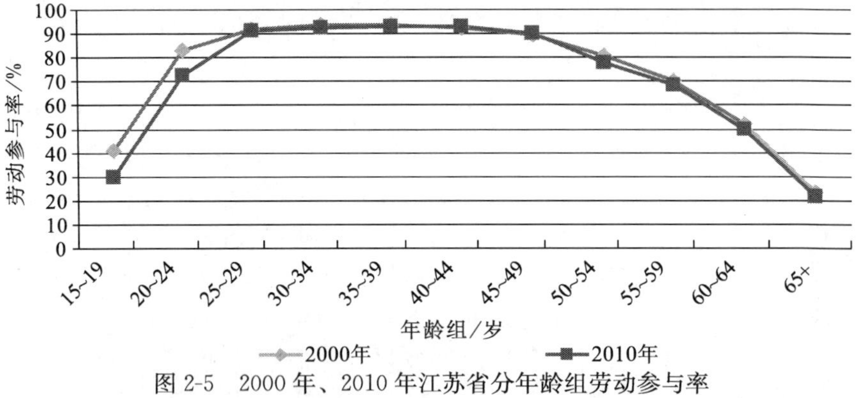

图 2-5　2000 年、2010 年江苏省分年龄组劳动参与率

资料来源：2000 年劳动参与率由江苏省第五次全国人口普查数据整理得到；2010 年数据由江苏省第六次全国人口普查数据整理得到。

由图 2-5 可以看出，无论是 2000 年还是 2010 年，全省分年龄组劳动参与率都是从 15～19 岁年龄组开始逐步上升的，到 25～29 岁年龄组达到高峰，并保持稳定到 40～44 岁年龄组，从 45～49 岁年龄组开始劳动参与率呈现不断下降的趋势。25 岁以下劳动年龄人口大部分处于就学时期，也是人力资本积累的时期，因此低年龄组的劳动参与率相对比较低；到 25 岁以后，劳动年龄人口在体力、知识和能力上均达到成熟阶段，劳动参与率开始进入较稳定的高峰阶段，并且会一直维持到 45 岁前后；45 岁之后，随着人的生理变动和能力下降，不能满足社会经济发展对知识更新的需求，劳动参与率开始逐步下降，尤其是男性人口达到 60 岁、女性人口达到 50 岁（职工）或 55 岁（干部）法定退休年龄以后，劳动参与率下降速度更快。

表 2-5 显示，从总体上来看，21 世纪以来，江苏省劳动参与率从 2000 年的 75.20％下降到 2010 年的 70.83％，总体上呈下降趋势：其中 15～64 岁劳动年龄组人口的劳动参与率由 2000 年的 81.83％，下降到了 2010 年的 78.24％。分不同的年龄组来看，15～24 岁年龄组的劳动参与率呈现波动下降趋势，从 2000 年的 61.58％，下降到 2010 年的 56.39％，下降最为显著；25～44 岁年龄组的劳动参与率呈现波动，总体略有下降，从 2000 年的 92.75％下降到 2010 年的 92.52％；45～59 岁年龄组的劳动参与率略有下降，下降了 2.44 百分点；60～64 岁年龄组的劳动参与率从 2000 年的 23.57％上升到 2010 年的 27.70％，升高的幅度较大。在这种青年组劳动参与率下降、中年组劳动参与率升高不足以抵偿的情况下，总体劳动参与率必然下降。65 岁及以上老年人口劳动参与率在波动中呈现上升趋势，表明老年人口的劳动参与意识较为强烈。

表 2-5 2000～2010 年江苏省分年龄组的劳动参与率 （单位：％）

年龄组/岁	2000 年	2005 年	2006 年	2007 年	2008 年	2009 年	2010 年
15～24	61.58	57.61	49.19	45.20	49.98	53.75	56.39
25～44	92.75	92.55	92.30	92.92	93.32	92.96	92.52
45～59	81.86	78.05	79.29	80.33	80.52	80.13	79.42
60～64	51.95	51.78	55.64	57.09	55.22	54.48	49.78
65+	23.57	22.18	26.79	29.97	26.80	26.71	27.70
15～64	81.83	81.40	78.80	78.48	78.94	79.04	78.24
总计	75.20	72.38	72.00	71.94	71.89	71.77	70.83

资料来源：2000 年数据由江苏省第五次全国人口普查数据整理得到，2005～2010 年数据根据 2006～2011 年《江苏统计年鉴》整理得到。

上述劳动参与率的变动，反映了江苏经济社会发展和劳动就业发生的变化。首先是教育事业的发展吸引了较多青年劳动年龄人口。2000 年及 2010 年江苏省全国人口普查数据资料显示，2000～2010 年全省高等和中等学校招生人数合计增加了 57.93 万人，其中普通高等学校招生人数由 7.13 万人增加到 47 万人，增加了 39.87 万人；普通中等学校招生人数由 136.8 万人增加到了 154.86 万人，增加了 18.06 万人。高等和中等学校在校人数合计增加了 276.3 万人，其中普通高等学校在校人数由 21.95 万人增加到了 176.73 万人，增加了 154.78 万人；普通中等学校在校人数由374.86万人增加到了496.38万人，增加了121.52万人。增加的这些在校学生，大多数在25岁以下，致使该年龄组人群就业率下降，这符合一般发展规律。其次，45～59岁年龄组尤其是60～64岁年龄组劳动年龄人口劳动参与率提高，说明社会和经济发展为劳动市场提供了更多的就业机会；同时也说明包括劳动力在内的市场经济体制的建立和日趋完善，推动了劳动就业向着更加灵活的方向发展，即使年龄偏高的一些劳动人口仍然有较多的就业机会。至于65岁及以上老年人口劳动参与率的提高，一方面得益于改革开放以来经济的迅速发展，创造了较多的就业岗位；另一方面也说明我国老年人口有着较强的继续参与社会劳动的意愿，愿意从事力所能及的劳动。提高老年人口的劳动参与率，适当组织老年人口劳动自养，是应对人口老龄化挑战的方法之一。

二 劳动参与率的变化特征

2000～2010年劳动年龄人口劳动参与率的变动表明，总体劳动参与率变动主要受劳动年龄人口年龄结构变动和年龄别劳动参与率变动的双重影响。

为了反映人口老龄化对劳动参与率的影响，我们采用标准化处理分析方法，以2000年的年龄别劳动参与率作为标准，计算出2010年相应的劳动年龄人口的标准劳动参与率为80.19%。这一结果反映了随着人口老龄化的日益严重，在劳动参与率年龄模式不变的情况下，总体劳动年龄人口的劳动参与率呈下降趋势。如果以2000年的年龄结构作为标准，按照2010年的分年龄组劳动参与率测算，2010年总体劳动年龄人口的劳动参与率为79.12%，即排除年龄结构的影响，2010年的实际劳动参与率比按2000年年龄别劳动参与率计算的水平还要低一些。通过上面的分析可以看出，年龄结构变化和年龄别劳动参与率的变化均会影响总体劳动参与率，且两者均会使得总体劳动年龄人口的劳动参与率降低，但分年龄组的劳动参与率对总体劳动人口的劳动参与率影响则要更强一些。

由于总体劳动年龄人口的劳动参与率变动受分年龄组劳动参与率和实际年龄结构的双重影响，我们需要将年龄结构和年龄别劳动参与率的影响分离开来才能看出各自的影响有多大。我们通过双标准化处理分析，得到公式如下

$$L_{2010}-L_{2000}=\sum_{x=15}^{64}[c_{2010}(x)-c_{2000}(x)]L_{2010}(x)+\sum_{x=15}^{64}[L_{2010}(x)-L_{2000}(x)]c_{2010}(x)-\sum_{x=15}^{64}[c_{2010}(x)-c_{2000}(x)][L_{2010}(x)-L_{2000}(x)]$$

其中，L_{2000}、L_{2010}分别表示2000年、2010年总体劳动年龄人口参与率；L_{2000} (x)、

$L_{2010}(x)$ 分别表示 2000 年、2010 年分年龄组劳动参与率；$c_{2000}(x)$、$c_{2010}(x)$ 分别表示 2000 年、2010 年分年龄组劳动年龄人口比重。

由双标准化计算结果可知，21 世纪以来江苏省劳动参与率的降低是劳动年龄人口结构变动与劳动年龄人口劳动参与率模式变动共同作用的结果，但总体上看，由劳动年龄人口年龄结构变动引起的劳动参与率下降程度高于由劳动年龄人口劳动参与率模式变动引起的劳动参与率下降程度。计算结果进一步显示，不同年龄组劳动参与率下降的主要原因不同，15～24 岁组劳动参与率的降低主要受人口结构变动影响；25～39 岁组劳动参与率受到人口结构变动和劳动参与率模式变动的双重影响，降低幅度最大；而 40 岁及以上年龄组劳动参与率在年龄结构变动影响下，表现出劳动参与率略有升高的趋势。尽管部分年龄组劳动参与率略有上升，但受劳动参与率模式变动和人口结构变动的双重影响，江苏省劳动参与率总体呈现下降趋势（表 2-6）。

表 2-6 双标准化计算结果 （单位：%）

年龄组/岁	$[c_{2010}(x)-c_{2000}(x)]L_{2010}(x)$	$[L_{2010}(x)-L_{2000}(x)]c_{2010}(x)$	交互影响
15～19	0.08	−1.15	−0.03
20～24	2.02	−1.29	−0.29
25～29	−2.33	−0.04	0.01
30～34	−5.55	−0.06	0.04
35～39	−1.57	−0.03	0.00
40～44	3.27	0.06	0.02
45～49	−0.57	0.05	0.00
50～54	0.23	−0.26	−0.01
55～59	1.89	−0.13	−0.04
60～64	0.63	−0.14	−0.03
合计	−1.91	−2.99	−0.33

资料来源：由 2001 年、2011 年《江苏统计年鉴》中年龄结构、劳动参与率相关数据整理得到。

三 未来劳动参与率的发展趋势

劳动参与率与劳动力供给密切相关，较高的劳动参与率可以为社会提供较多的劳动力供给，反之较低的劳动参与率将减少劳动力的供给。因此，要预测江苏省未来劳动力的供给量，需要对未来的劳动参与率进行合理的预测。表 2-7 所示的是 2005 年以来江苏省劳动参与率情况。

表 2-7 2005～2010 年江苏省劳动参与率 （单位：%）

年份	2005	2006	2007	2008	2009	2010
劳动参与率	81.40	78.80	78.48	78.94	79.04	78.24

资料来源：2006～2011 年《江苏统计年鉴》。

考虑到劳动参与率受经济发展、社会保障、人口结构、教育等诸多因素的影响，多元回归分析难以获得数据支撑，故选用特别适合部分信息已知、部分信息未知的灰色系统 GM（1，1）模型进行劳动参与率的预测，以揭示劳动参与率的动态变化情况。

GM（1，1）模型的一般形式为（邓聚龙，2002）：

设非负的原始数据序列为

$$y^{(0)}=[y^{(0)}(1),\ y^{(0)}(2),\ \cdots,\ y^{(0)}(n)]$$

经累加的数据序列为

$$y^{(1)}=[y^{(1)}(1),\ y^{(1)}(2),\ \cdots,\ y^{(1)}(n)]$$

其中

$$y^{(1)}(k)=\sum_{i=1}^{k}y^{(0)}(i),\ (k=1,\ 2,\ 3,\ \cdots,\ n)$$

则 $y^{(1)}$ 满足一阶微分方程：

$$\frac{\mathrm{d}y^{(1)}}{\mathrm{d}t}+\alpha y^{(1)}=\mu$$

其中，α 为发展系数；μ 为灰色作用量。

利用最小二乘法进行估计可得

$$\alpha=(\alpha,\ \mu)^{\mathrm{T}}=(B^{\mathrm{T}}B)^{-1}B^{\mathrm{T}}Y_n$$

其中，

$$B=\begin{bmatrix} -0.5\left(-y^{(1)}(1)+y^{(1)}(2)\right) & 1 \\ -0.5\left(-y^{(1)}(2)+y^{(1)}(3)\right) & 1 \\ \vdots & \vdots \\ -0.5\left(-y^{(1)}(n-1)+y^{(1)}(n)\right) & 1 \end{bmatrix}$$

$$Y_n=\left(y^{(0)}(2),\ y^{(0)}(3),\ \cdots,\ y^{(0)}(n)\right)^{\mathrm{T}}$$

从而求得时间响应函数

$$\hat{y}^{(1)}(t+1)=\left[y^{(0)}(1)-\frac{\mu}{\alpha}\right]\mathrm{e}^{-\alpha t}+\frac{\mu}{\alpha},\quad t=0,\ 1,\ 2,\ \cdots$$

累减后得到原始数据序列的预测公式 $\hat{y}^{(0)}(t+1)=y^{(1)}(t+1)-y^{(1)}(t)$，$t=0，1，2，\cdots$，并且规定 $\hat{y}^{(0)}(1)=y^{(0)}(1)$。

一般情况下，通过数据序列长度的取舍以获得不同的预测结果，从而组成一个预测灰区间，供决策选用。倘若数据序列较短（4～5 个），便难以建立长期的预测模型；若数据变化较大，模型会因所得灰区间过大而失去意义。这些情况都会导致 GM（1，1）模型的直接预测结果不尽如人意。此时，可用等维递补灰色预测法弥补直接建模的不足。等维递补灰色预测法的数学原理是：只用已知数列建立GM（1，1）模型预测的第一个预测值（灰数），补充在已知数列之后，同时去掉其第一个已知数据，保持数据序列的等维，然后再建立GM（1，1）模型，预测下一个值，如此新陈代谢，逐个预测，依次递补，直至完成预测目的或达到一定的精度要求为止。等维递补灰色预测法可以及时补充和利用新的信息，提高灰区间的白化度，每预测一步，模型参数做一次修正，模型可以得到改进，预测值产生于动态之中，使得预测结果更合理、更接近实际。

利用2005～2010年劳动参与率的时间序列数据，采用等维递补灰色预测法对2011～2060年江苏省劳动参与率进行预测，结果如表2-8所示。

表2-8　2011～2060年江苏省劳动参与率变化趋势　（单位:%）

年份	劳动参与率	年份	劳动参与率
2011	78.32	2036	76.36
2012	78.18	2037	76.32
2013	78.05	2038	76.29
2014	77.93	2039	76.25
2015	77.81	2040	76.22
2016	77.70	2041	76.19
2017	77.59	2042	76.16
2018	77.49	2043	76.14
2019	77.40	2044	76.11
2020	77.31	2045	76.08
2021	77.22	2046	76.06
2022	77.14	2047	76.04
2023	77.07	2048	76.02
2024	76.99	2049	76.00
2025	76.92	2050	75.98
2026	76.86	2051	75.96
2027	76.80	2052	75.94
2028	76.74	2053	75.93
2029	76.68	2054	75.91
2030	76.63	2055	75.90
2031	76.58	2056	75.88
2032	76.53	2057	75.87
2033	76.48	2058	75.86
2034	76.44	2059	75.85
2035	76.40	2060	75.83

预测结果显示，2011～2060年，江苏省劳动参与率呈现逐年下降趋势。总体人口老龄化程度日趋严重，同时劳动年龄人口结构趋向老化，未来从业人员将会减少，劳动参与率也会不断下降。

2007年、2008年美国的劳动参与率保持在67%左右。2010年7月至11月，美国的劳动参与率分别为64.6%、64.7%、64.7%、64.5%和64.5%。根据预测，2060年江苏省劳动参与率将降至75.83%，与美国目前的水平相比，江苏省依然保持着较高的劳动参与率。

第三节　人口老龄化对产业结构、就业结构的影响

一　产业结构与就业结构

随着人口结构的快速转变，劳动供给压力将会逐渐减小，而劳动需求将随着经济的迅速增长和结构的改善不断增加，就业总量供求矛盾将会持续缓解，但是就业的结构性矛盾将会日益突出。

就业结构指社会劳动力在国民经济各部门、各行业、各地区、各领域的分布、构成和联系，是反映一国就业水平和经济发展阶段的重要标尺（袁霓，2012）。按照不同的分布方式，就业结构可分为就业的部门结构、城乡结构、所有制结构、地区结构、知识结构，以及性别结构、职业结构、技术结构等。就业结构是由一定的经济和社会发展水平所决定的。随着经济和社会发展水平的提高，就业结构经历了一个从低级到高级、从原始到现代的发展过程。不同类型的就业结构具有不同的功能，就业结构和其他结构系统一样，具有一定的功能。就业结构是经济结构的一个重要组成部分，它从属于经济结构，并受到产业结构的决定性影响。但反过来，就业结构在一定程度上也影响着经济结构，合理的就业结构是合理经济结构的保障。

根据配第-克拉克定律，随着经济的发展，以及人均国民收入的提高，劳动力首先由第一产业向第二产业转移；当人均国民收入水平进一步提高时，劳动力便向第三产业转移（袁霓，2012）。劳动力在产业间的分布状况为，第一产业将减少，第二和第三产业将增加。劳动力从第一产业转向第二和第三产业的原因是经济发展中各产业间出现收入的相对差异，劳动力总是由低收入产业向高收入产业转移。根据产业结构的客观变化规律合理安排就业，是促进经济发展和解决就业问题的重要环节。

表 2-9 和图 2-6 所示的是改革开放以来江苏省三次产业的产业结构与就业结构的变化情况。可以看到，1978 年以来，江苏省第一产业的产值比重由 27.6%下降到了 6.1%，第三产业的产值比重由 19.8%上升到了 41.4%，第二产业的产值比重一直趋于较为平稳的状态。从图 2-6 可以看到，从 1990 年开始第三产业的产值比重超过了第一产业的产值比重。第一产业从业人口比重呈现出下降的趋势，由 1978 年的 69.7%下降到 2010 年的 22.3%；第三产业从业人口比重则有大幅度的提升，由 1978 年的 10.7%上升到了 2010 年的 35.7%；第二产业从业人口比重的增长速度要慢于第三产业。第三产业正在替代第一产业成为江苏省主要吸纳劳动力的就业领域或者说是劳动就业的主要增长领域。但是，相对于产业结构的变动而

言，江苏省就业结构的调整较为缓慢，仍有大量劳动力滞留在农业，引发了较低的收入和消费，成为制约工业与服务业进一步发展的结构性因素。江苏省劳动力市场的就业结构与产业结构的失衡，有待进一步解决。

表 2-9　江苏省三次产业的产业结构与就业结构情况　（单位：%）

年份	产业结构			就业结构		
	Ⅰ	Ⅱ	Ⅲ	Ⅰ	Ⅱ	Ⅲ
1978	27.6	52.6	19.8	69.7	19.6	10.7
1980	29.5	52.3	18.2	70.4	19.4	10.2
1985	30.0	52.1	17.9	53.2	32.7	14.1
1990	25.1	48.9	26.0	56.6	28.7	14.7
1995	16.8	52.7	30.5	46.9	32.1	21.0
2000	12.3	51.9	35.9	42.8	30.2	27.0
2001	11.6	51.9	36.5	40.9	30.6	28.5
2002	10.5	52.8	36.7	38.9	31.0	30.1
2003	9.3	54.5	36.1	36.0	32.5	31.5
2004	9.1	56.2	34.6	33.6	34.2	32.2
2005	7.9	56.6	35.6	31.5	34.3	34.2
2006	7.1	56.5	36.4	29.5	34.9	35.6
2007	7.0	55.6	37.4	27.6	35.3	37.1
2008	6.8	54.8	38.4	26.3	35.6	38.1
2009	6.6	53.9	39.6	25.1	35.7	39.2
2010	6.1	52.5	41.4	22.3	42.0	35.7

资料来源：2011 年《江苏统计年鉴》。

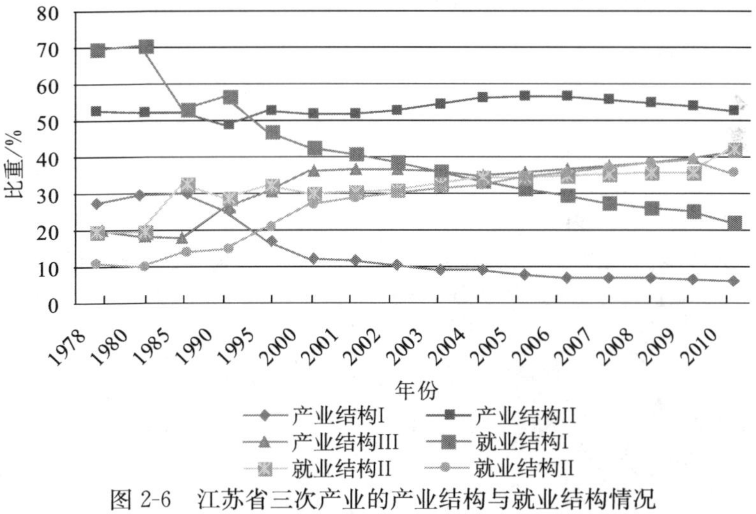

图 2-6　江苏省三次产业的产业结构与就业结构情况

资料来源：2011 年《江苏统计年鉴》。

产业结构偏离度是指各产业增加值的比重与相应的劳动力比重的差异程度。用公式表示为

$$结构偏离度=\frac{某产业计算期 GDP 的比重}{同期该产业从业人员的比重}-1$$

产业相对劳动生产率是指各产业产值与其劳动力比重的比值。该指标反映了产业内部的内在联系和产业劳动生产率的相对水平。用公式表示为

$$相对劳动生产率=\frac{某产业计算期 GDP 的比重}{同期该产业从业人员的比重}$$

结构偏离度是衡量产业结构和就业结构匹配协调的常用指标。结构偏离度的绝对值越大，说明产业结构与就业结构发展得愈不协调。当结构偏离度为零时，表明该产业的产业结构与就业结构在总量上保持均衡；当结构偏离度大于零时，意味着该产业应该吸纳更多的劳动力，使产业的发展与就业吸纳能力保持一致；当结构偏离度小于零时，则意味着该产业劳动力已经存在大量的隐性失业，劳动力相对过剩，应促使劳动力向其他产业转移（李伟，2005）。

从表 2-10 可以看到，江苏省第一产业一直处于结构负偏离状态，且结构偏离度绝对值在不断变大，这说明第一产业的就业结构与产业结构发展不协调，结构偏离度由 1978 年的－0.60 下降到了 2010 年的－0.72。第一产业以农业为主，结构偏离度的不断下降说明农业劳动生产率在不断下降，农村中仍然存在着大量的剩余劳动力。改革开放初期，第二产业的结构偏离度较大，维持在 1.70 左右，说明当时第二产业的就业结构与产业结构极度不协调。但是随着改革开放后社会经济的快速发展，1985 年江苏省第二产业结构偏离度开始小于 1，至 2010 年下降至 0.25。而第三产业自改革开放以来也呈现出不断下降的趋势，由 1978 年的 0.85 下降至 2010 年的 0.16，这说明江苏省第三产业在吸收大量劳动力的过程中就业结构与产业结构的发展越来越趋于协调，产业发展与就业结构能够互相适应。2008 年后第三产业结构偏离度略有增加，这是由近年来江苏省高新服务业的发展势头迅猛，而劳动力补给又相对不足而造成的。总体上看，第二、第三产业的结构偏离度虽然呈现出逐渐下降的趋势，但仍然保持着正向结构偏离，说明第二、第三产业可以继续吸纳大量劳动力的转入。

表 2-10 江苏省产业结构偏离度、相对劳动生产率及人均 GDP 变动情况

年份	结构偏离度			相对劳动生产率			人均 GDP/（元/人）		
	Ⅰ	Ⅱ	Ⅲ	Ⅰ	Ⅱ	Ⅲ	Ⅰ	Ⅱ	Ⅲ
1978	－0.60	1.68	0.85	0.40	2.68	1.85	118	226	85
1980	－0.58	1.70	0.78	0.42	2.70	1.78	218	386	135
1985	－0.44	0.59	0.27	0.56	1.59	1.27	493	856	294
1990	－0.56	0.70	0.77	0.44	1.70	1.77	527	1 028	547
1995	－0.64	0.64	0.45	0.36	1.64	1.45	1 230	3 855	2 234
2000	－0.71	0.72	0.33	0.29	1.72	1.33	1 442	6 101	4 222
2001	－0.72	0.67	0.32	0.28	1.67	1.32	1 470	6 668	4 785
2002	－0.73	0.62	0.29	0.27	1.62	1.29	1 515	7 514	5 362
2003	－0.74	0.59	0.22	0.26	1.59	1.22	1 492	9 155	6 161
2004	－0.73	0.56	0.12	0.27	1.56	1.12	1 768	11 789	7 295
2005	－0.74	0.52	0.12	0.26	1.52	1.12	1 934	13 930	8 751
2006	－0.75	0.47	0.10	0.25	1.47	1.10	2 057	16 308	10 449

续表

年份	结构偏离度			相对劳动生产率			人均 GDP/（元/人）		
	Ⅰ	Ⅱ	Ⅲ	Ⅰ	Ⅱ	Ⅲ	Ⅰ	Ⅱ	Ⅲ
2007	−0.73	0.40	0.10	0.27	1.40	1.10	2 394	18 856	12 678
2008	−0.73	0.36	0.11	0.27	1.36	1.11	2 745	22 212	15 540
2009	−0.73	0.31	0.13	0.27	1.31	1.13	2 905	23 845	17 504
2010	−0.72	0.25	0.16	0.27	1.25	1.16	3 240	27 748	21 852

注：①结构偏离度＝（某产业计算期 GDP 的比重/同期该产业从业人员的比重）−1；
②相对劳动生产率＝某产业计算期 GDP 的比重/同期该产业从业人员的比重。
资料来源：由 2011 年《江苏统计年鉴》相关数据整理得到。

二 人口老龄化与产业结构、就业结构

（一）老年人口的需求

人口老龄化对生产和产业结构的影响主要是通过消费实现的。按照消费经济学的观点，当老年人口的绝对数量增加到一定程度时，将形成一个崭新的、庞大的消费市场，以满足具有老年人特色的衣、食、住、行、乐、医等方面的物质文化需求。这将促进一个“阳光产业”——老龄产业的兴旺发展，使其成为调整社会生产结构、消费结构和市场结构的强大推动力。老年人口的消费需求同一般人的消费需求一样，从人口再生产角度可分为生产需求、享受需求和发展需求；从老年人具体消费需求形式角度可分为老年人的物质生活需求、精神文化需求、护理照料需求、精神慰藉需求、收入保障需求。我们将从老年人具体消费需求形式的角度，来探析人口老龄化如何影响产业结构的变动。

1. 物质生活需求

老年人口的物质生活需求主要包括衣、食、住、行、医等，然而由于老年人自身的生理特点，其物质生活需求呈现出与一般人不同的特点，从而影响到产业结构。

（1）食品需求。随着年龄的不断提高，老年人的咀嚼功能、消化功能也逐渐衰退，过于坚硬、不易消化的食物不适合老年人摄取。同时老年人中高血压、高血糖、高血脂等心脑血管病患者也很多，不能摄入过多高热量、高糖分的食物。为了适应生理特征变化，老年人应摄取松软、易消化、易吸收的低糖、低热量、高营养的食物。

（2）服装需求。老年人对服装的需求主要以穿着舒适、方便为主，但是随着生活水平的不断提高，越来越多的老年人开始追求服装的款式。

（3）住宅需求。老年人健康状况衰退，活动能力减弱，外出活动减少，而且随着年龄的不断增高呈累进衰减的趋势，老年人年龄越大待在家里的时间越

多，因此针对老年人的客观需要设计住宅是十分重要的。这一点在江苏省尚处于发展的最初阶段，除了专门为老年人建造的老年公寓外，住宅建设基本上没有考虑到老年人的特殊需要。楼层高低、楼梯和电梯设备，房间与房间、卧室与卫生间的无障碍设计，阳台、照明采光的强度和分布，大门开锁、电器开关、安全报警等的安全快捷问题，都要尽可能地考虑到老年人的生理和心理特点。

(4) 医疗保健需求。老年学研究表明，老年人大多数时间处于不同程度的带病期，医疗、卫生、保健方面的需求是其最基本的需求之一。据有关专家测算，老年人由于其疾病特点，所需医药费用为总人口平均医疗费的 2.5 倍，60 岁及以上老年人口的医药费将会占用人一生中医药费的 80%以上。随着老龄化程度的不断加深，尤其是高龄老人数量的不断增加，老年人口的医疗保健需求越来越迫切。

2. 精神文化需求

(1) 老年教育需求。与少年教育和成年教育不同，老年教育一般具有非学历、实用性突出的特点，目的是维持和提高老年人口的生活质量，使老年人口能够继续参与社会、融入社会。通过老年教育，老年人不仅提高了自身的文化素质，也充实了晚年的文化生活。甚至有些人可以学一技之长，实现再就业，既能对社会做出贡献，发挥余光余热，又能提高个人收入。另外，舞蹈、书法、绘画等专长使得老年人能够参与相应的文化艺术活动，既丰富了业余生活，也增进了他们的心理健康。

(2) 老年娱乐需求。老年人在退休离开工作岗位之后，失去了在工作时所承担的社会角色，这使得老年人的社会生活方式发生了改变，生活中的闲暇时间变多，必然会引起老年人的不适应。为了调整心理上的不适应，越来越多的老年人在闲暇时间会参与各种各样的文化娱乐活动，如阅读报纸和书籍、外出旅游等。近几年来，旅行社针对老年人开设的“夕阳红”旅游特别火热。应注意到，由于老年群体的文化程度不同、职业不同、民族不同、性格不同，以及年龄和性别构成不同，不同的群组有不同的文化娱乐需求，不可千篇一律。

3. 护理照料和精神慰藉需求

(1) 护理照料需求。随着年龄的增加，老年人口的身体机能逐渐衰退，各种慢性疾病使得老年人生病和卧床的时间不断增加，需要子女及他人的悉心照料。尤其是高龄老人，其生活护理照料需求更是强烈。高龄老年人口一般指 80 岁及以上的老年人口，这类老年人口绝大多数处于带病期或者伤残期，生活部分不能自理甚至完全不能自理，需要部分或者完全由他人照料。表 2-11 所示的是 2005 年江苏省 60 岁及以上老年人口的健康状况。可以发现，随着年龄的增长，老年人口生活不能自理的人数快速增长，尤其是 80 岁及以上的高龄老年人口。

表 2-11 江苏省 2005 年 1%抽样调查 60 岁及以上老年人口健康状况 （单位：人）

年龄组/岁	60 岁及以上老年人口	身体健康	基本健康	生活不能自理	说不准
60～64	26 017	21 430	3 429	1 045	113
65～69	21 579	15 253	4 490	1 642	194
70～74	17 881	9 531	5 418	2 688	244
75～79	12 141	4 983	4 137	2 805	216
80+	10 639	2 741	3 347	4 196	355
合计	88 257	53 938	20 821	12 376	1 122

资料来源：2006 年《江苏统计年鉴》。

（2）精神慰藉需求。随着经济的发展和社会的进步，老年群体的生活水平明显得到了改善。然而，一些老年人由于很少顾及心理上的自我修养，有的在生活中容易产生不良心态，遇到不愉快的事，容易操之过急，好动肝火；有的则会精神空虚、丢三落四、悲观失望、闷闷不乐；也有的丧失了生活的信心，产生了厌世的情绪。尤其是空巢老人和孤寡老人的心理健康，存在的问题更多，自杀率也高出一般人很多。这些问题都需要从心理咨询和精神慰藉的角度出发来解决，需要具备一定专业知识的人来承担重任。同时，也需要亲人、医生、社区工作人员等采用有效的沟通方式来安抚，以消除老年人口的疑虑，树立信心，增强他们的心理健康，使他们能够度过安乐的晚年。

4. 收入保障需求

除了满足老年人的衣食住行、精神文化及生活照料护理等需求外，老年人还需要一定的收入保障。目前，仍有部分老年人口的收入需求没有相应的社会保障，除家庭子女供养外，还需要人寿保险等商业保险加以弥补。在人口老龄化不断加深的情况下，社会养老保险、个人储蓄和商业性养老保险需求将呈上升趋势。

（二）人口老龄化促进产业结构与就业结构的调整

人口老龄化最直接的结果即导致老年人口数量的增多和其在总人口中所占比重的上升。然而，这却为老年市场的形成提供了基础条件，有助于老龄产业的兴起和发展。如上文所述，老年人口各种不同需求的存在会引起生产和交换，促进老年市场的形成，从而会影响到产业结构。按照我国对三次产业的划分，第一产业包括农、林、牧、渔业等；第二产业包括工业、采矿业、制造业，以及电力、燃气及水的生产和供应业、建筑业等；而以服务业为主的除第一、第二产业以外的其他行业为第三产业，如交通运输业、金融业、教育、批发和零售业等。随着人口老龄化的日趋严重，老年人口的需求和消费迅速增长，必然刺激第三产业产品生产的增长，从而影响到产业结构的调整。在老年人的需求中，最值得关注的是老年医疗保健业、老年家庭服务业、老年保险业、老年娱乐业、老年心理健康咨询业等，这些产业均属于第三产业的范畴。因此，未来人口老龄化的加深必然会带动江苏省第三产业的发展，有助于调整国民经济增加值的产业结构，有力促进农业剩余劳动力向第三产业转移，从而实现劳动力就业的产业结构调整。

在人口老龄化促进发展的第三产业中，除了医疗和保险等行业外，社区、家庭和个人服务业领域的就业门槛较低，资金投入较少，能吸纳较多劳动力，因而比较适合农业剩余劳动力和失业再就业劳动力，尤其是其中的女性就业。从农业转移出来的剩余劳动力和失业劳动力的实际情况分析，他们主要以青壮年为主，而且女性偏多，文化层次较低，比较适合第三产业尤其是社区、家庭和个人服务业的要求。如表 2-12 和图 2-7 所示，近几年来江苏省每年年末失业人口都在 40 万人左右，如果能针对这些失业人口进行老年人口服务业的职业培训，使得他们再就业，将会在促进第三产业发展的同时降低城镇登记失业率。

表 2-12　2000～2010 年江苏省劳动力失业情况

年份	年末失业人口/万人	城镇登记失业率/%
2000	30.4	3.4
2001	36.1	3.6
2002	42.2	4.2
2003	41.8	4.1
2004	42.9	3.9
2005	41.6	3.6
2006	40.4	3.4
2007	39.3	3.2
2008	41.1	3.3
2009	40.7	3.2
2010	40.7	3.2

资料来源：2001～2011 年《江苏统计年鉴》。

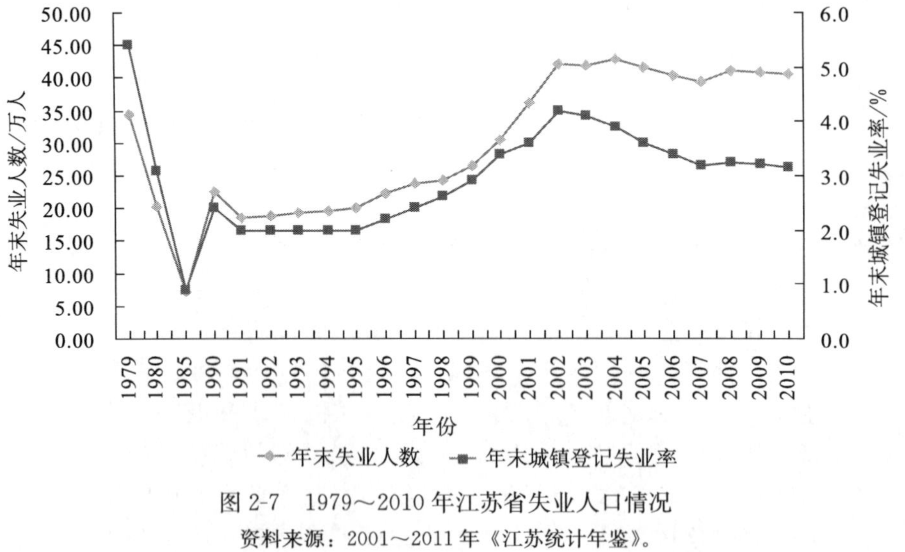

图 2-7　1979～2010 年江苏省失业人口情况

资料来源：2001～2011 年《江苏统计年鉴》。

产业结构调整在人口老龄化因素冲击下能否顺利完成主要取决于第三产业对剩余劳动力的吸纳能力，这对未来江苏省经济的持续发展和社会稳定将产生极大的影响。

第四节　老年人力资源的开发与利用

随着人口老龄化趋势的加剧，面对人口老龄化对社会政治、经济等领域带来的巨大压力，为促进人口老龄化应对策略由消极向积极的成功转变，进而缓解劳动力市场受人口结构转变的冲击，国内外学者把目光转移到对开发老年人力资源的研究上，并提供了相应的理论支撑与实践依据。

美国社会学家 Cumming 等（1960）在《变老》一书中提出了撤退理论。该理论认为，随着老年人口年龄的增长，个人与他人间的人际交往量会逐渐减少，因此，从社会的角度看，社会必须采取一定的措施，如退休制度，使老年人口从原先的工作上退下来，并转交给成年人。但是，该理论由于忽略了老年人对工作、社会活动的意愿，遭到了学界的谴责。与撤退理论相对立的是以美国活动理论家 Rose 等（1965）为代表的活动理论，该理论认为，每个人对社会活动和社会生活的需求是大同小异的，个体在社会中的角色并不因年龄的增长而减少，老年人需要靠他们自身的努力去建立新的角色，通过各种途径去寻求和创造一个可提供有意义角色和活动的老年亚文化环境，从而在社会结构中取得自己的地位（凯瑟琳·麦金尼斯-迪特里克，2008）。

相对于国外老年人力资源开发研究而言，国内学者对老年人力资源开发的研究起步较晚，且研究主要集中于老年人力资源开发的理论探讨。胡春才（1999）从老年资源开发可以带来巨大社会效益和经济效益的角度论证了老年人力资源开发的必要性。张志莹（2003）亦认为，老年人力资源开发不仅可以解决老年问题，而且可以弥补人才短缺的需求。在有关老年人力资源开发的可行性分析方面，不少学者则从我国老年人力资源数量、经济结构与产业结构调整、老年人口的主观需求、平均预期寿命的延长、老年人口的健康状况、老年人口的文化素质等方面进行了研究。姚远（2004）一改之前学术界对人力资源的财富论，从资源论的视角对老年人力资源开发进行研究，他认为老年人力资源完全可以通过培训和老年大学的教育实现量的扩张和质的提高；同时，他指出老年人力资源开发的关键是提高对老年人力资源开发的认识，以及加强老有所教和老有所学，特别是有针对性地对老年人进行基础教育和专业教育。

江苏省作为我国的经济大省，人口老龄化程度超过全国平均水平。江苏省 2010 年第六次全国人口普查数据显示，65 岁及以上老年人口为 8 567 807 人，占江苏省总人口的 10.89%，高于全国水平。根据预测结果，江苏省 65 岁及以上老年人口比重将呈持续增长的趋势，到2060年时将达到38%。面对如此庞大的老年人口，在当前劳动力市场需求和供给压力的推动下，老年人人力资源开发与再利用成为了现实的需要，而现阶段经济社会发展及政策环境也为老年人力资源开发提供了积极、充分的实施条件与基础。

一 老年人力资源开发与利用的可行性

1. 老年人是人力资源

人力资源又称劳动力或劳动力资源，是指能够推动整个经济和社会发展、具有劳动能力的人口总和（王树新等，2005）。它是在一个国家或地区中，未到劳动年龄、处于劳动年龄和超过劳动年龄但具有劳动能力的人口之和，即一个国家或地区的总人口中减去丧失劳动能力的人口之后的人口。人力资源概念的界定赋予了老年人力资源开发与利用一定的可行性。具有劳动能力的老年人作为超过劳动年龄的人力资源，对其进行开发和利用是切实可行的。

2. 老年人有意愿进行再就业

老年人有意愿进行再就业为老年人力资源的开发与利用提供了重要的前提条件。老年人对再就业的需求受多方面因素的影响：一是经济因素的影响。部分老年人由于经济压力较重，养老金并不能保障其基本生活需求，或子女的生活开支增加了他们再就业的动机。二是对晚年生活充实的需求。对于部分老年人来说，工作可以丰富其老年生活，给其带来生活充实感、成就感。三是对投资收益需求的影响。由于部分具有专长的老年人工作报酬往往较高，且为培养这些专长耗费了大量的成本，所以他们希望通过延长工作年限，以获得更高的投资收益率。

3. 生命周期延长，老年人力资源储备量大

2010年，江苏省人口平均预期寿命已达76.63岁，比1982年的69.49岁增加了7.14岁，其中男性人口已经达到74.60岁，女性人口已经达到78.81岁。然而，我国目前仍沿用20世纪50年代开始实行的退休年龄：男性60岁，女干部55岁，女工人50岁。也就是说，如果我国继续沿用这种退休制度，届时退休人员将有大量的时间处于赋闲状态。人口平均预期寿命延长的同时，老年人力资源的储备量也在大量增加。江苏省2010年第六次人口普查数据显示，全省60～74岁老年人口总量为9 005 292人，约占全省人口总量的11.46%。如果我们将60～74岁年龄段的老年人视为可开发和再利用的人力资源，那将是一个极大的人力资源库，其储备量相当可观。

4. 老年人与其他人力资源群体相比具有相对优势

随着生活质量和水平的日益提高，老年人的身体素质也在逐渐提高，而在退休群体中有很大一部分是身体健康、精力旺盛的低龄老年人，这类老年人具备人力资源开发的先决条件。与其他人力资源群体相比，老年人力资源具有的相对优势表现在智能、经验、处世和阅历上。由于人在知识积累和抽象思维概括方面的能力会随年龄的增长而继续加强，所以虽然老年人在反应力、记忆力和体力上弱于青年人，但其知识和技能储存却胜于年轻人。同时，老年人丰富的生产经验、高超的管理才能、精湛的技术水准，以及饱经沧桑的社会实践也是其他人力资源群体所欠缺的。

二 老年人力资源开发与利用的相关政策

1. 我国老年人力资源开发相关政策法规

目前，中国已经初步形成了以《宪法》和有关基本法律为依据，以法律、行政法规、地方性法规、部门规章和规范性文件为主要表现形式，以《中华人民共和国老年人权益保障法》、《关于加强老龄工作的决定》、《关于进一步加强新形势下离退休干部工作的通知》、《中国老龄事业发展“十二五”规划》等重要纲领性文件为基本政策，以养老保障政策、老年医疗卫生政策、为老服务政策、老年文化教育政策、老年人社会参与政策、老年人权益保障政策等为具体政策的老龄政策体系。

2011年，中央组织部、人力资源和社会保障部发布《高技能人才队伍建设中长期规划（2010—2020年）》（以下简称《规划》）。《规划》明确了我国高技能人才队伍建设的主要任务：一是健全企业行业为主体、职业院校为基础的高技能人才培养培训体系；二是完善公平公正、运行规范、管理科学的高技能人才评价体系；三是构建有效激励、切实保障、合理流动的高技能人才使用机制；四是营造尊重劳动、崇尚技能、鼓励创新、有利于高技能人才成长的社会氛围；五是形成多方参与、密切配合、共同推动高技能人才工作的新格局。在我国高技能人才中，有相当一部分是老年人，《规划》的发布也为老年高技能人才的开发提供了机遇。

2. 江苏省老年人力资源开发相关政策法规

江苏省在执行国家对老年人力资源开发政策的同时，制定了与其相配套的地方性政策，如《江苏省老龄事业发展“十二五”规划》等。江苏省2009年制定的《关于加快我省老龄事业发展的意见》，明确了推进老年事业发展的重要举措，包括养老社会保障制度的完善、社会化养老服务的推进、重视老年人精神关爱和强化老年事业发展等措施；江苏省十一届人大常委会第二十次会议通过的《江苏省老年人权益保障条例》是在江苏省进入人口老龄化加速发展阶段的历史背景下制定的一部涉及全省老年人合法权益，促进老年事业发展的重要法规。此外，江苏省在《江苏省“十一五”人才事业发展规划》、《江苏省中长期人才发展规划纲要（2010—2020 年）》中也明确表达了对老年人力资源开发与利用的重视。

第五节　先进国家和地区发展劳动力市场的做法

先进国家通常早于我国进入人口老龄化社会，率先经历了人口老龄化对劳动力市场的影响过程，在转化人口老龄化消极影响为积极影响方面具有较为丰富的成功经验。因此，分析和借鉴先进国家及地区的相关做法，对我们在人口老龄化背景下促进劳动力市场健康发展具有重要的价值。

（一）以法律法规为先导，积极应对人口老龄化

由于老龄化问题严重影响了经济和社会发展，美国政府高度关注人口老龄化问题，设立了管理老龄问题的机构，包括老人问题管理署、政府老龄问题顾问委员会和社会保障总署。1935 年美国通过了以养老保险为主体的《社会保障法案》之后，又颁布了《美国老年人法》和《禁止歧视老年人就业法》，使老年人的合法权益得到了保障，提高了社会保障支出津贴。1967 年修正了《禁止歧视老年人就业法》，取消了强制性退休的法律条文，禁止强制 70 岁以下的雇员退休。1999 年美国政府强调了 21 世纪社会保障制度建设的重要性，主张把大部分财政预算盈余投入到社会保障事业。

为了处理好人口老龄化与社会经济发展的相互关系，日本政府将老龄工作纳入社会经济发展规划，并制定了相关的法律。1963 年制定了《老人福利法》，1973 年成立老人对策计划小组，1983 年制定了《老人保健法》，1986 年颁布了《长寿社会对策大纲》，1989 年制定了《促进老人健康与福利服务十年战略规划》。20 世纪 70～80 年代，日本政府为开发老年人力资源，颁布了促进老年人雇佣与就业的法律法规。日本的某些机构负责管理老人问题，如厚生省、大藏省、文部省、劳动省、建设省分别主管老人福利、税收优惠、教育、辅导就业与制定雇佣政策和住宅规划，有效保护老年人的生存与发展的权益。

（二）引导社会力量共同参与老年事业

美国除了政府、国会高度重视老龄问题外，还积极争得学术界的配合和群众的广泛参与。日本也通过舆论宣传，使得社会各界都关注老龄问题，例如，

政府设立9月15日为敬老日，促使国民关心老年人，关注老龄问题。日本企业界对老年事业的发展予以极大支持，资助举办与老年人、老龄化相关的学术会议。韩国进入老龄化社会后，社会各界，从理论界到决策层，均予以广泛关注，其政府深刻意识到人口老龄化对于国家经济、社会发展的不利影响，提出了相应的解决措施。

（三）改革与完善相关社会保障制度

日本在1941年制定了《雇员年金保险》，这是关于养老保险制度的首次立法。1954年制定了《国民养老金法》，规定在国民年金保险中，国家负担管理费和年金开支的33.3%，余下的由雇主和雇员共同负担。1970年日本步入老年型国家后，为提高年金覆盖率和解决养老基金财政问题又对原有制度进行了改革。为了使21世纪老龄社会的养老金制度更加公平和稳定，制定了新的养老金法。日本政府还出台了其他政策来解决老年人的照料和护理问题，例如，1989年制定了推动老年人保健福利事业发展的“黄金计划”，决定10年内投入6亿日元，增加老年人的社会福利设施和为低收入老年人提供家庭照料和护理服务。在1995年日本公布的《重新构建社会保障体制》的报告中建议引入护理保险，把护理服务纳入到社会保障体系中。韩国则通过《国民福利养老保险法》、《国民养老保险法》等法律法规的实施，将大部分国民纳入到养老保险的对象，特别是1995年开始实施了农渔民养老保险制度，为农民、渔民，以及居住在农村地区的自营业者解决了养老的后顾之忧。美国则通过多种渠道筹集社会保障基金，实行社会保障退休金计划与私人退休金计划相结合的措施；制定了提高法定领取退休金年龄的政策，废除了强制退休的年龄规定。这不仅为老年人发挥才智做出了贡献，在扩大就业的同时也降低了社会抚养比，从而减轻了人口老龄化对美国经济社会的负面影响。

另外，瑞典职业雇员联合会（TCO）的专家就如何提高老年就业率水平，提出了一系列措施：充分发挥老年人的专业技能，设置适合老年人工作的岗位；加大教育和技能培训投资力度，考虑适合老年人特点的培训方法；转换观念，消除对老年人的偏见；改革社会保障制度（预算改革中的重要项目），认为如果在社会保障制度中取消提前退休政策，必将有助于提高老年就业率水平。

第六节　对发展江苏劳动力市场的启示

未来半个世纪，江苏省劳动力供给数量将呈现先上升后下降的发展趋势，2030年为劳动力供给数量的转折点；在年龄结构上，江苏省劳动力人口的高龄化特征则会日益凸显，人口结构的高龄化不仅会带来劳动力供给质量的下降，也会带来劳动参与率的降低，同时还会引起结构性失业等问题，从而对劳动力市场的健康运行和经济社会的持续发展产生不利影响。因此，我们必须高度重视人口老龄化给劳动力市场带来的影响。西方先进国家及地区在应对人口老龄化对劳动力市场的影响方面取得了一些成功经验，但我们必须从实际出发，结合自身人口老龄化发展的特征、劳动力变动趋势、劳动力市场和经济社会发展水平等特点予以应对。基于此，在江苏省有效应对人口老龄化对劳动力市场的影响方面，我们得到如下一些启示。

（一）正确处理科技进步与劳动力需求的关系

著名经济学家希克斯把技术创新作为经济增长的动力之一，同时又将技术创新分为三类：劳动力节约型技术创新、资本节约型技术创新和中性技术创新。事实上，技术进步对就业的影响是双重的。从短期来看，技术进步能够提高生产效率，减少生产要素的投入，引起对就业的挤出效应，而技术结构的转型必然淘汰旧部门的劳动力，对就业形成冲击。但是从长期来看，技术进步能够创造出新的产业部门和岗位，加速产业结构的转变，尤其是具有劳动密集型特点的第三产业的发展，会产生就业的“规模效应”。

科技进步、经济发展可以促进劳动力就业，而其中的一个重要环节就是调整产业结构。随着江苏省经济的快速发展，经济结构也在逐渐完善，第一产业的比重不断下降，第三产业的比重不断提高，且第三产业的就业弹性远大于第一产业的就业弹性。就业弹性指经济每增长 1 百分点所对应的就业数量变化的百分比。2010 年，江苏省第一产业就业较上年增加－1.40％，第二产业增加 0.90％，第三产业增加 0.50％。计算可得第一产业的就业弹性为－0.80，第二产业为 0.11，第三产业为 0.16。可见在经济推动的产业结构调整中，第三产业的不断壮大可以吸纳大量的劳动力，为劳动力市场提供更多的就业机会。

（二）以产业结构调整促进就业结构优化

发达国家的产业结构代表着江苏省产业未来的发展方向，它们的就业结构也是江苏省就业政策努力的目标。目前发达国家第一产业的 GDP 比重与就业比重均达到 10％以下，而第三产业的 GDP 比重及就业比重普遍在 60％以上，有的甚至超过了 70％。与这些发达国家相比，江苏省三次产业的 GDP 比重与就业比重出现偏离与不协调（表 2-13）。

表 2-13　部分发达国家及江苏省 GDP 和就业结构与相对劳动生产率

国家或地区	年份	GDP 构成/％			就业构成/％			相对劳动生产率		
		Ⅰ	Ⅱ	Ⅲ	Ⅰ	Ⅱ	Ⅲ	Ⅰ	Ⅱ	Ⅲ
日本	2000	1.5	34.2	64.3	4.6	31.8	63.1	0.33	1.08	1.02
韩国	2000	5.2	44.8	49.9	10.9	28.0	61.1	0.48	1.60	0.82

续表

国家或地区	年份	GDP 构成/%			就业构成/%			相对劳动生产率		
		Ⅰ	Ⅱ	Ⅲ	Ⅰ	Ⅱ	Ⅲ	Ⅰ	Ⅱ	Ⅲ
美国	2000	1.4	24.2	74.5	2.6	22.9	74.3	0.54	1.06	1.00
法国	2000	3.2	23.7	62.8	4.2	24.7	70.7	0.76	0.96	0.89
德国	2000	1.2	28.3	61.2	2.8	34.5	62.6	0.43	0.82	0.98
意大利	2000	3.0	27.5	59.0	5.4	32.4	62.2	0.56	0.85	0.95
英国	2000	1.5	25.9	61.6	1.5	25.4	72.8	1.00	1.02	0.85
澳大利亚	1999	3.4	24.3	64.2	4.9	21.4	73.6	0.69	1.14	0.87
中国江苏	2010	6.1	52.5	41.4	22.3	42.0	35.7	0.27	1.25	1.16

资料来源：美国数据来自美国经济分析局网站（http：//www.bea.doc.gov）；法国数据来自 OECD 网站（http：//www.oecd.org）；其余数据来自 2002 年、2011 年《中国统计年鉴》，中国统计出版社。

从表 2-13 中可以看到，GDP 构成中，江苏省第一产业比重是发达国家的 2～5 倍，第二产业的比重高出了其他国家约 20%，第三产业比重低于其他国家 20%左右。就业结构中，第一产业就业比重是发达国家的 2～10 倍，第三产业就业比重低于其他国家 20%～30%。可见，江苏省产业结构目前存在着第二产业比重过大、第三产业发展不足的产业结构偏差。数据显示，江苏省第一产业就业已经达到饱和状态，并且出现劳动力相对过剩，若以发达国家产业构成为标准，第一产业能够转移出 20%的劳动力，缓解劳动力过剩的压力。发达国家的第二产业就业比重一般在 30%左右，而江苏省 2010 年第二产业的就业比重已经达到 42.0%，吸纳劳动力的空间有限。江苏省第三产业的就业比重仅为 35.7%，远远低于发达国家第三产业就业比重平均水平，这决定了第三产业在未来将承担起吸纳第一、第二产业转移出来的劳动力及新增劳动力的重任。

（三）重视老年人力资源开发，营造良好社会氛围

政府提高重视程度是老年人力资源开发的重要支持，完善相关政策、加强政策的实施能够为老年人力资源开发利用提供重要的保证：政府应建立和完善维护老年人就业合法权益的政策体系，保障老年人再就业的权益，为老年人力资源开发利用提供政策依据；地方政府及相关部门还应积极贯彻落实相关政策，加强政策的落实监督；政府应积极为老年人力资源开发提供必要的条件，如规范老年人就业市场、为老年人提供就业的相关信息等；此外，政府应加大宣传教育的力度，消除对老年人再就业的歧视，形成重视老年人力资源开发和利用的正确观念。同时，社会应为老年人力资源开发提供良好的社会氛围，为老年人提供相应的岗位来延长劳动者的工作年限，如在劳动强度较低、技术水平不高的产业部门为老年人的再就业提供相应的空间，也可以让老年人积极参与到社区的管理之中。

（四）加强老年人再就业培训，积极发展劳动力强度较低的第三产业

随着平均预期寿命的提高，政府和社会力量应当为老年人创造可以继续工作的便利条件：老年人在知识更新、学习新技术等方面的能力不断弱化，致使老年人在知识结构、新的理念等方面较难跟上社会发展的步伐，这就需要培养老年人的学习能力，加强相关工作知识的学习，通过对现代企业经营理念、知识和技能的学习适应社会经济的发展，与老年人的丰富经验相结合，发挥老年人在相关岗位上的独特优势；加快老年大学的建设，为老年人提供学习的场所和机会，保障老年人的培训机会；同时应尽量使老年人的各种能力和创造性在其身体状况许可的前提下得以继续发挥，可以通过制定优惠政策和建立相应利益机制等措施，来引导劳动强度较低、技术水平不高的第三产业部门延长劳动者的工作年限，为老年人的就业提供空间。这样既可以增加人力资源，弥补劳动力的不足，又能够增加个人收入，减少政府对老年福利事业的开支。

（五）完善社会保障制度，为老年人的就业和生活提供保障

在减缓人口老龄化对劳动力市场发展的不良影响时，应改革完善相应的法律法规以维护老年人的合法权益，特别是社会保障权益，并采取相应的政策和措施保障老年人的基本生活，从而实现鼓励、促进老年人继续就业的目标，达到降低人口老龄化对劳动力供给冲击的目的。在面对人口老龄化严峻问题的同时，应清醒地认识到自身与发达国家人口老龄化的不同特点，即农村人口老龄化水平高于城镇人口老龄化水平，这也是江苏省人口老龄化与发达国家人口老龄化的不同之处。因此加快发展、完善老年社会保障事业，建立健全农村社会保障制度迫在眉睫，特别是要建立完善农村养老保障制度和医疗保障制度。只有清醒地认识到这一严峻形势，紧抓江苏省人口老龄化的特点，采取相应的措施，才能在未富先老的状况下积极应对好人口老龄化带来的挑战。

本章小结

本章主要研究了人口老龄化对江苏省劳动力供给、劳动参与率、劳动力需求结构及就业方式、老年人力资源开发与利用等重要方面的影响。

根据江苏省人口发展预测研究结果（中方案），未来半个世纪江苏省的劳动力供给数量将呈现先上升后下降的趋势，即到2025年前，江苏省劳动力供给仍会逐年提高，但到2030年以后，劳动力供给量将逐渐下降。从劳动年龄结构来看，未来江苏省劳动力人口高龄化的趋势明显，这将会造成结构性失业，从而致使劳动生产率下降、经济发展速度减缓。随着江苏省人口老龄化程度日趋严

重，劳动年龄人口结构趋向老化，从业人员减少，总体劳动参与率不断下降成为必然趋势。从就业结构来看，江苏省就业结构调整较为缓慢，仍有大量劳动力滞留在第一产业，就业结构与产业结构的失衡，成为制约工业与服务业进一步发展的重要因素。人口老龄化虽然给经济社会发展带来了重大挑战，但也将会带动老龄服务业的发展，从而促进江苏省第三产业发展，对调整产业结构、促进农业剩余劳动力转移发挥积极作用。

在人口老龄化对劳动力市场影响这一问题的应对上，江苏省应以促进科技进步为主要途径来带动劳动力充分就业，应以调整产业结构为重要手段来优化劳动力就业结构；政府及相关部门应提高对老年人力资源开发和利用的重视程度，树立正确观念，营造良好社会氛围，为老年人力资源的开发和利用创造社会条件；应加强老年人再就业培训，以充分开发和利用老年人力资源，同时应积极发展劳动力强度较低的第三产业并为老年人就业提供适当的岗位；此外，政府还应积极制定、实施相关法律法规以保障老年人社会保障等合法权益，从而促进老年人就业，进而达到缓解人口老龄化造成的劳动力供给相对不足影响的目的。

第三章　江苏人口老龄化对储蓄-消费的影响

未来几十年中，在人口老龄化不可逆转的发展趋势下，老年人口占比的增加成为人口转变的必然结果。人口老龄化程度的提高势必影响一个国家或地区的劳动力供给水平、利率水平、工资水平、社会抚养负担等经济社会发展要素，也会影响与上述因素密切相关的居民储蓄-消费行为（王宇鹏，2011）。然而对人口老龄化对储蓄-消费究竟会产生怎样的影响至今仍无定论，多因素的交互作用往往会使得人口老龄化对储蓄-消费的影响具有复杂性与研究结论的非一致性。

国外学者对人口老龄化之于储蓄-消费影响的研究起步较早。Mason（1985）研究发现，人口总负担系数高对储蓄有一定的影响；当人均收入增长为零时，高生育率对储蓄具有积极的影响；当人均收入增长率超过4%时，高生育率对储蓄的影响具有副作用。Clark等（1992）在对人口老龄化与储蓄投资的关系研究中指出：对于每一个人来说，进入老年以后收入降低会带来个人储蓄的减少，但从总体人口来说，当人口老龄化处于劳动年龄人口的比重稳定和上升阶段时，对储蓄可能是有利的；在评价老年人的消费模式方面，他们认为，对于个人消费来说，一般消费模式随其在生命周期内所处的不同阶段而变化，部分原因是受家庭生命周期的影响。老年人的收入水平相对下降的变化、主要消费支出及开支模式对消费结构具有一定的影响，老年人供养制度的变化也会影响老年人的消费。Erlandsen等（2008）对1968～2004年有关挪威人口结构和消费水平的数据进行了定量研究，发现人口年龄结构对挪威人的总消费有着显著的影响，当中年人口在总人口中的比例上升时，总消费是下降的。

国内学者在我国人口老龄化对储蓄-消费影响的研究上具有不同观点。邬沧萍（1999）认为，中国人口老龄化对老年社会保障和老年医疗保健具有负的或不利的影响，而对消费、储蓄等的影响难以确定，主要是因为缺乏有说服力的实证研究。此后，一些国内学者对我国人口老龄化与储蓄的关系进行了实证研究。于学军（1996）通过定量研究发现，老年人口比重与储蓄率之间呈现出负相关关系，人口结构的变动对于储蓄率的影响是相当大的。王德文等（2004）通过对中国1998～2002年数据的研究发现，自改革开放以来，总抚养比下降对中国储蓄率的贡献率在5%左右。王金营等（2006）通过对中国自1978年以来的时间序列数据的分析发现，老龄化程度的提高使得人均收入提高所带来的消费水平提高的速度减小，老龄化将会降低未来的消费水平和消费比率。李文星等（2008）等利用中国1989～2004年的省际面板数据和动态面板GMM估计方法，考察了中国人口年龄结构变化对居民消费的影响，研究发现，中国少儿人口抚养系数对居民消费具有负面影响，但这种影响并不大；中国老年抚养系数变化对居民消费的影响并不显著。李洪心等（2008）利用灰色系统的理论与方法，通过对不同年龄段人口数与不同消费品消费量间关联度的计算，得出人口老龄化对不同消费品消费造成的影响：随着我国老年人口的增长，对食品类消费品的消费降低，而对医疗保健类、教育文化娱乐服务类、交通通信类消费品的消费则升高。王森（2010）利用我国1978～2008年人均消费、人均GDP和反映人口老龄化的老少比等时间序列数据进行了实证分析，结果发现，我国人口老龄化对居民消费呈现出正负交错的影响效应，并且人口老龄化对居民消费的影响远远小于人均收入对居民消费的影响。

本章主要基于生命周期理论，利用江苏省1982～2010年城乡居民储蓄、消费、经济和人口结构等相关时间序列数据，建立计量经济模型，来考察江苏省人口老龄化对储蓄及消费水平影响的具体情况。

第一节　生命周期理论

生命周期理论是指消费者将一生的资源在其生命的各个阶段作最优分配，以解释人们一生中收入、消费和储蓄关系的理论。

早在1907年，费雪（Fisher）就对追求效用最大化的消费者如何将收入进行跨时消费的最佳分配问题进行了分析，其后，拉姆齐（Ramsey）和希克斯（Hicks）也进行了类似的分析，哈罗德（Harrod）还提出了用驼峰型储蓄来描述人们的储蓄行为。他们的这些分析已包含了生命周期的基本思想萌芽。但正式建立这一理论的是莫迪利安尼（Modigliani）和布伦伯格（Brumberg），后来又被莫迪利安尼和安杜（Ando）进一步发展。

生命周期假说从传统的消费者选择理论出发，在消费者的整个生命周期内考察收入和消费之间的关系，从而修正和发展了凯恩斯的消费函数理论。莫迪利安尼认为，人们是根据整个生命周期来制订消费或储蓄计划的，消费者的效用是他在当前和未来时期总消费的函数（宋建军，2002）。如果假定不存在遗产，则消费者就会把他在当前和预期未来所能够得到的全部收入，按照一定的比例分配到生命周期各个阶段的消费上去，以使它的效用达到最大。例如，某个消费者现龄为t岁，寿命为n岁，于是从当前算起，其生命周期为$n-t$岁。设该消费者在当前时期，即t岁时的生命周期收入为V_t，则他为了从当前和未来的消费中得到最大满足，就会把 V_t 按照一组他认为合适的比例 K_t，K_{t+1}，…，K_n 分别分配到他年龄为 t 岁，$t+1$ 岁，…，n 岁的各个阶段的消费上去，特别是他将按照 K_t 的比例把 V_t 分配到 t 岁这个当前时期。因此，该消费者在当前的消费与生命周期收入成比例，即 $C_t=K_tV_t$。

在莫迪利安尼的理论中，由于假定不存在遗产，故就整个生命周期而言，消费倾向为 1，或储蓄倾向为 0。这表明人们必然要在生命周期的某些阶段上储蓄，而在另一些阶段上负储蓄。一般说来，人们在收入较高的工作年龄时进行储蓄，而在退休后进行负储蓄，即为了低收入时期的消费，而在高收入时期进行储蓄。

第二节　对储蓄的影响

一　储蓄状况分析

江苏省居民储蓄存款从 1982 年的 40.59 亿元增加到了 2010 年的 23 334.5 亿元，年均增长率为 25.47%，如图 3-1 所示；人均储蓄存款从 1982 年的 66.66 元增加到了 2010 年的 29 665.05 元，年均增长率为 24.33%，如图 3-2 所示。2010 年，江苏省储蓄率达到了 57.05%，比日本经济起飞时的水平高出约 12 百分点。较高的储蓄率是由多方面因素决定的，如当地的传统、人们的价值观等。作为积累的重要来源之一，较高的储蓄水平为经济快速发展提供了资本保证，这也是江苏省经济能够快速发展的重要原因之一。2010 年江苏省 GDP 为 40 903.3 亿元，占全国 GDP 总量的 10.28%。但是，较高的储蓄水平表明了人们对消费的压制，同时未来收入的不确定性也要求人们少消费、多储蓄，为养老做好准备。

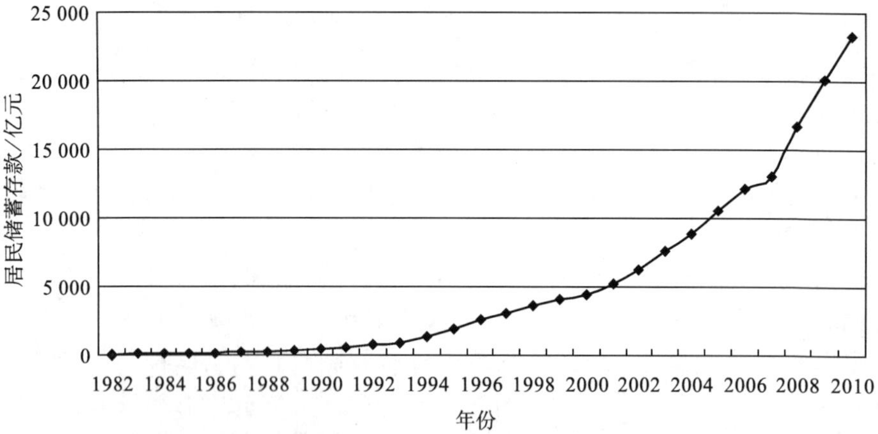

图 3-1　江苏省 1982～2010 年居民储蓄情况

资料来源：2011 年《江苏统计年鉴》。

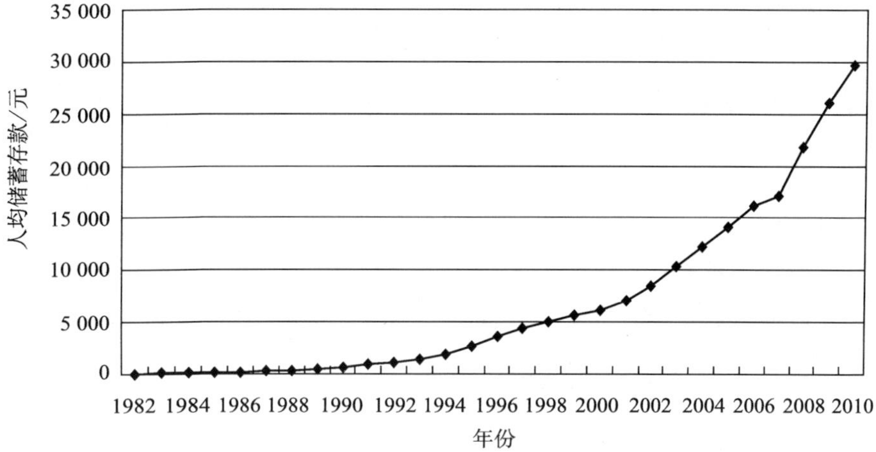

图 3-2　江苏省 1982～2010 年人均储蓄情况

资料来源：2011 年《江苏统计年鉴》。

二 储蓄水平与人口老龄化相关指标的回归分析

（一）模型构建

确定一个地区的储蓄水平时，需要综合考虑当地的经济发展水平、居民消费与收入水平、人口年龄结构、物价水平等因素。本书选取以下社会经济指标作为解释变量，构建计量经济模型，对人均储蓄水平进行实证分析。①人均 GDP，记为 X_1；②65 岁及以上老年人口比重，记为 X_2；③劳动年龄人口（15～64 岁）比重，记为 X_3；④人均消费（不计社会消费），记为 X_4。即

$$Y=\beta_0+\beta_1X_1+\beta_2X_2+\beta_3X_3+\beta_4X_4+u \tag{3-1}$$

其中，Y 为人均储蓄水平；X_1，X_2，X_3，X_4 为影响人均储蓄水平的各种因素；u 为随机扰动项。

（二）相关性分析

为了对人均储蓄与人均 GDP、65 岁及以上老年人口比重、劳动年龄人口比重、人均消费的关系有一个初步的了解，首先利用江苏省 1982～2010 年有关指标值的时间序列数据对它们之间的相关性进行检验。各项指标值数据见表 3-1。

表 3-1　江苏省 1982～2010 年人均储蓄等有关指标值

年份	人均储蓄/元	人均 GDP/元	老年人口比重/%	劳动年龄人口比重/%	人均消费/元
1982	66.56	640.78	5.55	65.48	315.75
1983	91.88	723.48	5.80	66.59	344.86
1984	117.81	815.50	6.06	67.73	381.63
1985	147.44	912.25	6.32	68.91	414.91
1986	179.68	1 001.46	6.57	69.80	433.06
1987	208.27	1 064.34	6.79	70.10	440.20
1988	237.39	1 088.15	6.95	70.04	445.68
1989	283.96	1 088.58	7.05	69.81	451.20
1990	353.59	1 111.70	7.13	69.48	456.41
1991	428.84	1 212.75	7.20	69.25	468.27
1992	490.37	1 406.61	7.31	69.15	496.32
1993	545.44	1 630.58	7.55	69.12	545.19
1994	624.68	1 819.39	7.87	69.16	613.79
1995	744.57	1 973.31	8.17	69.28	692.97
1996	895.08	2 119.73	8.46	69.38	765.83
1997	1 062.44	2 279.11	8.79	69.48	820.45
1998	1 232.71	2 458.85	9.01	69.76	861.15
1999	1 387.44	2 661.62	9.07	70.33	906.20
2000	1 548.04	2 897.39	9.11	70.95	971.72
2001	1 782.54	3 194.60	9.32	71.33	1 050.14
2002	2 121.36	3 617.58	9.79	71.55	1 120.81
2003	2 516.87	4 215.53	10.37	71.99	1 204.86
2004	2 909.16	4 938.54	10.74	72.77	1 366.55
2005	3 267.90	5 702.99	10.90	73.57	1 614.73
2006	3 590.54	6 496.29	11.07	74.14	1 875.12
2007	3 983.46	7 337.03	11.25	74.50	2 097.70
2008	4 589.52	8 276.16	11.33	74.83	2 296.36
2009	5 365.47	9 417.95	11.33	75.33	2 488.59
2010	6 170.86	10 759.48	11.33	76.09	2 677.04

注：数据均进行过平滑处理。其中，人均储蓄、人均 GDP 及人均消费指标值均已进行了价格平减，换算为 1982 年的不变价格，去除了通货膨胀引起的价格水平差异对这些经济指标值的影响。

资料来源：1982～2009 年有关指标值根据 1983～2010 年《江苏统计年鉴》整理得到；2010 年有关指标值根据《2010 年江苏省国民经济和社会发展统计公报》及《江苏省 2010 年第六次全国人口普查主要数据公报［1］》整理得到。

对上述指标进行相关性检验，检验结果如表 3-2 所示，65 岁及以上老年人口比重、劳动年龄人口比重与人均储蓄水平均呈简单正相关关系，这种简单的相关关系是与经济发展水平的不断提高相伴而生的。为了排除人均 GDP 对人均储蓄、65 岁及以上老年人口比重和劳动年龄人口比重之间关系的影响，我们采用偏相关关系分析，结果如表 3-3 所示。这表明影响储蓄水平增长的决定性因素仍然是经济水平的提高，老年人口比重与人均储蓄水平之间存在着较为显著的正相关关系，而劳动年龄人口比重与人均储蓄水平之间的关系呈相对较弱的正相关关系。

表 3-2 相关变量的双变量简单相关关系检验一

控制变量		人均储蓄	人均 GDP	65 岁及以上老年人口比重	劳动年龄人口比重	人均消费
人均储蓄	相关系数	1.000	0.996**	0.888**	0.913**	0.991**
	显著性水平（双侧）	—	0.000	0.000	0.000	0.000
	样本容量	29.000	29.000	29.000	29.000	29.000
人均 GDP	相关系数	0.996**	1.000	0.871**	0.915**	0.995**
	显著性水平（双侧）	0.000	—	0.000	0.000	0.000
	样本容量	29.000	29.000	29.000	29.000	29.000
65 岁及以上老年人口比重	相关系数	0.888**	0.871**	1.000	0.871**	0.886**
	显著性水平（双侧）	0.000	0.000	—	0.000	0.000
	样本容量	29.000	29.000	29.000	29.000	29.000
劳动年龄人口比重	相关系数	0.913**	0.915**	0.871**	1.000	0.918**
	显著性水平（双侧）	0.000	0.000	0.000	—	0.000
	样本容量	29.000	29.000	29.000	29.000	29.000
人均消费	相关系数	0.991**	0.995**	0.886**	0.918**	1.000
	显著性水平（双侧）	0.000	0.000	0.000	0.000	—
	样本容量	29.000	29.000	29.000	29.000	29.000

**表示在 0.01 水平（双侧）上显著相关。

表 3-3 相关变量的偏相关关系检验一

控制变量			人均储蓄	老年人口比重	劳动年龄人口比重	人均消费
人均 GDP	人均储蓄	相关性	1.000	0.482	0.026	0.026
		显著性水平（双侧）	—	0.009	0.894	0.897
		自由度	0.000	26.000	26.000	26.000
	老年人口比重	相关性	0.482	1.000	0.373	0.398
		显著性水平（双侧）	0.009	—	0.051	0.036
		自由度	26.000	0.000	26.000	26.000
	劳动年龄人口比重	相关性	0.026	0.373	1.000	0.192
		显著性水平（双侧）	0.894	0.051	—	0.327
		自由度	26.000	26.000	0.000	26.000
	人均消费	相关性	0.026	0.398	0.192	1.000
		显著性水平（双侧）	0.897	0.036	0.327	—
		自由度	26.000	26.000	26.000	0.000

（三）回归分析

为了更好地反映人均储蓄与人均 GDP、65 岁及以上老年人口比重、劳动年龄人口比重等之间的关系，我们利用江苏省城乡居民 1982～2010 年人均储蓄、人均 GDP、人均消费及人口年龄结构的时间序列数据，采取最小二乘法对所建计量经济模型进行回归分析，以进一步分析人口老龄化水平对人均储蓄水平的影响程度。

将表3-1中的相关时间序列数据代入式（3-1），采取最小二乘法进行回归分析，所得结果如下

$$Y=7992.479+0.766X_1+134.083X_2-27.226X_3-0.859X_4 \quad (3\text{-}2)$$

t 值：　(8.159)　(4.382)　(−1.189)　(−2.086)

$$\overline{R}^2=0.997 \quad F=2276.842$$

修正决定系数 $\overline{R}^2$ 为0.997，F 值也通过1%显著性水平的联合检验，说明模型解释效果总体上是显著的，各解释变量的联合线性作用显著。但解释变量 X_3 的回归系数的 t 值很低，说明模型存在严重的多重共线性问题。因此，采用逐步回归法进行处理，经过筛选得到如下优选模型

$$Y=-900.772+0.561X_1+84.461X_2 \quad (3\text{-}3)$$

t 值：　(35.874)　(3.662)

$$\overline{R}^2=0.997 \quad F=4003.493$$

修正决定系数 $\overline{R}^2$ 为0.997，F 值可以通过1%显著性水平的联合检验，各解释变量的回归系数的 t 值均通过1%显著性水平的 t 检验，因此将式（3-3）作为研究江苏省储蓄水平的优选模型。研究江苏省的人均储蓄水平时，主要应考虑人均GDP水平及老龄化的重要指标——老年人口比重。优选模型式（3-3）中 X_2 的系数为正，说明人口老龄化对人均储蓄水平存在着正相关关系。

（四）不同时间段老龄化对储蓄水平影响的差异分析

上面得到的优选模型式（3-3）可以反映出人口老龄化水平对人均储蓄水平起到了积极的作用，但是在不同的社会发展阶段，人口老龄化对储蓄水平的影响程度是否存在差异，差异水平又是如何呢？为了研究不同时间段内老龄化对储蓄水平的影响差异，取1982～2010年的三个时间段（1982～1997年；1988～2003年；1995～2010年），每个时间段的长度相等，应用最小二乘法对这三个时间段的时间序列数据分别进行回归分析，考虑的指标依旧为人均GDP、65岁及以上老年人口比重、劳动年龄人口比重及人均消费水平，被解释变量为人均储蓄水平。

1.1982～1997年的回归分析

将表3-1中1982～1997年的相关时间序列数据代入式（3-1）中，采取最小二乘法进行回归分析，所得结果如下

$$Y=2412.678-0.075X_1+308.503X_2-64.277X_3+0.654X_4 \quad (3\text{-}4)$$

t 值：　(0.567)　(4.813)　(−5.250)　(2.045)

$$\overline{R}^2=0.990 \quad F=365.891$$

修正决定系数 $\overline{R}^2$ 为0.990，F 值也通过1%显著性水平的联合检验，说明模型解释效果总体上是显著的，各解释变量的联合线性作用显著。但解释变量 X_1

的回归系数的 t 值很低，且系数为负，而 X_4 的系数为正，失去经济意义，这说明模型存在严重的多重共线性问题。因此，采用逐步回归法进行处理，经过筛选得到如下优选模型

$$Y=-353.910+0.581X_1 \qquad R^2=0.970 \tag{3-5}$$

t 值：　　(21.171)

决定系数 R^2 为 0.970，回归系数通过了 1%显著性水平的 t 检验，因此将式（3-5）选为优选模型。

在筛选解释变量的过程中，人口老龄化指标——老年人口比重这一解释变量的回归系数并没有通过 1%显著性水平的 t 检验，最终该优选模型的解释变量只有人均 GDP。这说明，在 1982～1997 年，影响江苏省储蓄水平的主要因素为人均 GDP。

2. 1988～2003 年的回归分析

将表 3-1 中 1988～2003 年的相关时间序列数据代入式（3-1）中，采取最小二乘法进行回归分析，所得结果如下

$$Y=-11353.79+0.518X_1+241.558X_2+139.001X_3-0.971X_4 \tag{3-6}$$

t 值：　　(3.889)　(1.287)　(3.030)　(−0.891)

$$\overline{R}^2=0.993 \quad F=497.299$$

修正决定系数 $\overline{R}^2$ 为 0.993，F 值也通过 1%显著性水平的联合检验，说明模型解释效果总体上是显著的，各解释变量的联合线性作用显著。但解释变量 X_2、X_4 的回归系数的 t 值均很低，这说明模型存在严重的多重共线性问题。因此，采用逐步回归法进行处理，经过筛选得到如下优选模型

$$Y=-6956.963+0.644X_1+93.888X_3 \tag{3-7}$$

t 值：　　(21.392)　(3.098)

$$\overline{R}^2=0.993 \quad F=1010.157$$

修正决定系数 $\overline{R}^2$ 为 0.993，F 值也通过了 1%显著性水平的联合检验，最终优选模型的解释变量为人均 GDP 与劳动年龄人口比重。与 1982～1997 年的时间段不同，影响人均储蓄水平的不再仅仅是人均 GDP，劳动年龄人口比重也对人均储蓄水平起到了显著的影响作用。

3. 1995～2010 年的回归分析

将表 3-1 中 1995～2010 年的相关时间序列数据代入式（3-1）中，采取最小二乘法进行回归分析，所得结果如下

$$Y=-7736.789+0.8177X_1+114.941X_2+102.650X_3-1.493X_4 \tag{3-8}$$

t 值：　　(9.105)　(1.338)　(1.298)　(−3.787)

$$\overline{R}^2=0.998 \quad F=1566.593$$

修正决定系数 $\overline{R}^2$ 为 0.998，F 值也通过 1% 显著性水平的联合检验，说明模型解释效果总体上是显著的，各解释变量的联合线性作用显著。但解释变量 X_2、X_3 的回归系数的 t 值均很低，这说明模型存在严重的多重共线性问题。因此，采用逐步回归法进行处理，经过筛选得到如下优选模型

$$Y=-1520.504+0.842X_1+209.065X_2-1.401X_4 \quad (3\text{-}9)$$

t 值：　(9.346)　(4.416)　(−3.513)

$$\overline{R}^2=0.997 \qquad F=1975.229$$

修正决定系数 $\overline{R}^2$ 为 0.997，F 值可以通过 1% 显著性水平的联合检验，各解释变量的回归系数的 t 值均通过 1% 显著性水平的 t 检验，因此将式（3-9）作为研究江苏省 1995～2010 年储蓄水平的优选模型。

4. 不同时期回归分析结果的比较

（1）不同时间段内，人口老龄化水平对储蓄水平的影响是存在差异的。这三个时间段内，只有在 1995～2010 年，老年人口比重与人均储蓄水平呈现了显著的正相关关系。

（2）1982～1997 年及 1988～2003 年这两个时间段内，人口老龄化水平与人均储蓄之间呈现出弱正相关关系，但在统计意义上不显著。1982～1997 年，与人均储蓄水平显著相关的仅有人均 GDP，人口老龄化水平与人均储蓄水平之间不存在显著的相关关系；1988～2003 年，除了人均 GDP，劳动年龄人口比重也与人均储蓄水平具有相关关系，但人口老龄化水平与人均储蓄水平之间并不存在显著的相关关系。

（3）在 1995～2010 年的时间段内，人口老龄化水平与人均储蓄水平之间具有显著的正相关关系，其相关关系强度远大于 1982～2010 年整个时间段内人口老龄化与人均储蓄水平的相关关系强度（式（3-9）中 X_2 的系数 209.065 大于式（3-3）中 X_2 的系数 84.461）。这说明在 1995～2010 年，尤其是在进入 21 世纪以后，人口老龄化程度不断加深，人口老龄化水平与人均储蓄水平之间的相关关系强度越来越大。

第三节　对消费的影响

一 消费状况分析

随着经济社会的不断发展，人们的生活水平越来越高，居民消费能力也在不断提高。1982～2010 年，江苏省居民人均消费从 315.75 元增长到了 12 869.3 元，年均增长率为 14.16%，如图 3-3 所示。江苏省居民人均消费水平在 1982～

2010 年总体呈上升趋势。其中，1982～1994 年，江苏省居民人均消费水平增长较为缓慢；1995～2002 年，居民人均消费水平增长速度相比前一时间段有所提高；2003 年居民人均消费水平稍有降低，但从 2004 年以后，人均消费水平快速增长，这与江苏省经济发展水平的提高是紧密相连的。

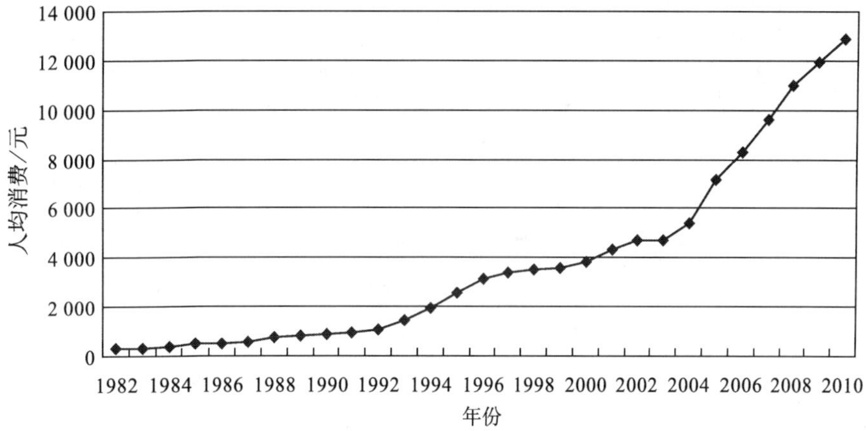

图 3-3　江苏省 1982～2010 年人均消费水平

资料来源：2001～2011 年《江苏统计年鉴》。

在人均消费水平不断提高的同时，江苏省居民的消费结构也在不断变化。按照江苏省统计年鉴中居民消费构成的划分方法，人均消费支出项目可以划分为食品、衣着、居住、家庭设备用品及服务、医疗保健、交通和通信、教育文化娱乐服务，以及杂项商品和服务等八项消费指标。江苏省人均消费性支出构成如表 3-4 所示。

表 3-4　江苏省人均消费性支出构成　（单位：%）

消费指标＼年份	2000	2001	2002	2003	2004	2005	2006	2007	2008	2009	2010
食品	42.1	40.7	40.3	39.2	41.3	39.2	37.6	38.1	38.9	37.1	36.5
衣着	7.8	8.0	7.6	7.6	7.4	8.2	8.1	8.1	8.5	8.7	10.2
居住	12.3	11.8	14.8	12.5	11.9	10.7	11.8	11.3	10.7	10.8	8.6
家庭设备用品及服务	8.5	8.7	6.4	6.2	6.1	6.2	6.2	6.1	6.2	6.5	7.1
医疗保健	5.5	5.7	6.0	6.7	6.3	6.4	6.1	6.2	6.3	6.0	5.6
交通和通信	7.1	8.3	8.1	10.1	10.2	11.6	12.1	11.9	11.4	12.8	13.5
教育文化娱乐服务	12.2	12.2	13.7	14.3	13.7	14.5	14.7	15.2	14.6	14.7	14.9
杂项商品和服务	4.6	4.7	3.2	3.3	3.0	3.3	3.4	3.2	3.4	3.5	3.6

资料来源：根据 2001～2011 年《江苏统计年鉴》计算整理得到。

2000 年，江苏省居民人均消费结构中，食品为主要消费品，占到了 42.1%；其次是居住消费，占 12.3%；教育文化娱乐服务以 12.2% 排第三。2010 年，食品依旧为主要消费性支出，占到了 36.5%，较 2000 年下降了 5.6 百分点；教育文化娱乐服务支出上升为 14.9%，超过居住支出；交通和通信支出占 13.5%；居住支出下降到了 8.6%（图 3-4）。

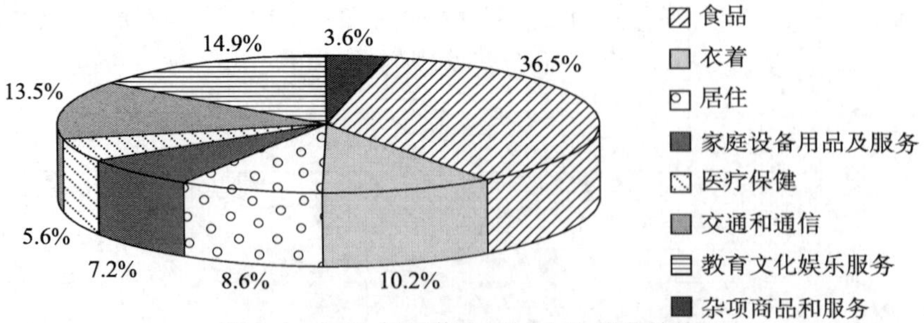

图 3-4　2010 年江苏省居民人均消费结构

资料来源：根据 2011 年《江苏统计年鉴》计算整理得到。

如图 3-5 所示，2000～2010 年，在江苏省居民人均消费结构中，食品支出一直保持在 40%左右，虽然近年来食品支出比例有所下降，但一直以来都是主要消费支出项。居住、家庭设备用品及服务、杂项商品和服务的支出比例都略有下降。与此同时，衣着、交通和通信、教育文化娱乐服务的支出比例均有所提高。医疗保健的支出比例变化不大。

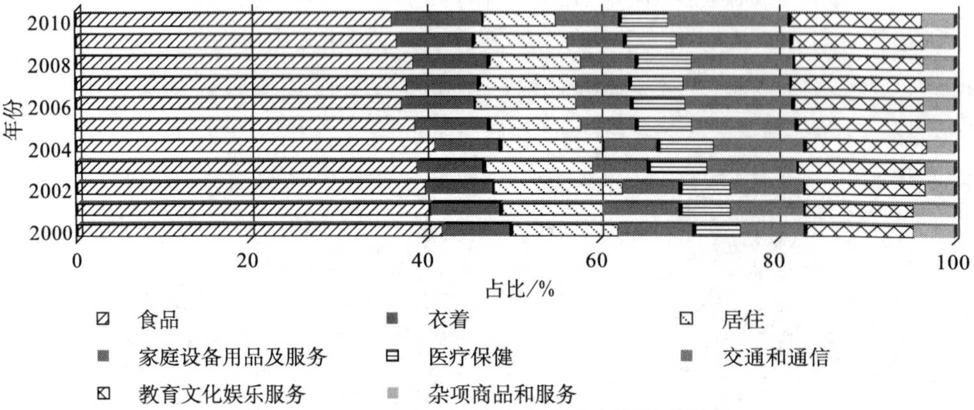

图 3-5　2000～2010 年江苏省居民人均消费结构

资料来源：根据 2001～2011 年《江苏统计年鉴》计算整理得到。

二 人口老龄化对消费结构的影响

（一）分析方法及数据的选取

基于灰色关联度模型，对选取的江苏省各个年龄段人口占总人口的比重及每种消费支出的比重构建关联矩阵，通过计算得到两者之间的关联度，对关联矩阵中的关联度进行比较。在此基础上进一步分析人口老龄化对消费支出结构的影响。

年龄段的划分按照联合国划分法，分为0～14岁、15～64岁、65岁及以上三个年龄段，选取2000～2010年江苏省的各个年龄段的人口比重，如表3-5所示。

表3-5　江苏省各年龄段人口比重　(单位:%)

年份	0～14岁	15～64岁	65岁及以上
2000	19.60	71.59	8.81
2001	19.64	71.52	8.84
2002	18.79	71.32	9.89
2003	17.02	71.64	11.34
2004	16.33	72.95	10.72
2005	15.53	73.60	10.87
2006	14.68	74.36	10.96
2007	14.31	74.32	11.37
2008	13.58	74.91	11.51
2009	13.01	75.05	11.94
2010	13.01	76.10	10.89

资料来源：根据2001～2011年《江苏统计年鉴》整理得到。

(二) 基于灰色关联度模型的实证分析

1. 灰色关联度模型

灰色系统理论中的关联度分析法是一种因素分析方法，是通过系统统计数列集合关系的比较来分析系统中多因素间的关联程度，即认为刻划各因素的时间变量之间所表示的曲线的几何形状越接近，则因素发展变化态势越接近，因而它们之间的关联程度越大，在因素分析、方案决策及综合评估等方面具有广泛的应用。这里采用的是邓氏关联度（邓聚龙，2002），其步骤为：

(1) 定义参考序列和比较序列。

考虑m个时间序列

$$\{x_1^{(0)}(i)\},\ i=1,\ 2,\ \cdots,\ n_1$$

$$\{x_2^{(0)}(i)\},\ i=1,\ 2,\ \cdots,\ n_2$$

……

$$\{x_m^{(0)}(i)\},\ i=1,\ 2,\ \cdots,\ n_m$$

n_1，n_2，…，n_m均属于自然数集，且不一定相等，这m个序列代表m种因素。另外再给定时间序列$\{x_0^{(0)}(i)\}$（$i=1,\ 2,\ \cdots,\ n_0$），称为参考序列，相应地，$x_k^{(0)}(i)$（$k=1,\ 2,\ \cdots,\ m$），被称为比较序列。研究这m个比较序列与参考序列$\{x_0^{(0)}(i)\}$的关联程度。

（2）序列标值化。

令参考序列｛$x_0^{(0)}(i)$｝（$i=1$，2，…，n_0）和比较序列｛$x_k^{(0)}(i)$｝（$i=1$，2，…，n_k）的平均值分别为$\overline{x_0}$和$\overline{x_k}$，即

$$\overline{x_0}(i)=\frac{1}{n_0}\sum_{i=1}^{n_0}X_0^{(0)}(i)$$

$$\overline{x_k}(i)=\frac{1}{n_k}\sum_{i=1}^{n_k}X_k^{(0)}(i)$$

记$x_0^{(0)}(i)$的标值化为x_0（i），$x_k^{(0)}(i)$的标值化为$x_k(i)$，则

$$x_0(i)=x_0^{(0)}(i)\ /\overline{x_0}$$

$$x_k(i)=x_k^{(0)}\ (i)\ /\overline{x_k}$$

（3）求关联系数。

记序列｛x_k（i）｝与｛x_0（i）｝在t点的绝对值差为$\Delta x_{0k}(t)$，则

$$\Delta x_{0k}\ (t)\ =|\ x_0(t)-x_k(t)\ |\ ,\ t=1,\ 2,\ 3,\ \cdots$$

则有序列｛$x_0{}^{(0)}$（i）｝与｛$x_k{}^{(0)}$（i）｝的关联系数$\varepsilon_{0k}(t)$为

$$\varepsilon_{0k}(t)=\frac{\min\min\Delta x_{0k}\varepsilon_{0k}(t)+\xi\max\max\Delta x_{0k}(t)}{\Delta x_{0k}(t)+\xi\max\max\Delta x_{0k}(t)}$$

一般取$\xi=0.5$。

（4）求关联度。

记序列｛$x_0^{(0)}(i)$｝与｛$x_k^{(0)}(i)$｝的关联度为$\bar{\varepsilon}_{0k}$，则有

$$\bar{\varepsilon}_{0k}=\frac{1}{n_0}\sum_{t=1}^{n_0}\varepsilon_{0k}(t)$$

（5）求关联矩阵。

第k个参考序列｛$x_k^{(0)}(i)$｝与第j个比较序列｛$x_j^{(0)}(i)$｝间的关联度为$\bar{\varepsilon}_{kj}$，则关联度矩阵为

$$R=\begin{bmatrix}\bar{\varepsilon}_{11} & \cdots & \bar{\varepsilon}_{1m}\\ \vdots & \ddots & \vdots\\ \bar{\varepsilon}_{n1} & \cdots & \bar{\varepsilon}_{nm}\end{bmatrix}$$

其中$\bar{\varepsilon}_{kj}\in[0,1]$，若$\bar{\varepsilon}_{kj}$越接近1，则参考序列与比较序列之间的相关性越高；若$\bar{\varepsilon}_{kj}$越接近0，则参考序列与比较序列之间的相关性越低。

2. 年龄组与消费支出结构的关联矩阵计算

根据上述参考序列与比较序列的定义，首先得到分年龄段的参考序列｛Y_1｝，｛Y_2｝，｛Y_3｝，以及消费支出比较序列｛X_1｝，｛X_2｝，…，｛X_8｝（表3-6，表3-7）。其中，｛Y_1｝，｛Y_2｝，｛Y_3｝分别表示0～14岁、15～64岁，以及65岁及以上三个年龄段人口分别占总人口的比重，即少年儿童人口比重、劳动年龄

人口比重，以及老年人口比重。$\{X_1\}$，$\{X_2\}$，…，$\{X_8\}$ 分别表示食品、衣着、居住、家庭设备用品及服务、医疗保健、交通和通信、教育文化娱乐服务、杂项商品和服务等八项支出占总支出的比重。

表 3-6　年龄参考序列 $\{Y_1\}$，$\{Y_2\}$，$\{Y_3\}$　　（单位：%）

年份	2000	2001	2002	2003	2004	2005	2006	2007	2008	2009	2010
Y_1 (1)	19.60	19.64	18.79	17.02	16.33	15.53	14.68	14.31	13.58	13.01	13.01
Y_2 (1)	71.59	71.52	71.32	71.64	72.95	73.60	74.36	74.32	74.91	75.05	76.10
Y_3 (1)	8.81	8.84	9.89	11.34	10.72	10.87	10.96	11.37	11.51	11.94	10.89

资料来源：由历年《江苏统计年鉴》相关数据整理得到。

表 3-7　消费支出比较序列 $\{X_1\}$，$\{X_2\}$，…，$\{X_8\}$　　（单位：%）

年份	2000	2001	2002	2003	2004	2005	2006	2007	2008	2009	2010
X_1 (1)	42.1	40.7	40.3	39.2	41.3	39.2	37.6	38.1	38.9	37.1	36.5
X_2 (1)	7.8	8.0	7.6	7.6	7.4	8.2	8.1	8.1	8.5	8.7	10.2
X_3 (1)	12.3	11.8	14.8	12.5	11.9	10.7	11.8	11.3	10.7	10.8	8.6
X_4 (1)	8.5	8.7	6.4	6.2	6.1	6.2	6.2	6.1	6.2	6.5	7.1
X_5 (1)	5.5	5.7	6.0	6.7	6.3	6.4	6.1	6.2	6.3	6.0	5.6
X_6 (1)	7.1	8.3	8.1	10.1	10.2	11.6	12.1	11.9	11.4	12.8	13.5
X_7 (1)	12.2	12.2	13.7	14.3	13.7	14.5	14.7	15.2	14.6	14.7	14.9
X_8 (1)	4.6	4.7	3.2	3.3	3.0	3.3	3.4	3.2	3.4	3.5	3.6

资料来源：由历年《江苏统计年鉴》相关数据整理得到。

根据关联矩阵的构建方法，通过计算得到分年龄段的参考序列 $\{Y_1\}$，$\{Y_2\}$，$\{Y_3\}$ 与消费支出比较序列 $\{X_1\}$，$\{X_2\}$，…，$\{X_8\}$ 的关联矩阵

$$R=\begin{bmatrix} 0.8440 & 0.7576 & 0.8310 & 0.8929 & 0.7104 & 0.5242 & 0.6794 & 0.8831 \\ 0.8287 & 0.9116 & 0.7956 & 0.6649 & 0.8487 & 0.5242 & 0.7771 & 0.6510 \\ 0.5884 & 0.6867 & 0.5932 & 0.5033 & 0.7662 & 0.5954 & 0.8724 & 0.4949 \end{bmatrix}$$

（三）结果分析

关联度矩阵中的 $\bar{\varepsilon}_{kj}$ 表示 Y_k 与 X_j 的关联度，即第 i 个年龄段与第 j 个消费支出项目的关联程度。若 $\bar{\varepsilon}_{kj}$ 越接近 1，则参考序列与比较序列之间的相关性越高；若 $\bar{\varepsilon}_{kj}$ 越接近 0，则参考序列与比较序列之间的相关性越低。根据计算得到的关联矩阵 R，通过比较三个年龄段与每一项消费品的关联度，可以得到如表 3-8 所示的关联度排序。

表 3-8　年龄段与消费支出项的关联度排序

消费指标	关联度排序
食品	$Y>L>O$
衣着	$L>Y>O$

续表

消费指标	关联度排序
居住	Y>L>O
家庭设备用品及服务	Y>L>O
医疗保健	L>O>Y
交通和通信	O>L>Y
教育文化娱乐服务	O>L>Y
杂项商品和服务	Y>O>L

注：*Y* 表示 0～14 岁的少年儿童人口；*L* 表示 15～64 岁的劳动年龄人口；*O* 表示 65 岁及以上的老年人口。

从表 3-8 可以发现，0～14 岁年龄段的人口与食品、居住、家庭设备用品及服务、杂项商品和服务这四项消费品的关联度高于其他两个年龄段人口与这四项消费品的关联度，与医疗保健、交通和通信、教育文化娱乐服务这三项消费品的关联度要低于其他两个年龄段的人口。15～64 岁年龄段的人口与衣着、医疗保健这两类消费品有着最高的关联度，与杂项商品和服务的关联度要低于其他两个年龄段的人口。而 65 岁及以上的老年人口与食品、衣着、居住、家庭设备用品及服务关联度均低于少年儿童人口及劳动年龄人口，与其他两个年龄段的人口比较，在教育文化娱乐服务以及交通和通信上却有着相对较高的关联度，但差异并不十分显著。

1. 人口老龄化对食品、衣着的影响

一方面老年人自身的生理特征，如消化功能的降低、新陈代谢的减少、身体状况欠佳等，都会影响到老年人在食品上的摄取量。同时食品市场上针对老年人的产品很少，难以促进老年人在食品市场中的消费。另一方面，绝大多数老年人的经济收入较工作时期有所减少，尤其是农村老年人大多数无稳定收入，生活基本靠年轻时的储蓄及子女的补贴，因此老年人的消费理念有所改变，他们较其他年龄段的人口更节约，这也影响到了他们在食品上的消费。我国的老年人服装市场也与食品市场存在着相似的问题，专门针对老年人需求的服装较少，抑制了老年人口在服装上的消费需求。

2. 人口老龄化对医疗保健的影响

随着年龄的增加，老年人的发病率会明显增加，2006 年《中国城乡老年人口追踪调查》统计数据显示，我国老年人中有 74.8%的人患有慢性病。老年人口较高的患病率、残疾率、活动受限率等生理特征都使得老年人口在医疗保健上有更大的需求，因此应增加他们在医疗保健上的消费。但在本研究中，江苏省老年人口与医疗保健的关联度大于少年儿童人口，却小于劳动年龄人口与医疗保健的关联度。这是由于本研究中的医疗保健支出并不包括医疗保险，医疗保险属于社会性支出。随着我国医疗保障制度的日益完善，老年人看病大多使用医疗保险，因此在属于消费性支出的医疗保健上，还是消费能力最强的劳动年龄人口与之关联度最高。

3. 人口老龄化对交通和通信、教育文化娱乐服务消费的影响

在关联度矩阵中老年人口对交通和通信、教育文化娱乐服务消费的关联度要高于其他年龄段人口，这是由于老年人对精神慰藉的需求相对要大。老年人在退休离开以往的工作岗位之后，失去了在工作时所承担的社会角色，这使得老年人的社会生活方式发生了改变，生活中闲暇时间变多，因此必然会引起老年人的不适应。为了调整心理上的不适应，越来越多的老年人在闲暇时间会参与各种各样的文化娱乐活动，如阅读报纸和书籍、外出旅游等。此外，大多数老年人不与子女居住在一起，他们与子女的联系主要通过固定电话、手机等通信工具。因此，老年人口促进了交通和通信等消费品的消费。

三 消费水平与人口老龄化相关指标的回归分析

（一）模型构建

一个地区的消费水平会受到经济发展水平、居民收入水平、人口年龄结构、物价水平等因素的影响。本书选取以下指标作为解释变量：①人均 GDP，记为 X_1；②居民人均收入水平，记为 X_2；③物价指数，记为 X_3；④65 岁及以上老年人口比重，记为 X_4；⑤劳动年龄人口比重，记为 X_5。以这些解释变量构建计量经济模型，对人均消费水平进行实证分析。即

$$Y=\beta_0+\beta_1 X_1+\beta_2 X_2+\beta_3 X_3+\beta_4 X_4+\beta_5 X_5+u \tag{3-10}$$

其中，Y 为人均消费水平；X_1，X_2，X_3，X_4，X_5 为影响人均消费水平的各种因素；u 为随机扰动项。

（二）相关分析

为了对人均消费与人均 GDP、人均收入、65 岁及以上老年人口比重、劳动年龄人口比重、物价指数的关系有一个初步的了解，首先利用江苏省 1982～2010 年有关指标值的时间序列数据对它们之间的相关性进行检验。各项指标值见表 3-9。

表 3-9　江苏省 1982～2010 年人均消费等有关指标值

年份	人均消费/元	人均 GDP/元	人均收入/元	物价指数	老年人口比重/%	劳动年龄人口比重/%
1982	315.75	640.78	335.24	100.0	5.55	65.48
1983	344.86	723.48	394.63	101.1	5.80	66.59

续表

年份	人均消费/元	人均 GDP/元	人均收入/元	物价指数	老年人口比重/%	劳动年龄人口比重/%
1984	381.63	815.50	454.55	104.9	6.06	67.73
1985	414.91	912.25	512.36	111.9	6.32	68.91
1986	433.06	1 001.46	562.38	122.3	6.57	69.80
1987	440.20	1 064.34	592.15	138.3	6.79	70.10
1988	445.68	1 088.15	596.63	159.9	6.95	70.04
1989	451.20	1 088.58	583.45	180.3	7.05	69.81
1990	456.41	1 111.70	567.24	193.8	7.13	69.48
1991	468.27	1 212.75	562.63	204.9	7.20	69.25
1992	496.32	1 406.61	584.36	225.7	7.31	69.15
1993	545.19	1 630.58	643.97	264.0	7.55	69.12
1994	613.79	1 819.39	728.99	315.9	7.87	69.16
1995	692.97	1 973.31	818.45	364.8	8.17	69.28
1996	765.83	2 119.73	900.83	395.8	8.46	69.38
1997	820.45	2 279.11	975.13	407.0	8.79	69.48
1998	861.15	2 458.85	1 049.70	406.7	9.01	69.76
1999	906.20	2 661.62	1 130.94	404.0	9.07	70.33
2000	971.72	2 897.39	1 221.33	402.6	9.11	70.95
2001	1 050.14	3 194.60	1 328.15	402.2	9.32	71.33
2002	1 120.81	3 617.58	1 461.72	403.6	9.79	71.55
2003	1 204.86	4 215.53	1 624.59	409.1	10.37	71.99
2004	1 366.55	4 938.54	1 819.01	418.7	10.74	72.77
2005	1 614.73	5 702.99	2 048.05	429.6	10.90	73.57
2006	1 875.12	6 496.29	2 299.37	442.2	11.07	74.14
2007	2 097.70	7 337.03	2 556.15	457.6	11.25	74.50
2008	2 296.36	8 276.16	2 830.21	471.5	11.33	74.83
2009	2 488.59	9 417.95	3 155.37	478.8	11.33	75.33
2010	2 677.04	10 759.48	3 533.41	480.7	11.33	76.09

注：所有数据均进行过平滑处理。其中，人均消费、人均 GDP 及人均收入等指标值均已进行了价格平减，换算为 1982 年的不变价格，去除了通货膨胀引起的价格水平差异对这些经济指标值的影响。

资料来源：1982～2009 年有关指标值根据 1983～2010 年《江苏统计年鉴》数据整理得到；2010 年有关指标值根据《2010 年江苏省国民经济和社会发展统计公报》及《江苏省 2010 年第六次全国人口普查主要数据公报［1］》整理得到。

检验结果如表 3-10 所示，老年人口比重、劳动年龄人口比重与人均消费水平均呈简单正相关关系，这种简单的相关关系是与经济发展水平的不断提高相伴而生的。为了排除人均 GDP 对人均消费、老年人口比重和劳动年龄人口比重之间关系的影响，我们采用偏相关关系分析，结果如表 3-11 所示。这表明影响消费水平增长的决定性因素仍然是经济水平的提高，老年人口比重与人均消费水平之间存在着较为显著的正相关关系，而劳动年龄人口比重与人均消费水平之间的关系呈相对较弱的正相关关系。

表 3-10　相关变量的双变量简单相关关系检验二

控制变量		人均消费	人均GDP	人均收入	物价指数	老年人口比重	劳动年龄人口比重
人均消费	相关系数	1	0.997**	0.998**	0.806**	0.917**	0.938**
	显著性水平（双侧）	—	0	0	0	0	0
	样本容量	29	29	29	29	29	29
人均GDP	相关系数	0.997**	1	0.998**	0.780**	0.899**	0.933**
	显著性水平（双侧）	0	—	0	0	0	0
	样本容量	29	29	29	29	29	29
人均收入	相关系数	0.998**	0.998**	1	0.799**	0.917**	0.945**
	显著性水平（双侧）	0	0	—	0	0	0
	样本容量	29	29	29	29	29	29
物价指数	相关系数	0.806**	0.780**	0.799**	1	0.944**	0.778**
	显著性水平（双侧）	0	0	0	—	0	0
	样本容量	29	29	29	29	29	29
老年人口比重	相关系数	0.917**	0.899**	0.917**	0.944**	1	0.920**
	显著性水平（双侧）	0	0	0	0	—	0
	样本容量	29	29	29	29	29	29
劳动年龄人口比重	相关系数	0.938**	0.933**	0.945**	0.778**	0.920**	1
	显著性水平（双侧）	0	0	0	0	0	—
	样本容量	29	29	29	29	29	29

**表示 在 0.01 水平（双侧）上显著相关。

表 3-11　相关变量的偏相关关系检验二

控制变量			人均消费	老年人口比重	劳动年龄人口比重	物价指数
人均GDP	人均消费	相关性	1	0.596	0.277	0.565
		显著性水平（双侧）	—	0.001	0.153	0.002
		自由度	0	26	26	26
	老年人口比重	相关性	0.596	1	0.517	0.885
		显著性水平（双侧）	0.001	—	0.005	0
		自由度	26	0	26	26
	劳动年龄人口比重	相关性	0.277	0.517	1	0.222
		显著性水平（双侧）	0.153	0.005	—	0.257
		自由度	26	26	0	26
	物价指数	相关性	0.565	0.885	0.222	1
		显著性水平（双侧）	0.002	0	0.257	—
		自由度	26	26	26	0

（三）回归分析

本书利用江苏省 1982～2010 年相关数据采用普通最小二乘法进行回归分析，以分析人口老龄化水平对人均消费水平的影响程度。

将表 3-9 中的时间序列数据代入式（3-10），采用最小二乘法进行回归分析，所得结果如下

$$Y=647.958+0.069X_1+0.560X_2+0.182X_3+1.148X_4-9.065X_5 \quad (3\text{-}11)$$

t 值：　(1.103)　(2.490)　(0.723)　(0.036)　(−0.679)

$$\overline{R}^2=0.996 \qquad F=1469.009$$

修正决定系数 $\overline{R}^2$ 为 0.996，F 值也通过了 1%显著性水平的联合检验，说明模型解释效果总体上是显著的，各解释变量的联合线性作用显著。但解释变量 X_1、X_3、X_4、X_5 的回归系数的 t 值很低，这说明模型存在严重的多重共线性问题。因此，采用逐步回归法进行处理，经过筛选得到如下优选模型

$$Y=25.409+0.777X_2 \quad (3\text{-}12)$$

t 值：　(83.852)

$$R^2=0.996$$

决定系数 R^2 为 0.996，解释变量回归系数的 t 值通过 1%显著性水平的 t 检验。

由式（3-11）和式（3-12）可见，在 1982～2010 年江苏省人均消费水平的决定因素是人均收入，而 65 岁及以上老年人口比重对消费水平的影响相对较弱。1982～2010 年是江苏省人口结构由成年型逐步向老年型转变的时期，目前仍处于人口老龄化初期，年龄结构转变、各年龄段人口的规模变动对总体消费的影响还没有充分显现出来。随着老龄化程度的进一步加深，其对消费规模和水平的影响将越来越明显。这一点可以通过人均消费水平与年龄结构直接相关模型（即不考虑人均 GDP、人均收入等相关经济指标的模型）的回归分析中得到体现。

在式（3-10）中除去解释变量人均 GDP 变量 X_1、居民人均收入 X_2 及物价指数 X_3，得到如下新的模型

$$Y=\beta_0+\beta_4X_4+\beta_5X_5+u \quad (3\text{-}13)$$

利用最小二乘法进行回归分析，得到

$$Y=-11\,892.099+128.49X_4+166.64X_5 \quad (3\text{-}14)$$

t 值：　(2.196)　(3.871)

$$\overline{R}^2=0.891 \quad F=115.673$$

修正决定系数 $\overline{R}^2$ 为 0.891，F 值也通过了 1%显著性水平的联合检验，说明模型解释效果总体上是显著的，各解释变量的联合线性作用显著。各解释变量的回归系数的 t 值也通过了 1%显著性水平的检验。

从式（3-14）中可以看出，在不考虑人均 GDP 水平、居民人均收入水平等经济指标影响的情况下，消费水平与人口老龄化程度和劳动年龄人口比重存在着显著的线性相关；人口结构变动对消费水平呈显著相关关系，特别是在老龄化初期，劳动年龄人口比重和老年人口比重相继升高，对消费水平的提高均有正向的影响。在控制其他变量的情况下，老年人口比重每增长 1%，

居民人均消费可以提高 128.49 元；劳动年龄人口比重每增加 1%，居民人均消费可提高 166.64 元。由此可见，劳动年龄人口比重对居民人均消费水平的影响程度较大。

四 人口老龄化对城乡居民消费水平影响的差异分析

在二元结构的影响下，我国城乡在经济发展上存在着较大的差异，因此城乡居民的消费水平存在着一定的差距。如图 3-6 所示，1982～2010 年城镇居民人均消费水平一直高于农村居民的人均消费水平，在 2000 年后两者之间的差距越来越明显，城镇居民人均消费水平的年均增长率为 12.6%，农村居民人均消费水平的年均增长率为 11.17%。

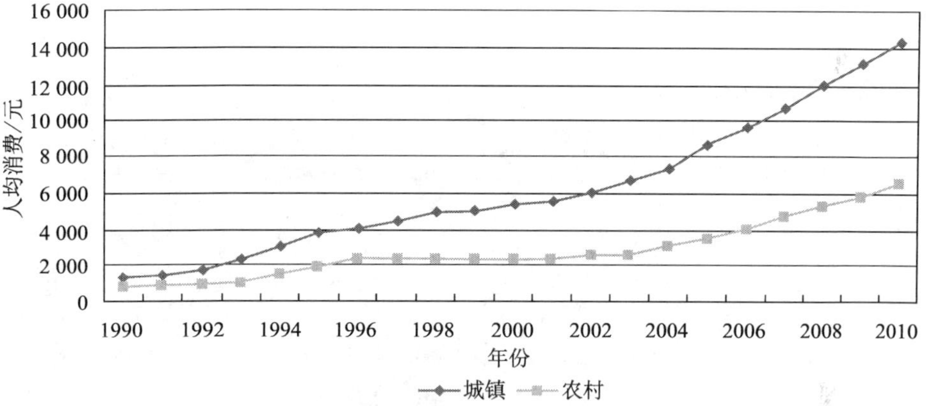

图 3-6 江苏省 1982～2010 年城乡居民人均消费情况

资料来源：由历年《江苏统计年鉴》相关数据整理得到。

如图 3-7 所示，江苏省城乡 65 岁及以上老年人口比重也存在着较大的差异。1990～2010 年，除了 1994 年和 1997 年，农村 65 岁及以上老年人口比重均高于城镇 65 岁及以上老年人口比重。在城镇，1994 年 65 岁及以上老年人口比重有较大幅度提高，在 1995 年和 2000 年出现回落，但总体上城镇 65 岁及以上老年人口比重呈现出波动上升趋势。在农村，65 岁及以上老年人口比重呈现稳步上升趋势，期间偶有回落现象，但起伏变化不大。

在分析老龄化对城乡居民消费水平影响的差异时，依然不考虑人均 GDP 水平等的影响，将式（3-13）作为回归模型，分别对城镇居民和农村居民的情况进行回归分析。由于 1990 年之前的人口统计年鉴中没有分城乡的年龄结构数据，无法获得 1990 年之前的分城乡 65 岁及以上老年人口比重和劳动年龄人口比重。因此，在研究老龄化对城乡居民消费水平的影响差异时，仅考虑 1990～2010 年的相关指标。1990～2010 年城乡居民的相关指标值见表 3-12。

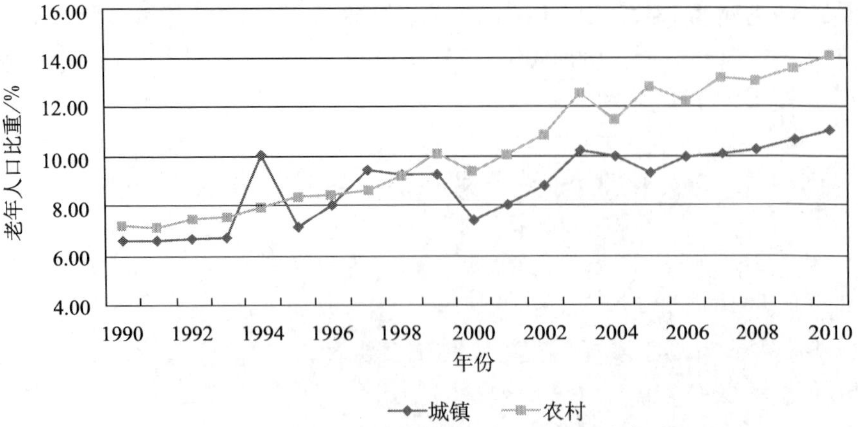

图 3-7 江苏省 1990～2010 年城乡 65 岁及以上老年人口比重

资料来源：由历年《江苏统计年鉴》相关数据整理得到。

表 3-12 江苏省 1990～2010 年城乡人均消费等有关指标值

年份	城镇居民人均消费/元	农村居民人均消费/元	城镇 65 岁及以上老年人口比重/%	城镇劳动年龄人口比重/%	农村 65 岁及以上老年人口比重/%	农村劳动年龄人口比重/%
1990	720.24	389.45	6.59	69.89	7.19	64.01
1991	718.27	393.81	6.61	70.10	7.11	64.21
1992	768.65	400.29	6.69	70.76	7.43	64.54
1993	960.48	417.53	6.75	71.10	7.51	64.74
1994	1032.96	465.65	10.05	72.17	7.85	68.57
1995	1094.18	545.00	7.16	75.03	8.37	67.91
1996	1158.25	632.38	8.07	72.12	8.45	68.16
1997	1329.33	646.57	9.40	72.28	8.61	68.59
1998	1464.05	640.38	9.28	72.15	9.18	68.05
1999	1555.12	638.10	9.28	73.21	10.09	68.75
2000	1640.72	660.12	7.39	75.51	9.37	68.80
2001	1795.18	708.24	8.06	73.53	10.07	68.98
2002	2023.57	820.04	8.79	73.85	10.82	69.16
2003	1908.94	766.58	10.27	73.80	12.56	69.18
2004	2146.95	832.96	10.09	75.19	11.43	70.48
2005	2365.84	975.89	9.35	76.25	12.77	70.28
2006	2632.47	1122.17	10.03	76.08	12.17	72.12
2007	2881.79	1264.14	10.11	76.46	13.16	71.30
2008	2487.63	1106.54	10.26	76.90	13.04	72.48
2009	2742.85	1210.44	10.64	76.82	13.55	72.84
2010	2986.51	1361.06	11.03	76.74	14.08	73.20

注：所有数据均进行过平滑处理。其中，城乡居民人均消费指标值已进行了价格平减，换算为 1982 年的不变价格，去除了通货膨胀引起的价格水平差异对这些经济指标值的影响。

资料来源：1982～2009 年有关指标值根据 1983～2010 年《江苏统计年鉴》数据整理得到；2010 年有关指标值根据《2010 年江苏省国民经济和社会发展统计公报》及《江苏省 2010 年第六次全国人口普查主要数据公报 [1]》整理得到。

1. 人口老龄化对城镇居民人均消费水平的影响

应用表 3-12 中有关城镇居民的时间序列数据代入式（3-13），采用最小二乘法进行回归分析，所得结果如下

$$Y=-15\ 543.03+172.01X_4+213.45X_5 \tag{3-15}$$

t 值：　　(3.075)　(5.974)

$$\overline{R}^2=0.868\quad F=67.022$$

修正决定系数 $\overline{R}^2$ 为 0.868，F 值也通过了 1%显著性水平的联合检验，说明模型解释效果总体上是显著的，各解释变量的联合线性作用显著。各解释变量的回归系数也通过了 1%显著性水平的 t 检验。因此，将式（3-15）作为城镇居民的消费模型。从式（3-15）可以看出，影响城镇居民消费水平的主要因素为 65 岁及以上老年人口比重和劳动年龄人口比重，且这两个变量与城镇居民人均消费水平均成显著正相关关系。65 岁及以上老年人口比重每增加 1%，城镇居民人均消费水平可以提高 172.01 元，而劳动年龄人口比重每增加 1%，城镇居民人均消费水平可以提高 213.45 元。因此，劳动年龄人口比重对城镇居民人均消费水平的影响要大于 65 岁及以上老年人口比重对其的影响。

2. 人口老龄化对农村居民人均消费水平的影响

将表 3-12 中有关农村居民的时间序列数据代入式（3-13）中，采用最小二乘法进行回归分析，所得结果如下

$$Y=-2721.142+82.06X_4+19.49X_5 \tag{3-16}$$

t 值：　　(4.211)　(2.309)

$$\overline{R}^2=0.918\quad F=113.447$$

修正决定系数为 $\overline{R}^2=0.918$，F 值为 113.447，也通过了 1%显著性水平的联合检验。各解释变量的回归系数也都通过了 1%显著性水平的 t 检验。因此将式（3-16）作为农村居民的消费模型，从式（3-16）可以看出，影响农村居民消费水平的主要人口结构因素为 65 岁及以上老年人口比重和劳动年龄人口比重。各解释变量的系数反映的是 65 岁及以上老年人口比重和劳动年龄人口比重对人均消费的变动弹性。65 岁及以上老年人口比重每增长 1%，农村居民人均消费可提高 82.06 元；劳动年龄人口比重每增长 1%，农村居民人均消费可提高 19.49 元。因此，相比劳动年龄人口比重，65 岁及以上老年人口比重对农村居民人均消费的影响更大，这与城镇居民的情况正好相反。

对城镇居民和农村居民的消费模型式（3-15）和式（3-16）进行比较，可以看出，城镇和农村的 65 岁及以上老年人口比重每增长 1%，城镇居民人均消费水平可以提高 172.01 元，而农村居民人均消费水平可以提高 82.06 元，人口老龄化水平的加深对城镇居民消费水平的影响程度明显大于其对农村居民消费水

平的影响程度。同时，劳动年龄人口比重对城镇居民消费水平的影响程度也大于其对农村居民消费水平的影响。因此，随着江苏省人口老龄化程度的日趋加深，城乡居民消费水平的差距将逐渐拉大，这将不利于社会的和谐发展。

第四节 先进国家和地区发展储蓄-消费的举措

人口老龄化对消费-储蓄的影响是毋庸置疑的，但不同的人口老龄化发展进程对具有不同经济社会发展水平及特点的国家和地区，也会带来不同的影响。因此，日本、美国、法国等一些先进国家在应对人口老龄化对储蓄-消费的影响上采取的策略及侧重点也各不相同，但都有各自的成功之处值得我们借鉴。

（一）日本

日本在20世纪70年代进入老龄化社会后，逐步加大了支持社会资本进入老年消费市场的力度，确定了老年人需求的市场供给基本原则。日本政府先后颁布了如《民营养老院设置和运营指导方针》、《促进福利用具研究开发和普及的法律》、《护理保险法》等一系列关于养老机构、老龄商品和服务等规范老年消费市场的法律政策，建立市场规范，统一行业标准，大力推动老年消费市场的发展。具体措施如下：

（1）改善经营环境。可以说没有适合老年人需求的相应消费产品，就没有日本老年消费市场的成功。为促进老年消费品开发，日本针对涉老企业出台了一系列优惠措施，进一步完善了涉老企业的经营环境。一是由地方政府牵头定期举办老年产品博览会，提高老年消费品的影响并为企业和消费者提供直接的交流平台。二是提供资金支持，为涉老企业提供期限更长的贷款和优惠的利率，部分贷款期限长达50年，利率为基准利率的50%。三是为老年服务等相关企业提供财政补贴，无论是公办还是民办的养老机构，只要符合一定的规模和要求，均可以享受相关奖励和补贴。四是在城市规划中为涉老企业和服务机构预留发展用地，避免因土地的市场化竞争而提高涉老企业的建设和经营成本。经营环境的建立和完善，有效地推动了日本老年消费品的开发和销售，积极地促进了日本老年消费市场的健康发展。

（2）从业人员的专业化。从业人员专业化是老年消费市场形成的重要标志之一。日本的养老护理服务称为介护服务，其介护服务需要在《社会福祉士及介护福祉士法》的规范下实行持证上岗制度。1989年，日本推出了社会福祉士、介护福祉士两项职业资格考试，介护士必须修完13门必修课程，参加并通过全国统考后，才能拿到资格证书。介护士具备急救、膳食营养、心理咨询、机能康复指导等方面的专业知识，可以充分满足老年人的养老护理需求。与1989年相比，2000年上述两项资格考试参加人数分别增加了11倍和5倍。许多大学也开设了“社会福利”、“福利工学”、“福利用具工学”等专业，报考学生很多，成为热门学科。

（3）养老机构管理规定的出台和配套措施的扶持。1974年，日本厚生省公布了“收费养老院设置运营指导方针”，并在此后对这项政策做了数次修订。该指导方针及其有关政策对养老机构的属性、设施标准、人员配置、服务标准和优惠贷款等做了规定，并规定了养老机构与一般企业的不同之处，即除了成立时需报经都府道县知事批准，每年还必须提交经营报告，接受政府的监督。20世纪90年代日本政府先后出台的政策措施主要有《促进福利用具研究、开发和普及的法律》①、《应对长寿社会的住宅指南》和《介护保险法》等。

从性质上看，《促进福利用具研究、开发和普及的法律》是一项以调整产品结构、培育新兴产业为目标的中观层次的产业政策，它根据老龄社会的需要和“促进福利用具的研发和普及是国家的责任和义务”的精神，主要规定了：发挥产业技术的优势，促进老年用品的研发和使用，并建立有效的供给机制；由通产省为民间企业提供技术指导和资金支持；地方政府须为老年人和残疾人提供产品信息和咨询服务；在中心城市设置常年性的“福利用具展览馆”展示相关产品。为了实现政策目标，通产省专门设置了“医疗·福利用具产业室”，指导成立了全国性的行会组织——健康·福利用具工业协会，每年都在东京举办“国际福利用具展览会”，2000年有14个国家和地区的634家企业参展，展出了包括智能轮椅、专用车辆（如配备浴缸的沐浴车）、家庭小型电梯等高科技产品在内的“福利用具”25 000余件。

（4）介护保险制度的实施。日本是世界上建立了介护保险制度的五个国家之一。这项制度被誉为继“全民皆年金”和“医疗保险”之后最重要的社会保障制度。根据介护保险制度，老年人经专门机构体检认定确属需要，就可得到不同等级（共分为两种等级，月额从6.43万到37.95万日元不等）的居家介护和生活服务，也可选择入住疗养院、托老所、护养院和养老院等，甚至改建私人住宅、购入或租赁所需要的机械、器具和用品的费用也可以通过这个制度解决。上述费用的90%由国家和地方政府通过保险制度支付，个人仅需负担10%。另外一方面，在这项制度下，65岁及以上的老年人均是“第一类被保险者”，

---

① “福利用具”分为“狭义福利用具”和“广义福利用具”，前者指的是各种专用车辆、轮椅、家庭小型电梯、呼救设备、床具、沐浴设备、排泄设备和成人纸尿裤、老花镜、手杖等以老年人为主要消费对象的产品；后者除了前者之外，还包括多种采用了“通用设计”（universal design）、适合老年人特点但其他年龄层的消费者也可使用的产品，如操作简单的家电、相对宽敞并设有扶手和呼救系统的沐浴间等。两者2000年时的市场规模分别为1.1兆和3.2兆日元，在1995～2000年两者年均增长率分别为6%和14%。

40～64 岁的中年人则是“第二类被保险者”，保险费每月在年金或工资等收入中按比例扣除。

介护和生活服务的供给者主要是企业而非政府，市场机制使消费者（老年人口等）可根据价格、质量等选择供应商，供应商则根据市场动向开展经营活动，从而在很大程度上避免了政府福利事业普遍存在的效率低、服务差等弊病。截至 2000 年 10 月，日本既有从事居家老人的介护和生活服务以及老年用产品租赁业务的中小企业 64 605 家，另有各类养老设施 1.1 万余个。根据老龄商务发展协会对前者 4774 家的调查，介护保险制度生效后的半年内（2000 年 4 月至 10 月），每家企业的平均月营业额由 250 万日元增至 400 万日元，增幅高达 60％。

介护和生活服务需求不断扩大还会直接或间接地带动老年用产品、养老设施和老年住宅、金融保险乃至知识产业等行业需求的增加，因此介护保险制度促进了日本老龄产业的全面发展。《介护保险法》于 1997 年公布，翌年的一次调查结果表明，33.15 ％的上市公司已进入或准备进入老龄市场，特别是 184 家制造业和金融保险业大型企业中，已开始生产老年用品或提供老年金融保险商品的有 146 家，其中 118 家表示将扩大规模。目前，跨行业进入介护市场的大企业比比皆是。例如，日立集团与日本生命保险、日本电信电话公司等大企业联合设立了名曰“生涯伙伴”的全国护理信息中心，通过通信卫星、因特网等媒介向企业和社会提供信息和软件服务，并承接老年用品的订货；松下集团瞄准老年家庭住宅改造的需求，建立了全国连锁店网络等。

（二）美国

在美国，老年人的消费市场也引起了社会各界的广泛关注。1982 年政府清点出的 17 819 家养老院中，5％为政府所有，20％为非营利组织所有，其余 75％为投资者所有。一些投资者在能够吸引到自费病人的地方购买或兴建养老院。《现代卫生服务》杂志的一项研究表明，1983～1984 年，最主要的 20 家投资者联营占据了 17％以上的床位，从平均每家 10 843 张上升到 12 683 张，这种增长的 90％来自营利机构。经营老年用品的企业也日益增多，纽约最繁华的商业街也已有多家老年人商店，超级市场货架上陈列的老年用品也日渐增多。老人玩具公司、老人旅游公司、老年教育中心、老年康乐组织相继出现。美国的一些老年杂志，如《黄金岁月》、《年过百岁》、《现代老年》等应运而生。兜售健康保险的电视广告也直接对准老年人。生产儿童食品的厂家也开始多样化经营，美国最大的婴儿商品制造商葛博产品公司将长期使用的宣传口号“婴儿是我们唯一的事业”中的“唯一”二字去掉。约翰逊公司将洗发水广告变成一种对老年和婴幼儿都适用的广告。生产高级化妆品的厂家海雷那·鲁滨斯坦公司，由于率先生产了以 50 岁以上的妇女为对象的夜晚美容膏、洗发剂等三种配套产品，获得了巨大成功。许多企业面向中老年人，不断研制出了新产品，如适合中老年人穿的绅士服和老年人专用的高尔夫球拍等。由于中老年人旅行增加，有的航空公司把以前的儿童优待价改为家属优待价。

美国学者查尔斯·D·谢维认为，对老年市场要恰当定位，瞄准消费动机，强调舒适、安全、便利、社会参与和传统价值。针对老年人讨厌日常生活依赖他人的心理，厂商开发出了许多有助于老年人摆脱依赖的产品，如自动穿针引线机、易操作的炉子旋钮及其他帮助老年人拿取放在高处东西的产品等。许多老年人活动中心和社区通过组织跳舞、游艺和手艺等活动为老年人提供交流的机会。高校也作了一些调整，有100多所院校为老年人提供特殊培训项目，有1000多所院校积极地招收老年学生。许多大学正在建造老年生活社区，以提供终生学习项目。例如，北卡大学设有一个为老年人设计的项目，开设当代老年问题及老年健康等课程。此外，鉴于老年人不愿与社会隔离，美国退休者协会建议，针对老年人的广告应把老年人和其他年龄层的人安排在一起。

（三）法国

在世界第一个进入老年型社会的国家——法国，老年人成了市场的“宠儿”。街头巷尾到处可见“祖母牌”黑咖啡广告，满头银丝的老年人代替了美貌的女郎成为品尝酸奶的广告模特儿。医疗保健、人寿保险等行业也纷纷开发老年人市场。

除此之外，法国还是老年教育的兴起之地。1973年法国创立的第一所老年大学标志着老年教育的兴起。在其影响下，欧洲、北美洲的一些老龄化较早的发达国家也开始兴办老年大学。世界各国的老年教育大致可分为三种：①补偿教育——为年轻时没能接受过高等教育的老年人提供进大学学习的机会；②继续教育——为精力尚好的退休老年人提供继续教育以开辟新事业的机会；③闲暇教育——是以提高老年人生活质量为目的，发展老年人个人爱好、天赋和潜能的教育类型。老年教育模式也多种多样，较为稳定的有：①政府投资型。由国家投资开办，老年学校的各项开支列入政府财政预算。除法国外，德国、日本、西班牙等国均为该种模式。②自治自主型。老年人自发组织成立老年大学，所有有专长的老年人都可以执教。采用此种模式的有英国、澳大利亚等。③社区型。各个大学连成网络，依托社区，成员自我管理，代表性国家有美国和加拿大。

另外，在欧洲，人口老龄化对养老保险制度、政府收支和经济增长都有很大的影响。它不仅加大了养老保险制度的负担和政府的开支，而且每年大约可以抵消人均国内生产总值增长的0.4%。为减少人口老龄化对经济的负面影响，提高经济增长率，一些专家认为应该将养老保险制度、劳动力市场、预算等项改革综合起来，并采取一系列措施刺激生产率增长和增加私人储蓄，这样未来欧洲的经济增长态势才会越来越好。

除了增加公共储蓄、降低公共赤字外，增加私人储蓄也很重要。应设立私人养老保险计划，进一步扩大该计划的覆盖面，提高储蓄额。要让人们储蓄就必须让他们知道储蓄的必要性以及储蓄对退休后生活的影响，引入预期退休费年报制度也有助于此。尽管现在生育高峰期的人们正处于高储蓄阶段，但从大多数国家的情况来看，储蓄额仍然不够，政府应鼓励人们尽可能多地储蓄，储蓄越多，将来养老的经济问题就越小。观察家们指出，生育高峰期的人们之所以储蓄不多是因为房产的价格上涨占用了可用于储蓄的资金，如果房产的价格回调到期望值以下，养老储蓄额会回升。

大多数欧洲政府已经开始经济改革（包括养老保险制度改革）。这样可以降低预算赤字，减少欠债情况。20 世纪 90 年代，瑞典和意大利进行了重大的改革，近年来德国也在进行改革。德国的改革方案主要是，从 2011 年起每年将公共养老金调低 0.3%，到 2030 年共调低 6%。此外，德国政府还积极促进私人和职业养老金计划的发展：截止到 2008 年，已有 90 亿欧元专门用于私人养老金计划；在职业养老金计划方面，政府让工人自己决定将其工资的一定比例（最多 4%）划入该项计划，并规定工人必须在某公司就职 5 年（过去的规定为 10 年）才能领取职业养老金。

第五节　对发展江苏储蓄-消费的思考

进入 21 世纪以来，随着江苏省人口老龄化程度的不断加深，储蓄所受的影响程度越来越大，同时人口老龄化对消费规模和水平的影响也将越来越明显，对城乡居民消费影响的差异性也更为显著，长期下去这将对江苏省经济社会的和谐发展产生极为不利的影响。日本、美国、法国等先进国家及地区在应对人口老龄化对储蓄-消费的影响方面采取的措施为我们提供了重要的参考信息，不难看出，开发老年市场是行之有效的方法之一，其成功经验值得我们借鉴。针对江苏省人口老龄化及自身的经济社会发展水平，我们认为，对老年市场的开发与发展是有效应对人口老龄化对储蓄-消费影响的重要途径。基于江苏省人口老龄化对储蓄-消费影响的研究，我们进行了一些有益的思考。

（一）充分认识开发老年市场、发展老龄产业的重大意义

第一，开发老年市场是解决人口老龄化问题的重要举措。随着人口老龄化的加剧，市场供求关系必将受到严重影响，因而要求大幅度增加老年人商品以满足其需求。而我国老年用品、老年市场还远远不能满足老年人的需求，老年

人普遍感到就医难、住院难、护理难、乘车难、理发难、洗澡难等。我们应该认识到，开发老年市场，不仅是市场开发的一个重要环节，也是人口老龄化趋势的必然要求。

第二，开发老年市场是应对买方市场挑战的重大举措。中国是世界上老年人口最多的国家，早在1999年年底中国60岁及以上的老年人口就已经达到1.26亿人，约相当于一个俄罗斯、两个法国、三个西班牙、四个加拿大的人口，而且老年人口也是各年龄段人口中增长最快的群体。1982～1998年，少年儿童人口出现负增长，年均增长速度为－0.33%，而65岁及以上老年人口的年均增长速度为3.36 %，老年人口的增长速度分别高出少年儿童人口和成年人口增长速度3.69和7百分点。随着老年人口的快速增长，老年人口的消费需求在市场需求中的份额将会越来越大，在扩大内需中所扮演的角色将日益重要。因此，刺激老年消费、开拓老年市场对扩大内需、确保经济的可持续增长十分必要，是应对买方市场所带来的一系列问题的重要措施。

第三，开拓老年市场、发展老龄产业关系到养老保障事业的可持续发展，关系到改革、发展与稳定的大局。它可以实现老年保障的社会化，减轻国家负担，使养老保障进入良性循环，摆脱养老靠国家的旧观念；同时，开拓老年市场的经济效益使得老年保障事业具有坚实的经济基础，有利于促进养老保障事业的开展和全面满足老年人的需要，同时还能够创造就业岗位，增加就业机会，对保持社会稳定具有重要意义。

（二）制定必要的优惠政策，扶持老龄产业的发展

各级政府部门应该尽快制订老龄产业的发展规划，有关部门应该围绕规划制定具体的配套政策，主要包括财政支持政策、税费减免政策、信贷优先政策、吸引投资政策、项目审批政策、劳动保障政策等。

（1）拓宽老龄产业的资金渠道，建立多渠道、多层次的资金筹措机制。坚持走社会化、市场化的发展道路，动员全社会力量参与老龄产业的发展。一是加大财政对老龄产业的投入，为老龄产业的发展提供资金保障；二是设立老龄产业的发展规划；三是通过制定相应的优惠政策，鼓励国内外机构和个人投资老龄产业。大力鼓励民营企业开发新型养老机构、老年休闲文化设施、老年医疗保健服务等现代老年服务产品，将由政府承担的老年福利事业专项民营化、社会化。

（2）积极推进立法工作，建立健全发展老龄产业的法律法规体系。为我国老年消费行业的发展提供有力的政策支持和法律规范，从政策和法律层面保证老年消费市场合理有序地发展。

（三）积极调整产业结构和经营战略

根据人口结构和市场需求的变化，积极调整产业结构和经营战略，使新产品和新服务项目不断涌现。根据目前我国市场的供求状况，要把调整产品结构、产业结构同开拓老年市场、发展老龄产业密切结合。随着计划生育政策的继续实施和老龄化进程的加快，青少年所需的产品和设施会出现相对过剩，而满足老年人所需的产品和设施则相对短缺。因此，可以扩大增量，即主要通过吸收民间投资的渠道，鼓励投资者在能够吸引到自费病人的地方，兴建一批托老所、敬老院、老年公寓、老年福利院、临终关怀医院等；另一方面，可以在调整存量上下工夫，即把社区内一批缺乏生源的托儿所、幼儿园、小学等通过转包、租赁等形式改建为满足老年人需要的设施，可以逐步地把生产儿童用品、器具的企业资源配置到老龄产业上。

（四）重视市场调查和预测

充分的市场供给必然要求建立在对需求特性的全面了解基础之上，因而提高、带动老年人消费需求就需要首先充分挖掘老年人的消费需求信息。企业要重视市场调查和预测，重视对老年人消费心理、消费习惯和购买力水平的分析和研究，对老年市场应定位恰当，不断推出适合老年人特征的产品和服务。

（1）服装的品种和款式多样化。从 2011 年的一项相关调查中发现，老年人在购衣时，各种考虑因素所占比重如下：质量（23.9%）、价格（23.8%）、式样（22.4%）、品牌（12.8%）、包装（10.6%）、其他（6.5%）。由此可见，老年人对服装的主要要求是质量好、价格合理、式样满意。他们对服装的要求有自己独特的需要，也需要不同款式的服装来展示其精神风貌和审美观，因此在服装的设计上应着重突出舒适、稳重、活力与个性。

（2）娱乐开发具有针对性。学习与娱乐并非年轻人的专利，老年人和孩子一样对很多事情充满了好奇心。在玩具的开发上既要注重其娱乐性，又要注重其安全性。针对老年人的特点，开发不仅可以益智，也可以健身的玩具。同时，随着电脑及网络的普及，也可以开发操作简单、功能实用、适合老年人使用的“傻瓜型”电脑，来满足老年人上网聊天、了解时事等娱乐与学习的需求。

（3）开发特色旅游。旅行社可以选择在旅游淡季组织老年旅游团，此时的住宿、交通都相对便宜，景点内游客少，比较适合老年人的心理和身体特点。在价格上要微利、薄利；服务上要热心周到，使老年人有安全感；安排上要细心、慢节奏，以休闲、舒缓为主，动静结合；饮食上要做到饭菜清淡、松软、不油腻；活动内容要注重文化内涵，如安排一些老年人喜爱的戏曲、书法、绘画、摄影、交谊舞等活动，尽量丰富旅游行程。

（4）开发老年人险种，关注老年人的身体健康。保险业在我国的发展历程较短，目前只做一些稳定性高、赔付数额比较有保障的险种，因而忽视和淡化了对一些特殊群体的服务保险功能。而事实上，开发老年人险种是我国保险业自身发展的需要。随着市场发展的全球化和我国对外开放的深化，外国保险公司一旦进入我国保险领域，我国老年险种势必会遭到国外先进、科学、丰富的老年险种的冲击，难以自立发展。因此，国内保险业应该奋起、借鉴和学习国外老年险种的相关经验，积极建立和发展我国老年保险事业，弥补我国老年险种发展的不足，摆脱供需不平衡的尴尬境遇，循序渐进，为老年人服务。

（五）加强老龄产业的市场营销工作

根据老年消费者对产品、价格、渠道、促销的独特理解和反应，制定行之有效的营销策略。重视市场营销是市场经济发展的需要，是开拓潜在市场、引导消费潮流的必然要求。老龄产业还是一个新生事物，因此加强老龄产业的市场营销工作尤为重要。这不仅有助于实现相关产品和服务的价值，还有助于形成与经济发展相适应的消费观念，同时也有助于满足需求、创造需求，为老龄产业的发展拓展更广阔的空间。

（1）发展老年用品专卖店。在原有的老年商场专柜基础上，总结经验，走连锁专卖之路，统一进货、统一销售，实现低成本快速发展。在专卖商品上，可以借鉴孕婴儿用品专卖的经验，注重实用与前卫，将服装、食品、保健品、鞋帽、化妆品、文化用品等具有老年特色的商品集中于一店，实现老年人的一站式购物。

（2）增加老年人购买的便利性。店址选择应尽量接近、分布在老年人相对集中的居住区或者交通便利的地方；在设施上应该增加休息区，尽量减少自动化；应为行动不便的老年人提供上门、电话预约购物等服务，突出服务的细致、周到、热情等，让老年人感受到消费的舒心与服务的贴心，注重服务的人性化关怀。

（六）建立市场规范，统一行业标准，推动江苏省老年消费市场的发展

通过国内外相关经验可以看出，统一的行业标准、规范的市场规定对促进老年消费市场发展具有很大的必要性和积极意义。因此，首先应针对涉老企业出台相关的市场规范，统一行业标准，明确具体的优惠措施，进一步完善老年消费市场的经营环境。完善老年消费市场的经营环境需要政府部门的支持，可以由地方政府牵头定期举办老年产品博览会，提高老年消费品的影响并为老年产品和消费者提供直接的交流平台，为老年服务等相关企业提供财政补贴，在城市规划中为涉老企业和服务机构预留发展用地。其次，应推进从业人员的专

业化。从业人员专业化不仅是老年消费市场形成的重要标志之一，也是健康老龄化的需要，可以通过加强对从业人员的专业知识培训、提高从业人员的福利待遇等措施，来吸引更多专业人才的加入。

本章小结

本章基于生命周期理论，利用1982～2010年江苏省城乡居民储蓄、消费、经济和人口结构等相关时间序列数据，建立计量经济模型，研究江苏省人口老龄化对储蓄及消费水平的影响。

储蓄是积累的重要来源。较高的储蓄水平为经济快速发展提供了资本保证，这也是江苏省经济快速发展的重要原因之一。然而，研究表明，不同时间段内，人口老龄化水平对储蓄水平的影响存在差异，1982～1995年，影响江苏省储蓄的主要因素为人均GDP与劳动年龄人口，人口老龄化对储蓄的影响不明显；在1995～2010年，人口老龄化对人均储蓄水平起到积极作用，特别是进入21世纪以来，随着江苏省人口老龄化程度不断加深，其对储蓄水平的影响程度越来越大。随着人口结构转变速度的不断加快，人口老龄化对消费规模和水平的影响也将越来越明显，对城乡居民消费影响的差异性也更为显著，即对城镇居民消费水平的影响程度明显大于其对农村居民消费水平的影响程度。随着江苏省人口老龄化程度的日趋加深，城乡居民消费水平的差异将逐渐拉大，这将不利于社会的和谐发展。

为积极应对人口老龄化对储蓄-消费的影响，江苏省政府及相关部门应充分认识到开发老年市场、发展老龄产业的重大意义，切实意识到发展老龄产业是缓解人口老龄化对储蓄-消费负面影响的有效举措；同时应制定必要的优惠政策以扶持老龄产业的发展，拓宽老龄产业资金渠道，建立多渠道、多层次的资金筹措机制，积极推进立法工作，建立健全发展老龄产业的法律法规体系，引导老龄市场有序发展；积极调整产业结构和经营战略，重视市场调查和预测，使新产品和新服务项目不断涌现，加强老龄产业的市场营销工作，适应并不断开拓新市场；建立市场规范，统一行业标准，推动老年消费市场健康、有序、规范发展。

第四章 江苏人口老龄化对社会保障的影响

社会保障是国家面向全体国民、依法实施、具有经济福利性质的各项保障措施的统称。经历了自 20 世纪 80 年代中期以来的艰难探索，目前我国的社会保障体系已形成了由社会救助、社会保险、社会福利、社会优抚及慈善事业等补充保障部分构成的基本框架。一个不可争辩的事实是：人口老龄化将是 21 世纪我国面临的主要挑战之一，也是 21 世纪中国经济社会发展面临的最主要挑战之一。江苏省是我国人口大省，也是我国最早进入人口老龄化社会的省份之一。在江苏省人口老龄化程度不断加深的背景下，社会保障所面临的压力也将越来越大。本章主要通过对社会保障内涵的再认识，围绕社会救助、社会保险、社会福利及老年教育等方面来研究人口老龄化对社会保障的影响。

第一节 社会保障内涵的再认识

"社会保障"（social security）一词，最早出现在美国 1935 年颁布的《社会保障法》中。对社会保障的理解最初仅限于对老年、残疾及遗嘱的生活保障，后来扩展到各项社会保险及家庭津贴（戴维斌，2008）。此后，"社会保障"一词即被有关国际组织及多数国家接受，成为以政府和社会为责任主体的福利保障制度的统称。但尽管如此，各国对社会保障内涵的解说仍存在着较大差异。

德国是社会保险制度的发祥地，认为按照市场经济的观点，应将社会保障理解为社会公平和社会安全，是对竞争中那些不幸失败、失去竞争能力的人提供的基本生活保障（阮凤英，2004）。

1942 年，国际劳工组织（International Labor Organization，ILO）将社会保障界定为：通过一定的组织对这个组织成员面临的某种风险提供保障，为公民提供保险金、预防或治疗疾病、失业时资助并帮助其重新找到工作（郑秉文等，2001）。1952 年起，国际劳工组织不断扩大社会保障内容。到 1982 年，该组织认为，社会保险（social insurance）、社会救助（social assistance）、由国家财政收入资助的补助金（benefit）、家庭补助金（family benefit）、储备基金（provident fund）、雇主规定的补充年金，以及围绕社会保障而发展的补助性或补充性计划，都属于社会保障的范畴。

《贝弗里奇报告》将社会保障定义为一种公共福利计划，认为“社会保障是指人们在失业、疾病、伤害、老年，以及死亡和薪金中断时，予以经济援助，并辅助其生育婚丧意外费用的经济保障制度”（郑功成，2006）。

1950年日本社会保障制度审议会指出，社会保障是指对疾病、负伤、分娩、残疾、死亡、失业、多子女及其他原因造成的贫困，从保险方面和直接的国家负担上寻求经济保障的途径；对陷入生活困境者，通过国家援助，保障其最低限度的生活，同时谋求公共卫生和社会福利的提高。

由于西方国家对于社会保障内涵界定的不统一，其外延也存在很大的差异。英国的社会保障首次被赋予了普遍性原则和类别原则，其社会保障体系包括社会保险、社会补助（包括住房、儿童、食品、高龄老人补助）、社会救助（包括低收入户、贫困老人及失业者救助）、保健服务与社会服务等五个部分。德国的社会保障计划则由社会保险、社会救助、赔偿（包括战争受害者供养）、事故保险、住房和教育等六个部分组成。美国的社会保障制度由社会保险、社会救助、退伍军人补助、老人医疗服务、教育和住房等六个项目构成。日本的社会保障体系由社会保险、国家救济、社会福利、公共卫生等几个方面组成。

不同国家或组织对社会保障概念界定的差异，表明了各国社会保障制度实践及研究者视角的差异。国际劳工组织、德国和美国关于社会保障的界定相对狭窄，认为社会保障只是对“老、遗、残”，以及无法满足基本生活需要的社会成员的济贫计划；英国、日本的社会保障相对较为宽泛，不仅包括济贫计划，还包括自愿保险计划，即满足那些收入较多居民的较高需要。但总体而言，西方福利国家普遍认为社会保障是政府福利计划的一部分。

在国内，社会保障也是一个颇具争议性的概念。诸如社会保障与社会福利的区别与联系、大社会保障与小社会保障的内涵等问题，都是学界激烈争论的焦点。

1986年《中共中央关于制定国民经济和社会发展第七个五年计划的建议》中提出了大社会保障的概念，明确将社会保障界定为社会保险、社会救济、社会福利和优抚工作四项内容，肯定社会保障是国家和社会对全体社会成员的社会生活提供基本保障的制度安排。但亦未完全定型，如是否将教育福利纳入到社会保障体系，是否将商业保险尤其是商业性的人寿保险、医疗保险等纳入社会保障体系等，即使在官方文献中亦未能统一（郑功成，2006）。

国内学者对社会保障内涵进行了广泛的探讨，比较有代表性的观点有以下四种。

陈良瑾（1990）认为，“社会保障是国家和社会通过国民收入的分配和再分配，依法对社会成员的基本生活权利予以保障的社会安全制度”。

郑功成（1994）认为，社会保障是各种具有经济福利性的、社会化的国民生活保障系统的统称。在中国，社会保障应该是各种社会保险、社会救助、社会福利、军人保障、医疗保健、福利服务，以及各种政府或企业补助、社会互助保障等社会措施的总称。

李珍（2001）在总结各国社会保障制度的共同特点并结合我国国情的基础上，将社会保障制度界定为：社会保障是国家通过立法并依法采取强制手段对国民收入进行再分配，对暂时或永久失去劳动能力及因各种原因造成生活困难的社会成员提供基本生活保障，以保证劳动力再生产、社会安定、经济有序进行的措施、制度和事业的总称。

阮凤英（2004）认为，社会保障是政府为保持社会、经济和政治的可持续发展，依法通过国民收入分配和再分配，使城乡居民在年老、疾病、失业、灾害、伤残或丧失劳动能力等弱势下，能够得以生存和发展的一种社会制度。

1993 年，党的十四届三中全会通过的《中共中央关于建立社会主义市场经济体制若干问题的决定》，把社会保障制度纳入社会主义市场经济体制中，并明确划定了社会保障的范围，即社会保障体系包括社会保险、社会救济、社会福利、优抚安置和社会互助、个人储蓄积累保障。这是一个泛化的大社会保障概念。

2004 年，国务院新闻办在《中国的社会保障状况和政策》白皮书中将以住房公积金制度、经济适用住房制度、廉租房制度为主要内容的住房保障纳入社会保障体系。2006 年，党的十六届六中全会通过了《中共中央关于构建社会主义和谐社会若干重大问题的决定》，明确提出了要逐步建立“社会保险、社会救助、社会福利、慈善事业相衔接的覆盖城乡居民的社会保障体系”。同时，十六届六中全会还强调要发挥商业保险在健全社会保障体系中的重要作用。这表明，我们党将要建立的覆盖城乡居民的社会保障体系是一个社会保险、社会救助、社会福利、慈善事业相衔接的，以商业保险为补充的体系。党的十七大报告提出，“以社会保险、社会救助、社会福利为基础，以基本养老、基本医疗、最低生活保障制度为重点，以慈善事业、商业保险为补充，加快建立覆盖城乡居民的社会保障体系”，首次明确提出社会保障体系由三项基础制度、三项重点制度和两项补充制度构成，这是我们党对社会保障体系内涵的最新概括。

李国林（2003）认为，慈善事业作为社会发展中的公益性事业，在国家社会保障体系尚未完全建立和良好运转的情况下可以发挥积极有益的作用。

柳清瑞等（2008）指出，覆盖城乡居民的社会保障体系基本框架应包含全民社会保障，以城乡社会保险、社会救助、社会福利、商业保险、慈善事业等为主要内容。

方曙光等（2008）通过对我国慈善事业现状和功能的分析，指出当前慈善事业在我国是社会保障的重要组成部分，发挥着弘扬社会公平、提升整个社会道德文化的作用。

张维华（2008）指出，旨在改善和提高老年人的生理、心理素质，增强老年人自我服务和继续为社会服务的能力，从而进一步提高其生活质量的老年教育事业具有社会福利性。在人口老龄化背景下，老年人的教育问题是社会福利的重要内容，亦即老年教育是社会保障的内容之一。

褚福灵（2010）认为，我国社会保障体系的科学架构应由十大子系统构成：老年保障体系、健康保障体系、就业保障体系、伤残保障体系、生育保障体系、住房保障体系、教育保障体系、贫困保障体系、灾害保障体系和法律保障体系，通过社会保障体系的科学架构，可以建立起以社会预防为基础的社会保障新格局，从而变被动保障为主动保障，变消极保障为积极保障，变单一的物质保障为物质与精神融为一体的综合保障。

由此可见，为了更好地适应经济社会的发展，社会保障的内涵是处在一个不断变化扩展的过程之中的，而其中一个极其突出的变化在于社会福利。从产生到发展至今，社会福利的内涵已不仅仅指由国家和社会出资兴办、以低价或免费形式向一部分需要特殊照顾的社会成员提供物质帮助和服务的社会政策，而是倾向于一个更为广义的概念，即社会福利是国家举办的一切旨在满足社会成员生活的保障和提高人民物质、文化、卫生、教育等生活的社会政策，包括政府举办的文化、教育和医疗卫生事业，城市住房事业和各种服务事业，以及各项福利性补贴等。

第二节　对社会救助的影响

随着人口老龄化程度的加剧，老年贫困人口增多，这对社会救助制度尤其是最低生活保障制度形成了越来越严峻的挑战。

在贫困老年人数量上，于学军（2003）按照60岁及以上老年人对自己经济状况的自评，测算出2000年时，全国大约有4285.3万贫困老人，其中21％的城市老人和41％的农村老人认为自己生活在贫困之中；而乔晓春等（2005）根据2000年第五次全国人口普查结果测算出贫困老人总量为2274.8万，其中城市贫困老人的比例为15％，农村贫困老人的比例为18.8％。尽管以上有关老年贫困人口规模的推算不尽相同，但从以上经验性的数据和分析可以肯定：随着人口老龄化这一不可避免的客观现实的到来，老年贫困群体的规模将日益庞大，且农村老年贫困问题形势比城市严峻，老年贫困问题不容忽视。

骆勤（2006）关注到因人口老龄化带来的老年贫困问题对最低生活保障制度的冲击。他指出，老年人存在“六多六少”现象：经济供养依靠子女多，获得社会保障支持少；女性多，男性少；文盲半文盲多，受教育少；丧偶多，身边子女少；闲暇时间多，精神文化生活少；带病多，完全自理少。老年人口生活自理能力在下降，带病老人、残疾老人、孤寡老人、空巢老人增加，需要社会为他们提供最基本的生活保障，这就需要建立和完善最低生活保障制度，构建起强有力的“安全网”。杨宏等（2010）通过分析我国人口老龄化的特点得出，人口老龄化对我国老年社会保障提出了严峻挑战，特别是对现行社会救助制度产生了巨大压力。他们认为，老年贫困人口已经构成了城市贫困人口的主要组成部分，城市老年贫困人口具有三大特征：女性贫困人口占比为70%～90%；老年贫困人口出现了高龄化走势；政府救济和低保投入严重不足，加大城乡老年社会救助力度已成为当务之急。

一　社会救助制度的发展

社会救助制度是社会成员在陷入生存危机或无法维持最低限度的生活状况时，由国家和社会按照法定的程度和标准向其提供满足最低生活需求的物质和服务援助的社会保障制度。它是社会保障体系的重要组成部分，是国家和社会应尽的责任和义务，是社会稳定的最后一道“安全网”。

改革开放30多年来，特别是20世纪90年代以来，针对由社会结构调整而出现的失业、贫困等问题，我国的社会救助制度不断调整和发展，使得社会救助体系日益完善。目前，我国初步建立了以最低生活保障和灾害救助制度为基础，以医疗、教育、住房、司法等专项救助为辅助，以优惠政策相配套，以社会互助为补充的新型社会救助体系。

新型社会救助制度建立在最低生活保障制度的基础之上，以最低生活保障制度的发展为创新点，突破了传统社会救济资源分散、效率不高、缺乏公平、水平低等局限。最低生活保障制度从1993年最初的试点发展至今，经历了由道义性向制度性、由城市向全国的转变，由最初的残补性举措发展成一项重要的现代社会制度。

但现阶段我国社会救助制度存在严重的非均衡发展现象。由于我国长期以来存在城乡二元社会、经济和政治制度，我国城市和农村社会救助制度在模式转变、制度管理和保障水平上均存在显著差异。

1. 城市最低生活保障制度

我国最低生活保障制度最先由城市起步。1993 年，上海市率先建立了城市居民最低生活保障制度，开始了城市社会救济制度的改革，至今已有 20 年的历史。城市最低生活保障制度的发展可以划分为三个阶段：①1993 年 6 月至 1997 年 9 月为探索阶段，初步形成了城市居民最低生活保障制度和框架。1997 年，国务院颁布了《关于在全国建立城市最低生活保障制度的通知》，标志着我国城市最低生活保障制度的正式建立。②1997 年 9 月至 1999 年 9 月为发展阶段。这一时期明确界定了城市最低生活保障对象，即人均收入低于当地最低生活保障标准的持有非农业户口的城市居民。受助对象从“三无”人员扩展到全体城镇居民。到 1999 年 9 月，全国 668 个城市和 1638 个县的政府所在地的建制镇已经全部建立起最低生活保障制度。③1999 年 9 月至今为完善阶段。1999 年，国务院颁布了《城市最低生活保障条例》，标志着我国城市低保制度进入了正规化渠道。经过这么多年的发展，我国城市居民低保覆盖面逐步提高。到 2010 年年底，全国 2311.1 万城市居民得到了最低生活保障，基本实现了“应保尽保”。

江苏省自 1996 年正式建立城市居民最低生活保障制度，经过十多年的发展，城市低保制度不断调整与完善，低保覆盖面不断扩大。截止到 2011 年 3 月，全省低保对象达 423 922 人，低保平均标准为每月 342 元/人。

2. 农村最低生活保障制度

在农村，由于长期实行以家庭保障为主、集体保障为辅的保障模式，农村最低生活保障制度的发展远远滞后于城市。2006 年，农村最低生活保障制度在全国范围内初步建立，使得这项关系民生的重大举措得以推开。2007 年，国家出台了《中共中央国务院关于推进社会主义新农村建设的若干意见》，该意见指出：逐步建立农村社会保障制度，在有条件的地方，要积极探索建立农村最低生活保障制度。

江苏省早在 2000 年左右就开展了农村最低生活保障工作。2005 年，江苏省民政厅、财政厅出台了《江苏省民政厅、江苏省财政厅关于建立和完善农村居民最低生活保障制度的实施意见》，该意见指出：苏南地区要全面建立较为完善的农村最低生活保障制度，在“应保尽保”的基础上逐步形成最低生活保障标准自然增长机制；苏中地区要健全制度，创造条件，实现“应保尽保”；苏北地区要低标准起步，重点保障特困户，逐步扩大覆盖面，量力而行，循序渐进，稳步推进农村最低生活保障制度的建立和完善。经过多年的实践，江苏省农村最低生活保障制度已经取得较大的进展，低保覆盖面不断扩大，低保标准不断提高。截止到2011年第一季度，全省合计有1 393 223名保障对象，月标准为253元/人。

二　人口老龄化挑战现行社会救助制度

人口老龄化的发展，使得社会救助制度同时受到社会救助需求和社会救助供给两方面的影响。

（一）对社会救助需求的影响

从社会救助的需求来看，贫困老人是社会救助的主要需求人群。

从宏观的角度看，人口老龄化导致了年龄结构及抚养比的变化，还表现为人均预期寿命的延长。因而，在人口老龄化过程中，65岁及以上老年人口的规模和比重都会越来越大，同时80岁及以上高龄老人的比重与数量将快速增长。老年人口是一个特殊阶层，其中的高龄老年人口是典型的弱势群体，也是贫困发生率较高的群体，在许多国家都是如此，中国也不例外。老年群体在生理、心理、经济条件、社会适应能力等方面均处于相对弱势地位，这对社会保障的各个层面提出了更多的需求，而在社会经济体制转型、社会保障体制尚不完善的情况下，社会对老年人经济和非经济供给准备的不足，迫使老年人口面临更多贫困风险。老年贫困人群的增长必然引发其对包括社会救助在内的社会保障各层面需求的进一步增长。

从微观家庭的角度来看，在人口老龄化背景下，家庭子女数目的减少，老年人口数量的增加，以及小型家庭、核心家庭和空巢家庭的剧增使传统的家庭养老功能日益弱化，来自家庭的经济与非经济的支持弱化与不足，导致老年人更加容易陷入贫困状态，从而对社会救助提出了更高的需求。

（二）对社会救助供给的影响

从社会救助的供给角度来看，人口老龄化也会产生一定的影响。这主要体现为两个方面：一方面，人口老龄化背景下进入劳动年龄的人口比重出现下降，从而形成劳动力供给困难的局面。倘若劳动力供给不能满足社会对劳动力的需求，则会影响经济的发展。另一方面，受限于教育水平和创新能力，老年劳动力接受新技术的能力较慢，这会影响劳动力供给质量，进而影响到经济发展，不利于社会供给能力的提高，对社会保障支出和社会救助供给产生消极影响。

人口老龄化对社会救助的影响机理如图4-1所示。

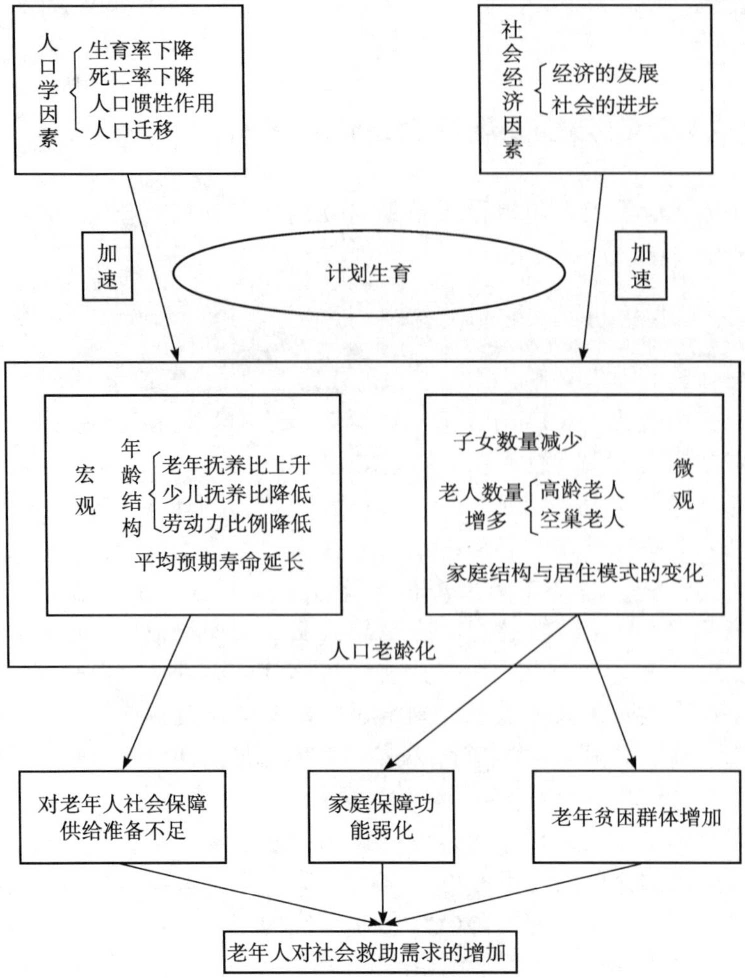

图 4-1　人口老龄化对社会救助的影响

第三节　对社会保险的影响

随着经济社会的日益发展、家庭规模的不断缩小，以及空巢家庭的逐渐增多，高龄老年人口的持续增加已成为与人口老龄化进程相伴而生、日益普遍的社会人口发展趋势（曹东勃，2009；凌文豪，2009；童玉芬等，2008；郑少春，2008；程永宏，2005；张再生，2000）。传统家庭养老功能在这一人口结构转变过程中被不断削弱，单一的家庭养老已经难以满足人口老龄化背景下日益增加的养老保障需求。在此背景下，家庭与社会、市场、政府提供的四种养老机制的有机整合，才是有效应对养老危机、实现养老目标并建立健康老龄社会的最佳途径（周薇等，2002），其中以基本养老保险和基本医疗保险为主体的社会保险无疑是养老保障机制的重要内容。

一 基本养老保险

基本养老保险作为社会保障制度的重要内容，是国家和社会根据一定的法律和法规，为解决劳动者在达到国家规定的解除劳动义务的年龄界限后，或因年老丧失劳动能力退出劳动岗位后的基本生活而建立的一项社会保险制度。截至2010年年底，全国参加城镇职工基本养老保险的人数为25 707万人，比上年年末增加了2157万人，其中，农民工参保人数为3284万人，比上年年末增加了637万人。2010年，全国城镇职工基本养老保险基金收入13 420亿元，比上年增长16.8%，其中，征缴收入11 110亿元，比上年增长16.5%；基金支出10 555亿元，比上年增长18.7%。本书以城镇职工基本养老保险制度（以下简称基本养老保险）为研究对象，探讨人口老龄化对基本养老保险制度的影响。

（一）我国企业职工基本养老保险制度的历史沿革

1. 传统退休养老制度（1951～1986年）

新中国的养老保险制度是在20世纪50年代初期开始建立起来的。1951年政务院颁布了《中华人民共和国劳动保险条例》及其后的修正案，使企业职工的养老保险制度得以确立。到20世纪60年代中期，以全民所有制的国有企业职工、国家机关和事业单位工作人员为对象的养老保险制度在中国基本确立。这一制度一直沿用到1966年“文化大革命”爆发为止。

1966年“文化大革命”开始后，正常的退休制度遭到了严重破坏。1969年2月，财政部颁发了《关于国营企业财务工作中几项工作的改革意见（草案）》，将包括职工退休养老保险制度在内的劳动保险统筹调剂方式改变为由职工所在企业为职工提供保险的做法。自此，养老保险由“国家保险”变成了“单位保险”，职工退休养老成了单位自己的事情，养老保险制度处于停滞、倒退的状态。至此，中国劳动保险制度完成了其历史使命，退出了历史舞台。

1978年党的十一届三中全会以后，国家又开始恢复和重建养老保险工作。1978年6月，国务院颁布了《关于安置老弱病残干部的暂行办法》、《关于工人退休、退职的暂行办法》，这两个办法是对1958年颁布的退休办法的全面修订，将原来由企业和机关、事业单位实行的统一退休、退职制度分别由两个办法来规范，并增加了一种较高的退休待遇——离职休养。随后，国务院制定并颁布了若干政策法规，对原有国家——单位保障制度下的传统养老保险制度进行恢复。

1978 年以后，随着改革开放和经济体制改革的进行，尤其是城镇国有企业改革的推进，企业逐渐转变成自主经营、自负盈亏的经济实体，这就动摇了传统养老保险制度的经济基础和组织基础。此外，还存在着各类企业之间的养老负担畸轻畸重的矛盾。在人口老龄化进程不断加深的趋势下，职工老化与企业老化几乎同步，国家和企业负担加重。这不仅影响了退休人员的正常生活，也阻碍了经济体制改革，更不利于社会的稳定。从 1984 年开始，在江苏省泰州市、广东省东莞市、湖北省江门市、辽宁省黑山县等地开始试行退休人员退休费的社会统筹工作。到 1986 年，全国先后有 27 个省（自治区、直辖市）的 300 多个县（市）参加了试点，统筹层次为县（市）一级或地（市）一级。

2. 企业保险到社会统筹阶段（1986～1995 年）

1986 年，国务院颁布了《国有企业实行劳动合同制暂行规定》，要求国有企业新增职工实行劳动合同制，合同制工人的养老保险基金由企业、个人和政府三方共同负担，同时实行全国县市一级的养老保险费统筹。由于统筹层次太低，无法保障养老保险基金的完整与安全，进而又推进了省级统筹，包括将原来实行全国行业统筹的 11 个行业也划归省级统筹。至 1994 年，全国先后实现了 13 个省（自治区、直辖市）的省级统筹（王东进，2001）。

1991 年 6 月，国务院在总结部分省市试点经验的基础上，发布《关于企业职工养老保险制度改革的决定》，提出建立社会基本养老保险、企业补充养老保险和个人储蓄性养老保险相结合的多支柱养老保障体系；实行养老保险社会统筹，费用由政府、企业、个人三方负担，筹资模式采用部分积累制，这标志着我国的养老保险体制开始由现收现付制向部分积累制过渡，社会统筹体制开始在全国范围内逐步推行。

1993 年，党的十四届三中全会发布的《关于建立社会主义市场经济体制若干问题的决定》首次提出“社会统筹与个人账户相结合”，建立全覆盖、多层次的社会保障体系。这标志着我国养老保险体制进入了一个新的改革阶段。

3. 从社会统筹到统账结合（1995 年起）

1995 年 3 月，国务院发布了《关于深化企业养老保险制度改革的通知》及附件中的两个统账结合实施办法，进一步明确了我国要实行社会统筹和个人账户相结合的基本养老保险制度，并补充以企业保险、个人储蓄，形成多层次的养老保险制度。但两个可供选择的统账结合方案在实际运作中，由于各地存在认识上的有限性和差异性，造成了改革过程中的一系列问题，严重损害了制度效率，妨碍了养老保险全国的统一。

面对这种状况，1997 年国务院颁布了《关于建立统一的企业职工基本养老保险制度的决定》，在各地原有方案的基础上统一了企业职工基本养老保险制度：统一建立个人账户、统一缴费比例和统一养老金计发办法。同时还要求进一步扩大基本养老保险制度的覆盖范围，要逐步扩大到城镇所有企业及其职工，也要逐步实现把城镇个体劳动者纳入基本养老保险制度之中。

2000年，国务院发布了《关于完善城镇社会保障体系的试点方案》，提出了进一步完善社会保障体系的基本原则、目标任务，确定了进一步调整和完善我国基本养老保险制度的主要政策。明确提出社会统筹基金和个人账户基金要分开管理；个人账户全部由职工个人缴纳并且规模由11%调整为8%；明确提出建立企业年金及其资金来源和运行模式。此方案于2002年正式在辽宁省进行试点，之后推广到吉林省、黑龙江省。

在充分调查研究和总结东北三省试点经验的基础上，国务院于2005年发布了《关于完善企业职工基本养老保险制度的决定》，统一调整基本养老保险个人账户规模，规定从2006年1月1日起，将个人账户规模统一由本人缴费工资的11%调整为8%，稳妥改革基本养老金计发办法，进一步扩大做实个人账户试点工作，实现养老保险制度的可持续发展。2007年，有关部门对省级统筹与个人账户做实问题做了相应的规范。截至2010年年底，辽宁、吉林、黑龙江、天津、山西、上海、江苏、浙江、山东、河南、湖北、湖南、新疆等13个省（自治区、直辖市）开展了做实企业职工基本养老保险个人账户试点，共积累基本养老保险个人账户基金2039亿元。

（二）江苏省基本养老保险制度的发展

在整个计划经济时代，江苏省作为地方政府开始实施与全国统一的国有、集体企业劳保退休制度，职工退休后的养老生活费由其所在企业承担。

1986年，在经济体制改革的背景下，地方政府开始被赋予更多的改革自主权。江苏省根据国务院《关于发布改革劳动制度四项规定的通知》，逐步建立了职工养老保险制度，并同时在一些县（市）进行基本养老保险制度的改革试点。

1998年，为进一步深化企业养老保险制度的改革，江苏省制定了《江苏省城镇企业职工养老保险规定》，该规定进一步明确了基本养老保险的原则：①保障基本生活，维护社会稳定，促进经济发展，根据本省社会生产力发展水平及各方面的承受能力确定企业职工的养老保险水平；②社会户籍与自我保障相结合，公平与效率相结合，社会统筹与个人账户相结合；③基本养老保险基金按照“以支定收，略有结余，留有部分积累”的原则征集；④基本养老保险基金管理分开，执行机构与监督机构分设。此外，该规定明确提出，在基本养老保险基金省级统筹实施前，建立省级调剂金制度。省级调剂金主要用于适当调剂各市当年基本养老保险基金应收额以及国家和省级规定支付的离退休人员养老保险费用的余缺。

此后，江苏省逐步形成了社会统筹与个人账户相结合、政府与集体共同负担的城镇企业职工基本养老保险制度。经过十余年的发展，江苏省基本养老保险制度的覆盖范围不断扩大，参保人数逐年增加，从国有企业职工逐步扩大到集体企业、外商投资企业、私营个体企业，乃至非正规就业劳动组织人员、自由职业者及小时工等新型灵活就业人员。

从表 4-1，图 4-2 和图 4-3 可以看出，1991 年以来，江苏省企业职工基本养老保险的参保人数、在职职工参保人数及离退休人员参保人数呈现上升趋势，同时全省基本养老保险基金总收入与基金总支出水平亦逐年上升。此外，1997～2003 年，江苏省企业职工基本养老保险基金连续 7 年收不抵支，出现收支倒挂现象。鉴于此，2003 年，在国家出台许多文件以及推出有力措施的基础上，江苏省加大了企业职工基本养老保险工作力度，扩大企业职工基本养老保险制度的覆盖面，收回欠缺款项，加大征缴力度，努力扭转基金收不抵支的局面。截至 2004 年年底，全省参保人数有了大幅度的增加，参保人数比上一年度增加了 87.3 万人，比上年增长 8.6%，当期基金结余为正。此后，江苏省继续推进企业职工基本养老保险制度扩面工作，除 2006 年外，历年江苏省企业职工基本养老保险基金结余大体呈现不断增长趋势，基金收支平衡状态有所改善，实现了当期基金收大于支。根据劳动和社会保障部、财政部《关于调整企业退休人员基本养老金的通知》（劳社部发[2006] 21 号）精神，江苏省普遍上调养老金待遇，2006 年人均养老金水平比 2005 增加 25.4%，因而 2006 年企业职工基本养老保险基金支出大幅度增加，导致 2006 年基金结余减少。截止到 2010 年年底，江苏省企业职工基本养老保险参保人数达 1921.4 万人，当期基金结余 272.2 亿元，累计基金结余达 1184.4 亿元。

表 4-1　江苏省企业职工基本养老保险参保及基金收支情况

年份	参保人数/万人	在职职工参保人数/万人	离退休人员参保人数/万人	基金总收入/亿元	基金总支出/亿元	当期结余/亿元
1991	679.3	563.8	106.2	22.3	17.5	4.8
1992	682.8	569.2	113.6	25.1	20.9	4.2
1993	703.5	581.7	121.8	34.5	28.5	6.0
1994	742.3	609.9	132.4	45.8	40.5	5.3
1995	747.7	608.2	139.5	62.5	51.2	11.3
1996	748.0	601.6	146.4	74.1	65.8	8.3
1997	752.5	595.3	157.2	77.9	79.2	−1.3
1998	742.2	575.2	167.0	89.8	96.2	−6.4
1999	765.9	589.3	176.6	99.7	109.3	−9.6
2000	809.1	621.1	188.0	114.1	121.1	−7.0
2001	895.1	682.4	212.7	133.4	153.1	−19.7
2002	937.6	710.6	227.0	159.6	170.9	−11.3
2003	1015.9	775.7	240.2	196.9	205.8	−8.9
2004	1103.2	839.8	263.4	244.3	229.6	14.7
2005	1234.9	952.3	282.6	301.1	281.9	19.3
2006	1361.7	1059.3	302.4	369.1	355.3	13.8

续表

年份	参保人数/万人	在职职工参保人数/万人	离退休人员参保人数/万人	基金总收入/亿元	基金总支出/亿元	当期结余/亿元
2007	1494.1	1167.4	326.6	480.1	419.4	60.7
2008	1641.4	1290.9	350.5	749.3	524.3	225.0
2009	1771.8	1386.1	385.7	865.3	617.7	247.6
2010	1921.4	1503.5	418.0	960.8	733.6	227.2

资料来源：根据《江苏社会养老保险统计年鉴汇编（上册）》、2001～2010 年《江苏统计年鉴》及 2001～2010 年《江苏省劳动和社会保障事业发展统计公报》等资料自行整理。其中，1991 年参保人数与在职职工人数数据缺失，表中数据采用灰色预测逆运算测算得到。

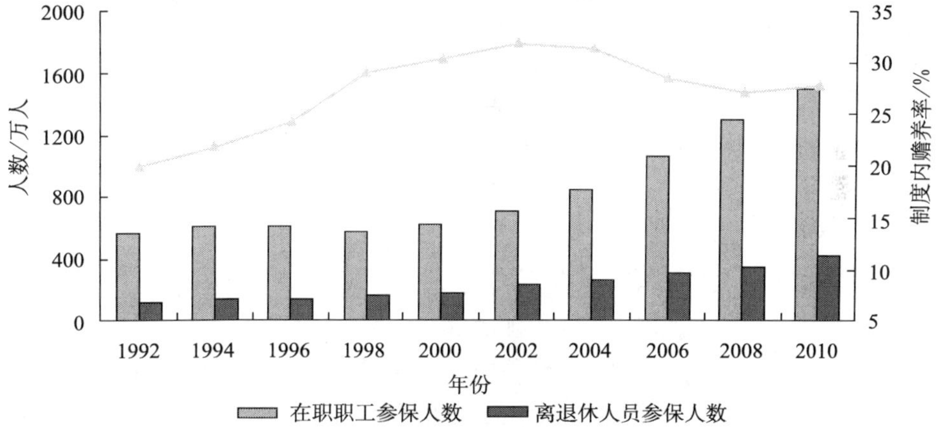

图 4-2　江苏省企业职工基本养老保险参保情况

资料来源：根据《江苏社会养老保险统计年鉴汇编（上册）》、2001～2010 年《江苏统计年鉴》及 2001～2010 年《江苏省劳动和社会保障事业发展统计公报》等资料自行整理。

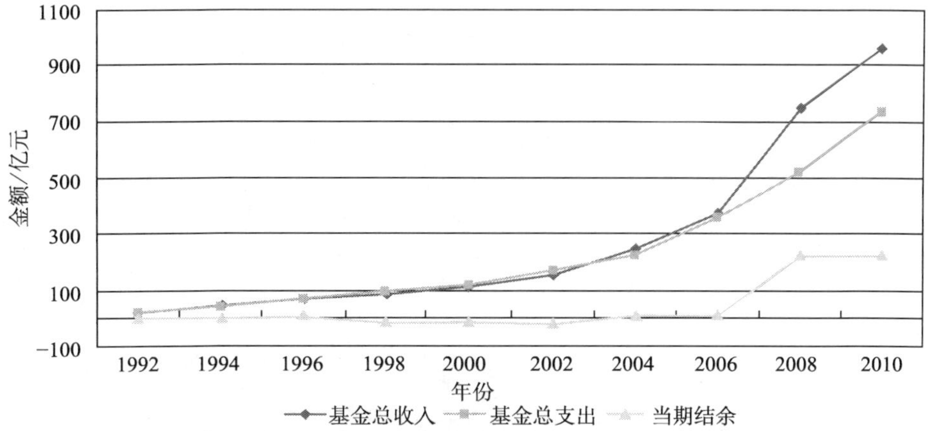

图 4-3　江苏省企业职工基本养老保险基金收支情况

资料来源：根据《江苏社会养老保险统计年鉴汇编（上册）》、2001～2010 年《江苏省统计年鉴》及 2001～2010 年《江苏省劳动和社会保障事业发展统计公报》等资料自行整理。

此外，从制度赡养比来看，1992年，江苏省企业职工基本养老保险的制度赡养比为20.0%，即平均每5个在职职工负担1个离退休人员；2002年，江苏省企业职工基本养老保险的制度赡养比增长至31.94%，即平均每3.1个在职职工负担1个离退休人员；此后，随着企业职工基本养老保险扩面工作的进展，江苏省企业职工基本养老保险的制度赡养比有所下降，2010年该比例已降低至27.8%，即平均每3.6个在职职工负担1个离退休人员，但仍停留在较高的水平上，系统内在职职工负担仍然较重。

（三）人口老龄化对基本养老保险制度的影响分析

作为全国的人口大省，江苏省人口老龄化的程度高于全国平均水平，早在1986年就已经进入了老龄化社会。随着人口老龄化程度的不断加剧，养老保险负担系数也随之提高，基本养老保险基金支出增加，隐性债务问题越来越突出，江苏省基本养老保险制度的可持续性不可避免地面临着严峻的挑战。

1. 人口老龄化导致社会养老负担的加重

江苏省基本养老保险制度采用的是社会统筹和个人账户相结合的基本制度，在社会统筹部分实行的是现收现付制，在个人账户部分采用基金积累制。从理论上讲，在基金积累制下，每个人都在为自己积累养老基金，从制度支付的角度而言，人口老龄化对其不会产生任何影响（林宝，2010）。因而，此处我们主要探讨人口老龄化对基本养老保险社会统筹账户的影响。

基本养老保险社会统筹账户年度收支平衡等式为

$$缴费率=制度赡养率\times平均养老金替代率$$

其中

$$制度赡养率=老年人口抚养比\times两代人养老金制度综合参保率之比$$

随着人口老龄化程度的加深，总人口中老龄人口所占比重日益增大，退休人口与在职人口的比率即老年抚养比也逐渐提高。一般来说，在人口老龄化时代，老年人口比重的提高过程也是退休人员快速增加的过程（姜向群，2006）。对企业职工基本养老保险制度而言，一方面，近些年江苏省企业职工基本养老保险扩面工作取得巨大进展，养老保险制度覆盖面不断增加，增加了基金支撑能力；另一方面，随着老年人口比重的不断提高，江苏省企业职工基本养老保险必然面临着系统内离退休人员参保人数不断增加，制度赡养比和养老金缴费率不断提高，以及制度内在职职工养老负担不断加重的严峻局面。

2. 人口老龄化导致基本养老保险基金需求加大、支出增加

在人口老龄化背景下，退休年龄不变、退休后不缴费的政策，必然导致养老保险“系统老龄化”（张晖等，2007），即在养老保险制度所覆盖的人群中，

实际缴费人数相对减少，而享受保险待遇的人数相对增多，从而导致基本养老保险基金需求加大、基金支出大幅度增加。作为全国的人口大省，江苏省在社会经济高速发展的同时，人口老龄化趋势日益明显，老龄化程度不断加重，造成了制度内离退休人数不断增加，基本养老保险基金支出加大的局面。

1991 年，江苏省基本养老保险参保离退休人数达 106.2 万人，基本养老保险基金支出 17.5 亿元。截至 2000 年，江苏省基本养老保险离退休人员参保人数 188.0 万人，比 1998 年增长了近 9.6%，基本养老保险基金总支出为 109.3 亿元，比 1998 年增长了 13.6%。由此可以看出，1991～1999 年，江苏省基本养老保险离退休人员参保人数以年均 6.6%的速度呈明显上升趋势，相应地，基本养老保险基金的总支出也大幅度增加，年均增长率为 25.7%。

进入 21 世纪后，江苏省基本养老保险离退休人员参保人数仍呈明显上升趋势，基本养老保险基金的总支出也大幅度增加。2000 年，江苏省基本养老保险离退休人员参保人数达 288 万人，基本养老保险基金总支出 121.1 亿元；2005 年，江苏省基本养老保险离退休人员参保人数达 282.56 万人，基本养老保险基金总支出 281.85 亿元；2010 年，江苏省基本养老保险离退休人员参保人数达 418.0 万人，基本养老保险基金总支出 733.6 亿元。2000～2010 年，江苏省基本养老保险离退休人员参保人数以年均 8.3%的速度增加，而基本养老保险基金总支出则以年均 19.7%的速度增加。

由此可以看出，1990～2010 年，江苏省企业职工基本养老保险离退休人员参保人数呈明显上升趋势，并导致了基本养老保险基金总支出的大幅度增长。

（四）实证分析

1. 研究假设

由上文理论分析可以发现，江苏省人口老龄化与养老保险基金总支出之间具有相关性，因而本部分拟建立计量经济模型，从实证分析的角度检验江苏省人口老龄化与养老保险基金总支出之间的关系。

目前，江苏省各类养老保险制度的发展状况存在着差异性，其中企业职工基本养老保险制度发展相对完善。且鉴于有关机关事业单位养老保险制度以及新型农村社会养老保险制度的统计数据相对匮乏，本研究仅选取江苏省企业职工基本养老保险制度作为研究对象，就人口老龄化对江苏省企业职工基本养老保险基金总支出（以下简称基本养老保险基金支出）的影响展开研究。

为消除人口规模的影响，本研究采用人均基本养老保险基金支出作为研究指标①；为消除物价因素的影响，以江苏省居民消费品零售价格指数（1991 年

① 本研究中的人均基本养老保险基金支出指基本养老金总支出除以参保离退休人数。

为基期）对江苏省历年人均基本养老保险基金支出 PEN_t 做紧缩处理，从而得到按 1991 年不变价格折算的江苏省历年人均基本养老保险基金支出水平（表 4-2）。此外，人口老龄化表现为老年人口比重①的提高、劳动力老化及高龄化等方面，本研究采用 65 岁及以上老年人口比重 OLD_t 作为衡量人口老龄化的代表性指标。其中，2010 年的 OLD_t 数据来源于江苏省第六次全国人口普查数据，因此次普查采用常住人口统计口径，所以当年老年人口比重统计数值低于前几年。为保持统计口径的一致性，在计算 PEN_t 与 OLD_t 的关系时，本研究运用移动平均法估计 2010 年的 OLD_t 数值。

表 4-2　江苏省历年人均基本养老保险基金支出和老年人口比重情况

年份	PEN_t/元	OLD_t/%	年份	PEN_t/元	OLD_t/%
1991	1647.834	6.95	2001	3638.937	9.12
1992	1725.881	7.11	2002	3836.819	9.89
1993	1857.047	7.27	2003	4323.387	10.22
1994	1970.524	7.92	2004	4224.957	10.72
1995	2041.746	8.04	2005	4735.473	11.08
1996	2287.551	8.34	2006	5489.846	10.96
1997	2521.376	8.26	2007	5752.639	11.37
1998	2900.261	8.45	2008	6357.789	11.51
1999	3157.118	8.64	2009	6834.676	11.94
2000	3282.567	8.84	2010	7216.381	10.89

注：1991～2010 年 PEN_t 的原始数据来源于《江苏省社会养老保险统计年鉴汇编（上册）》及《江苏省劳动和社会保障事业发展统计公报》，且均经过居民消费价格指数紧缩处理；OLD_t 的原始数据来源于历年《江苏统计年鉴》，经整理得到。

此外，为分析不同时期人口老龄化对基本养老保险基金支出的影响程度，我们将 1991～2010 年划分为 3 个阶段，阶段 1 为 1991～2000 年，阶段 2 为 1991～2005 年，阶段 3 为 1991～2010 年。

2. 时间序列分析

国外已有研究大多表明，人口老龄化与养老保险基金支出之间具有相关性。时间序列 $\{PEN_t\}$、$\{OLD_t\}$ 均具有增长趋势。因而，本书拟建立计量经济模型，检验人口老龄化与基本养老保险基金支出之间的相关性。为使模型的设定更合理并减少潜在自相关等问题的影响，对人均基本养老保险基金支出、65 岁及以上老年人口比重分别取自然对数，构建回归模型如下

$$Iny_t = c + \omega \times Inx_t + u_t \tag{4-1}$$

其中，u_t 为随机扰动项，即

$$LPEN_t = c + \omega \times LOLD_t + u_t$$

① 本研究中的老年人口比重是指 65 岁及以上老年人口占总人口的比重。

其中，$LPEN_t$ 为人均基本养老保险基金支出的自然对数；$LOLD_t$ 为 65 岁及以上老年人口比重的自然对数。

人均基本养老保险基金支出、65 岁及以上老年人口比重从长期看都有一定的增长趋势，如果在模型中直接做回归很可能出现虚假回归，因而必须检验各序列的平稳性。单位根检验是应用广泛的序列平稳性的统计检验方法。

1）单位根检验

时间序列的一个共同问题是单位根的存在，因而在实际数据的分析中，首先应当检验数据生成过程中是否服从单位根过程。时间序列的 ADF 检验方法是单位根检验常用的有效方法。本研究采用 ADF 检验法对数据进行单位根过程的平稳性检验，结果见表 4-3。

表 4-3　ADF 单位根检验结果

变量	阶段	检验形式（C，N，K）	检验值	5%显著性水平临界值
$LPEN_t$	1	（C，N，0）	0.51	−3.26
	2		−0.08	−3.10
	3		0.04	−3.03
$LOLD_t$	1	（C，N，0）	−1.34	−3.26
	2		0.32	−3.10
	3		−0.56	−3.03
$\Delta LPEN_t$	1	（C，N，0）	−1.99	−3.32
	2		−4.91*	−3.12
	3		−5.49*	−3.04
$\Delta LOLD_t$	1	（C，N，0）	0.07	−3.32
	2		−3.82*	−3.12
	3		−4.67*	−3.04

注：检验形式（C，N，K）中的 C、N 表示单位根检验方程包括常数项但不包括时间趋势，K 为滞后阶数。选取 AIC 和 SC 值达到最小时的滞后步长。

* 表示在 5%显著性水平下拒绝单位根的零假设。

检验表明：阶段 1 的序列 $\{LPEN_t\}$ 和 $\{LOLD_t\}$ 水平项及一阶差分项均不能拒绝单位根的零假设，即没有证据表明两个变量的水平项是平稳的；阶段 2 与阶段 3 的序列 $\{LPEN_t\}$ 和 $\{LOLD_t\}$ 水平项不能拒绝单位根的零假设，即没有证据表明两个变量的水平项是平稳的，而一阶差分后均为平稳序列。因此，阶段 2 与阶段 3 的 $\{LPEN_t\}$、$\{LOLD_t\}$ 均服从 I（1）过程。

2）协整检验

首先建立 $\{LPEN_t\}$ 与 $\{LOLD_t\}$ 的回归方程，即

$$LPEN_t = \alpha + \beta LOLD_t + u_t \tag{4-2}$$

阶段 2 为

$$LPEN_t = 13.82 + 2.41 LOLD_t \tag{4-3}$$

t 值：　(31.35)（13.39）

$$R^2=0.93$$

阶段3为

$$LPEN_t=14.53+2.69LOLD_t \tag{4-4}$$

t值：　(38.89)(17.16)

$$R^2=0.94$$

式(4-3)与式(4-4)表明，老年人口比重与人均基本养老保险基金支出之间具有显著的正相关关系，随着江苏省人口老龄化的日益加剧，基本养老保险基金支出会出现极大增长。产生这种现象的可能性原因在于，人口老龄化对其他因素引起的基本养老保险基金支出增长具有潜在的放大作用。

对其残差序列 e_t 进行ADF检验，检验结果如表4-4所示。

表4-4　残差序列 e_t 的ADF检验结果

变量	阶段	检验形式(N，N，T)	检验值	5%显著性水平临界值
e_t	2	(N，N，2)	−2.75	−1.97
	3	(N，N，0)	−2.37	−1.96

注：(N，N，T)中的N是指检验方程不包括常数项或时间趋势，T表示滞后阶数。

从表4-4可以看出，阶段2与阶段3的回归残差 e_t 均为平稳变量，因此 $LPEN_t$ 与 $LOLD_t$ 之间存在着协整关系，说明人均基本养老金支出与老年人口比重之间存在着长期稳定的关系。

3）误差修正模型

误差修正模型(ECM)的基本模型为

$$Y_t=\beta_0+\beta_1 X_t+\beta_2 Y_{t-1}+\beta_3 X_{t-1}+\varepsilon_t \tag{4-5}$$

如果变量 Y_t 和 X_t 之间存在长期均衡关系 $Y_t=\alpha+\beta X_t+u_t$，即有 $EY_t=\alpha+\beta EX_t$，则 $EY_t=\beta_0+\beta_1 EX_t+\beta_2 EY_{t-1}+\beta_3 EX_{t-1}$，即 $\alpha=\frac{\beta_0}{1-\beta_2}$，$\beta=\frac{\beta_1+\beta_3}{1-\beta_2}$。

式(4-5)移项整理后得

$$\Delta Y_t=\beta_1\Delta X_t-(1-\beta_2)(Y_{t-1}-\alpha-\beta X_{t-1})+\varepsilon_t \tag{4-6}$$

方程(4-6)即为误差修正模型，其中 $Y_{t-1}-\alpha-\beta X_{t-1}$ 为误差修正项，反映了变量在短期波动中偏离它们长期均衡关系的程度，称为均衡误差。β 则度量了 Y_t 和 X_t 之间的长期均衡关系。

由于阶段2与阶段3的 $LPEN_t$、$LOLD_t$ 之间存在协整关系，且单整的阶数都是1，所以可以通过建立误差修正模型进一步分析短期波动关系。

$LPEN_t$ 和 $LOLD_t$ 的误差修正模型为

$$LPEN_t=0.25+0.92LPEN_{t-1}-0.34LOLD_t+0.57LOLD_{t-1}+\varepsilon_t \tag{4-7}$$

移项整理得

$$\Delta LPEN_t=-0.34\Delta LOLD_t-0.08(LPEN_{t-1}-2.88LOLD_{t-1}-3.13)+\varepsilon_t \tag{4-8}$$

于是 $LPEN_t$ 和 $LOLD_t$ 的长期关系可表示为

$$LPEN=2.88LOLD$$

同理，可以得到阶段 3 的 $LPEN_t$ 和 $LOLD_t$ 的长期关系为

$$LPEN=2.68LOLD$$

故阶段 2 老年人口比重的长期弹性为 2.88，阶段 3 老年人口比重的长期弹性为 2.68。这表明，随着时间的推移，江苏省人口老龄化与基本养老保险基金支出具有显著正相关关系，且人口老龄化对于其他因素引起的基本养老保险基金支出增长具有潜在的放大作用。

二 基本医疗保险

建立社会保障制度解决人的生老病死等社会问题，是社会文明的重要标志。医疗保障制度是否健全，保障水平是否能够达到切实解决国民疾病后顾之忧的程度，通常是衡量一个国家或地区社会保障水平高低的关键性指标。基本医疗保险是一项十分重要的社会保障项目，解决的是社会成员的疾病风险，由政府和社会为全体社会成员的疾病医疗和健康关怀提供资助和服务。基本医疗保险制度的根本目的是保障广大参保人员的身体健康，但随着人口老龄化程度的加剧，参保人员老龄化的问题给医疗保险制度的稳健运行提出了挑战，医疗保险基金的收支平衡正遭受前所未有的冲击。

（一）我国城镇职工基本医疗保险制度的发展历程

1. 劳保医疗和公费医疗（1951～1978 年）

我国城镇职工医疗保险制度始于 20 世纪 50 年代初，当时主要有劳保医疗和公费医疗两个制度。劳保医疗是劳动保险制度的重要组成部分，它覆盖企业职工和退休人员及其家属，由劳动者所在企业承担责任。1951 年，政务院发布《中华人民共和国劳动保险条例》，标志着我国劳保医疗制度的初步建立。在保障对象方面，劳保医疗的主要对象是国有企业的职工和退休人员；县以上城镇集体企业可参照执行。在资金筹集方面，1969 年之前，企业医疗保障费用的主要来源是劳保医疗卫生费（也可用于支付卫生所室建设及其人员费用），在企业生产成本项目中列支，按照企业工资总额的一定比例提取；补充性资金渠道有企业自留的劳动保险金和按照规定提取的福利费。1969 年，财政部颁布的《关于国营企业财务工作中几项制度的改革建议（草稿）》规定，企业医疗卫生费、福利费和奖励基金合并为“企业职工福利基金”，统一按照工资总额的 11%来提取，并直接并入成本，如果按 11%的比例提取的福利基金仍不敷使用，企业可以从税后留利中提取职工福利基金进行弥补（郑功成，2008）。

公费医疗制度是针对国家机关、事业单位工作人员实行的一种提供免费治

疗的医疗福利制度。1952 年，政务院发布了《关于全国各级人民政府、党派、团体及所属事业单位的国家工作人员实行公费医疗预防的指示》及《国家工作人员公费医疗预防实施办法》，这标志着中国机关、事业单位公费医疗制度的建立。随后，公费医疗保障对象进一步扩大，包括国家机关和全民所有制事业单位工作人员、离休人员和退休人员、二等乙级以上革命残废军人，以及国家正式核准设置的大部分高等院校在校学生。

2. 城镇职工基本医疗保险的试点时期（1978～1998 年）

改革开放后，原有的劳保医疗制度受到一系列的挑战：一是客观存在的职工年龄结构、企业之间财务能力等差异，以及制度本身缺乏社会统筹的风险分散机制，导致企业负担的医疗费用不公平及效率低下；二是国家和单位对医疗费用包揽过多，职工缺乏自我保障意识，财政和企业不堪重负；三是缺乏对供需双方的约束机制，出现了不同程度的医疗资源浪费；四是经济体制改革以来，经营困难和亏损的国有企业医疗费用严重不足；五是经济体制改革需要劳动力资源的自由流动、打破统分统配的计划体制，而劳保医疗和公费医疗的板块结构、封闭运行的特征，不利于劳动力的合理流动，也不利于企业间的公平竞争。

基于以上问题，自 20 世纪 80 年代开始，国家对劳保医疗和公费医疗保险制度进行改革，可分为两个阶段。

第一阶段是在原有公费医疗和劳保医疗的制度框架中引入对供需双方的制约机制，控制不断攀升的医疗费用。

在需方约束机制方面，各地实行劳保、公费医疗费用与个人经济利益挂钩的办法，由保障对象自付一定比例的门诊和住院医疗费用，或者采取将医疗经费全额包干给受保对象个人等形式（郑功成，2002）。在供方约束机制方面，多数地方实行医疗单位包干管理公费医疗经费，经费分配、管理、使用相联系的医疗费用控制机制开始形成，调动了各相关单位和个人的积极性，从而大大减少了不必要的开支。

第二阶段是从 20 世纪 80 年代末开始不断向社会医疗保险制度转型。

1988 年，国务院成立了国家医疗制度改革探讨小组，着手研究改革方案，并确定吉林省四平市、辽宁省丹东市、湖北省黄石市、湖南省株洲市作为医疗保险改革的试点城市，试行职工（含离退休人员）大病医疗费用的社会统筹和小病费用的个人账户包干。研讨小组提出医疗费用由国家、单位、个人三方合理负担，职工看病少量自付医药费，公费与劳保医疗同步改革，逐步建立社会医疗保险制度。但由于大气候、经济条件及管理体制等诸多主客观原因，作为试点的四市改革最终还是流产了（林燕，2009）。

1993 年，党的十四届三中全会通过了《关于建立社会主义市场经济体制若干问题的决定》（以下简称《决定》），指出“城镇职工养老和医疗保险金由单位和个人共同负担，实行社会统筹和个人账户相结合”。1994 年，经国务院批准，国家体改委、财政部、劳动部、卫生部联合颁布了《关于职工医疗制度改革的试点意见》（以下简称《试点意见》），确定了在江苏省镇江市和江西省九江市进行职工医疗保险制度改革试点的建设。改革试点主要是建立社会统筹医疗基金与个人医疗账户相结合的社会医疗保险制度。在总结“两江”试点经验的基础上，1996 年国务院又将统账结合的医疗保险制度改革试点推广到全国 57 个城市。

3. 新型医疗保险制度的建立（1998 年起）

在总结和吸取试点城市医疗保险制度改革经验的基础上，1998 年，国务院发布了《关于建立城镇职工基本医疗保险制度的决定》，明确规定在全国范围内进行城镇职工基本医疗保险制度改革，确立了统账结合的医疗保险制度模式，提出了建立职工基本医疗保险制度、多层次医疗保障体系和医药管理体制配套改革的任务和原则。

此后，相关政府部门也多次发布政策文件，如《关于加强城镇企业职工基本医疗保险个人账户管理的通知》、《关于进一步做好扩大城镇职工基本医疗保险覆盖范围工作的通知》、《关于城镇灵活就业人员参加基本医疗保险的指导意见》、《关于混合所有制企业和非公有制经济组织从业人员参加医疗保险的意见》、《关于开展农民工参加医疗保险专项扩面行动的通知》，以完善职工基本医疗保险的制度体系，扩大制度覆盖面。截止到 2010 年年底，全国参加城镇职工基本医疗保险的人数为 23 735 万人，其中在职职工 17 791 万人，参保退休人员 5944 万人。

（二）江苏省城镇职工基本医疗保险制度的发展

在计划经济时代，江苏省城镇职工基本医疗保险制度一直按照国家的统一安排和制度运行，建立劳保医疗和公费医疗制度。

1994 年，国务院决定在大病医疗费用社会统筹试点较好的江苏省镇江市和江西省九江市进行保险统账结合改革试点的建设。1995 年，镇江市按照国家四部委的《试点意见》精神，率先在全国进行医疗保险制度改革的探索，建立了统账结合的医疗保险制度。在此基础上，1996 年，江苏省又在苏州、无锡、南通和盐城四个城市扩大试点。两年多试点和扩大试点的实践和探索，为全国医疗保险制度改革全面推进提供了宝贵经验。

1998 年，国务院颁布《关于建立城镇职工基本医疗保险制度的决定》后，江苏省根据其精神，结合数年的医疗保险制度改革实践，研究制订了接轨方案，实现了医疗保险基金的支付由“通道式”向“板块式”转变。

为保障各类人群的基本医疗需求，江苏省针对不同人群的医疗保障需求，探索建立多层次的医保体系。2002 年，江苏省劳动保障厅出台了《关于困难企业职工和破产企业退休人员医疗保险问题的意见》，明确了困难企业及其职工参加医疗保险可依据其承受能力建立相应的保障水平，并对破产企业退休人员参加医疗保险的资金来源渠道及缴费方式等均做出明确规定。同年，江苏省还出台了《关于城镇个体经济从业人员参加基本医疗保险的意见》，提出了灵活就业人员参加医疗保险的意见。此外，江苏省还建立了公务员医疗补助办法，并规定离退休人员、老红军、二等乙级以上革命伤残军人的医疗待遇不变，医疗费用仍按照医改前的资金渠道筹集。

此外，为确保医疗保险基金的安全和合理有效运行，2003 年，江苏省劳动保障厅、财政厅、审计厅和监察厅联合下发了《关于加强医疗保险基金管理监督的通知》，对全省医保基金的征缴、管理和监督工作提出了明确要求，进一步规范了基金的收支行为。

经过十余年的探索，江苏省城镇职工基本医疗保险制度全面推进，并不断取得发展。从表 4-5，图 4-4 和图 4-5 可以看出，2000 年以来，江苏省城镇职工基本医疗保险的参保人数、在职职工参保人数及参保退休人数均呈现上升趋势，同时全省城镇职工基本医疗保险基金总收入、基金总支出与累计结余水平亦逐年上升，基金总体运行状况较好。近几年，江苏省按照社会经济发展的要求，努力扩大城镇职工医疗保险覆盖范围，城镇职工基本医疗保险的参保人数取得较快的增长。2001～2010 年，江苏省城镇职工基本医疗保险参保人数翻了两番，截止到 2010 年年底，江苏省城镇职工基本医疗保险参保人数达 1843.31 万人，年均增长速度为 16.8％。此外，随着医疗保险覆盖人群的扩大、医疗保险水平的提高，以及医疗保险基金监管工作的日益有效，江苏省城镇职工基本医疗保险基金运行状况稳定，实现了“收支平衡，略有结余”的管理目标。2001～2010 年，江苏省城镇职工基本医疗保险当期基金总收入由 31.44 亿元增长至 335.72 亿元，年均增长速度为 30.1％；当期基金总支出由 20.86 亿元增长至 274.01 亿元，年均增长速度为 33.1％，当期基金总支出的增长速度快于当期基金总收入的增长速度；历年基金收支均有结余，累计基金不断增长，截止到 2010 年年底，基金累计结余达 429.68 亿元。

表 4-5　江苏省城镇职工基本医疗保险参保及基金收支情况

年份	参保人数/万人	在职职工参保人数/万人	参保退休人数/万人	当期基金总收入/亿元	当期基金总支出/亿元	基金累计结余/亿元
2001	456.00	342.50	113.50	31.44	20.86	18.17
2002	691.00	508.00	183.00	51.07	35.15	34.09
2003	835.10	608.40	226.70	73.40	52.90	54.59
2004	976.70	715.10	261.60	94.40	69.40	79.59
2005	1124.10	821.10	303.00	117.99	90.60	106.98
2006	1274.30	935.80	338.50	154.62	107.73	153.87
2007	1435.79	1070.34	365.45	203.65	133.83	223.69
2008	1604.25	1213.90	390.35	264.07	178.56	309.20

续表

年份	参保人数/万人	在职职工参保人数/万人	参保退休人数/万人	当期基金总收入/亿元	当期基金总支出/亿元	基金累计结余/亿元
2009	1701.13	1282.50	418.63	296.64	237.87	367.97
2010	1843.31	1401.78	441.53	335.72	274.01	429.68

资料来源：根据2002～2011年《江苏统计年鉴》及2001～2010年《江苏省劳动和社会保障事业发展统计公报》等资料自行整理。

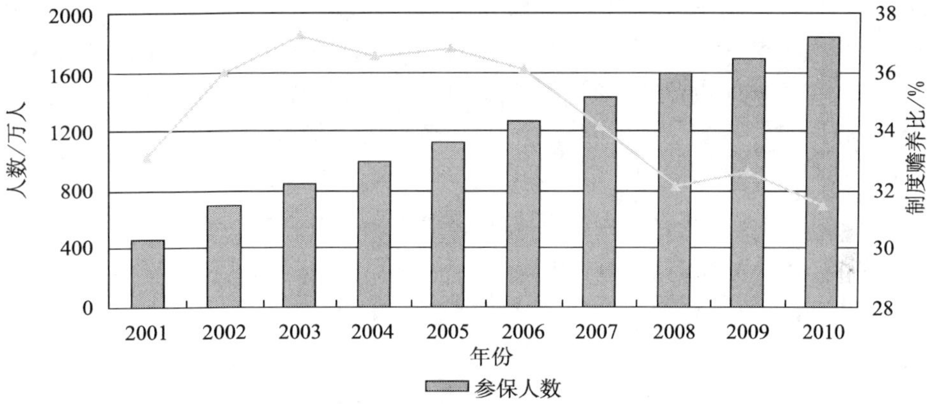

图 4-4　江苏省城镇职工基本医疗保险参保及制度赡养比情况

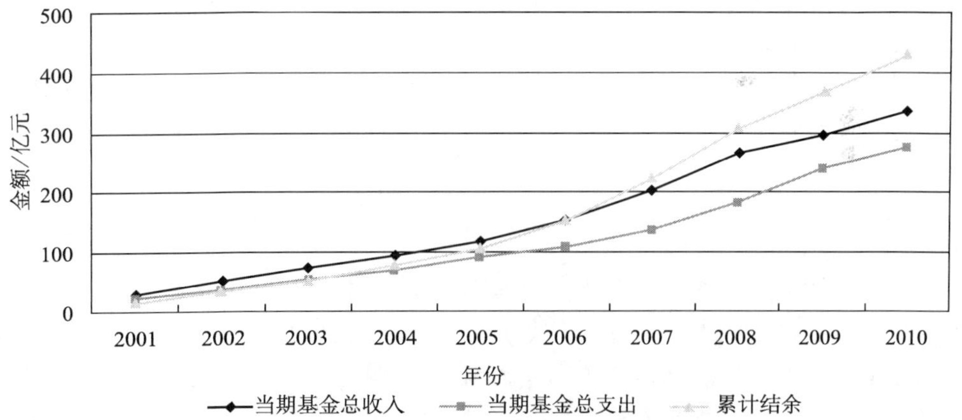

图 4-5　江苏省城镇职工基本医疗保险基金收支情况

资料来源：根据2002～2011年《江苏统计年鉴》及2001～2010年《江苏省劳动和社会保障事业发展统计公报》等资料自行整理。

(三) 人口老龄化对城镇职工基本医疗保险制度的影响分析

1. 人口老龄化导致基本医疗保险制度赡养比居高不下

我国现行基本医疗保险制度的主要筹资方式是用人单位和职工共同缴费，前者缴费率为职工工资总额的6%，职工个人缴费为本人工资收入的2%左右，退休人员不再缴费，与在职职工享受同样的医疗保障待遇。随着人口老龄化进程的加快，基本医疗保险制度赡养比居高不下。1980年，平均每13个在职职工负担1个退休人员，到2010年，平均每3个在职职工就负担1个退休者。这种现象表明，基本医疗保险缴费人数相对于使用这笔资金人数的比例在降低，而享受医疗保险待遇的人数却不断增多。这样的“一增一减”，无疑增加了基本医疗保险基金的风险和压力。此外，基本医疗保险制度是在原有公费、劳保医疗制度的基础上建立起来的，没有基金积累。因而，对于那些在实行新制度时已经退休的“老人”来说，他们的医疗保险资金便构成了“隐性债务”。在没有其他筹资渠道的资金解决基本医疗保险“隐性债务”的前提下，仅靠在职职工缴费来负担自己和老人的医疗费用，使得基本医疗保险基金的压力相当大（仇雨临，2005）。

2. 人口老龄化加大医疗保险基金支出压力

国外有关资料表明，人口老龄化是影响医疗卫生服务需求和医疗费用的重要因素。因为人均医疗费用和年龄密切相关（邓大松等，2005）。一般情况下，人到45岁便进入人生的发病期，到60岁便进入人生的生病高峰期。据卫生部调查，老年人比中青年人发病率要高3～4倍，住院率高2倍。老年人患慢性病的比率为71.4%，有42%的老年人患有2种以上的疾病（朱庆芳，2007）。日益严重的人口老龄化将导致医疗费用消耗的大幅度增长。同时，随着社会经济水平的提高，人们的健康意识不断提高，而随着医疗技术的不断推进，许多高价的医疗仪器、设备、检查和治疗手段的运用使医疗费用上升更快。此外，江苏省人口老龄化具有老年人口基数大、高龄化趋势明显的特点，进一步导致了医疗费用的大幅度上涨，增加了医疗保险基金的支出。

（四）实证分析

由以上理论分析可知，在总人口及参保人群结构老化的背景下，维持现行退休政策不变及退休不缴费的政策规定，将大大加重城镇职工基本医疗保险基金总支出的压力，影响城镇职工基本医疗保险制度的可持续性。因而，本部分运用实证分析方法，研究人口老龄化对江苏省基本医疗保险基金支出的影响程度。在构建误差修正模型时，无法通过Granger因果关系检验，这主要是由于所收集到的人均基本医疗保险基金支出时间序列数据资料年限较短。基于现有条件，为使模型的设定更合理并减少潜在自相关等问题的影响，对2001～2010年的江苏省人均基本医疗保险基金总支出、老年人口比重分别取自然对数，构建双对数回归模型如下

$$LMED_t = \alpha + \beta LOLD_t + u_t \tag{4-9}$$

其中，u_t 为随机扰动项。

为消除物价因素的影响，本书以历年江苏省城市居民消费价格指数对江苏省城镇职工基本医疗保险基金总支出做紧缩处理，得到按 2001 年不变价格折算的江苏省城镇职工基本医疗保险基金的总支出水平。

由最小二乘法得

$$LMED_t = 4.88 + 0.8LOLD_t$$

t 值：　(22.06)　(8.03)

$$R^2 = 0.91$$

由 R^2 及回归系数的 t 值可知，建立的回归模型有显著意义。2001～2010 年，江苏省老年人口比重与人均基本医疗保险基金支出的双对数回归模型的回归系数为 0.8。这表明，江苏省老年人口比重与人均基本医疗保险基金支出具有显著的正相关关系，伴随着人口老龄化程度的日益加剧，基本医疗保险基金的支出会出现大幅度增长。

第四节　对老年社会福利的影响

随着人口老龄化进程的不断发展，老龄问题日益突出。解决人口老龄化问题的核心是要解决老年人的物质供养、生活照料和精神慰藉等老年人经济与服务保障问题，社会保险虽然能在保障老年人经济来源和身体健康上起到重要的作用，但难以保障老年人对社会服务需求的供给，老年社会福利则是社会保障中满足这一需求的重要内容（许琳，1999）。老年社会福利是国家或社会为了安定老年人生活、维护老年人健康、充实老年人的精神生活而建立的社会服务体系，是现代社会福利事业中极为重要的组成部分（郑功成，2008）。人在进入晚年后，健康问题和经济问题都会逐渐增加，需要他人和社会的支持与帮助，以获得生活保障，而只有老年人的生活得到保障，才能减轻年轻人的后顾之忧，使得社会稳定、快速发展。

然而，在种种社会经济政治等因素的制约下，我国老年社会福利事业存在严重的发展滞后现象，形式单一、供给不足、资金来源不稳定等多方面问题的存在均使得老年人社会福利需求不能得到满足，社会福利的非社会化已成为解决老龄问题的严重桎梏（姚从容等，2007；周新宏，2007；袁辉，2001）。伴随着人口老龄化进程的加速，老年社会福利事业建设的重要性日益凸显。

一　老年社会福利的发展历程

20 世纪 80 年代以前，老年福利工作主要是指政府为三无（无劳动能力、无生活来源、无法定义务赡养人）老人和五保老人提供的供养、医疗、康复、娱乐和教育等服务。80年代以后，我国开始对老年人日益增长的需求予以关注，老年福利工作顺利展开，一方面向三无老人提供公共服务，另一方面由市场为老人提供社会服务，社会化趋势显著。1982年，中国政府代表团参加了维也纳“老龄问题世界大会”，次年便成立了“中国老龄问题全国委员会”，1986年又成立了“中国老年学学会”和“中国老龄基金会”两大社团（李薇，2007）。

进入20世纪90年代后，随着我国经济体制改革的不断深入，老年社会福利事业取得重要进展，尤其表现在农村五保制度的完善以及鼓励民间资本投向老年福利事业。1994年，国务院颁布了《农村五保供养工作条例》，该法规对五保供养工作做出了明确的规范。尽管当时的五保工作本质上仍然属于救济范畴，但五保户的集中供养亦具有了日益明显的福利色彩。1996年，第八届全国人民代表大会常务委员会第二十一次会议通过了《中华人民共和国老年人权益保障法》（以下简称《老年人权益保障法》）。这是改革开放以后老年福利事业发展的重大标志性事件。该法规定了政府和社会应该采取的措施，以及改善老年人生活、健康状况及参与社会发展的条件。此后，随着经济社会的不断发展、人口老龄化进程步伐的加快和家庭规模的缩小，在老年福利事业不断发展的同时，《老年人权益保障法》与时俱进，先后经过2009年8月27日第十一届全国人民代表大会常务委员会第十次会议的修订和2012年12月28日第十一届全国人民代表大会常务委员会第三十次会议的修订，内容也得以不断丰富及完善，不仅将子女应“常回家看看”写入法案强调子女对老年人的关爱，同时还明确指出了对老年人“精神慰藉”与“赡养及照料”是社会各界共同的责任与义务。修订后的《老年人权益保障法》于2013年7月1日起正式实施。

进入21世纪后，老年福利事业进入了较快发展时期，养老社会福利日益社会化。2006年，国务院办公厅颁布了《关于加快发展养老服务业意见的通知》，该通知提出：按照政策引导、政府扶持、社会兴办、市场推动的原则，逐步建立和完善以居家养老为基础、社区服务为依托、机构养老为补充的服务体系。要建立公开、平等、规范的养老服务业准入制度，积极支持以公建民营、民办公助、政府补贴、购买服务等多种方式兴办养老服务业，鼓励社会资金以独资、合资、合作、联营、参股等方式兴办养老服务业。2008年，中华人民共和国民政部、全国老龄工作委员会办公室、中华人民共和国国家发展和改革委员会等部门联合发布了《关于全面推进居家养老服务工作的意见》，标志着居家养老加社区照料型老年服务体系建设工作的全面推进。2013年7月1日起实施的修订后的《老年人权益保障法》第五条中明确指出，我国要“建立和完善以居家为基础、社区为依托、机构为支撑的社会养老保障体系”，同时“建立多层次的社会保障体系，逐步提高对老年人的保障水平”。这在法律的高度上确定了老年福利事业的发展方向，保障了我国老龄事业发展的法律效力。此外，近些年在一些经济发达的地区，开始出现非缴费型的老年人福利津贴，它意味着普惠性老年人福利作为国家发展与社会进步的一个成果，正在成为政府老年福利政策的一个重要取向，而老年人福利津贴制度的成熟，将意味着整个老年福利制度的成熟。

二 老年社会福利事业取得的成绩

进入 21 世纪后，我国老年社会福利事业不断进行探索与实践，资金保障和服务保障相结合的适度普惠型养老服务迈出新步伐，全国部分县（市）建立了高龄老年人生活补贴制度，逐步形成了以家庭为基础、社区为依托、机构为支撑的养老服务格局，老年社会福利事业取得了令人瞩目的成就。

截至 2009 年年底，全国共有各类老年福利机构 38 060 个，占收养性社会福利单位总数的 94.6%；总床位 266.2 万张，比上年增长 9.1%；收养各类人员 210.9 万人，比上年增长 7.7%，具体构成见表 4-6。此外，农村根据当地情况，调整供养标准，落实供养政策与资金，农村五保供养水平不断提高（图 4-6）。截至 2009 年年底，全国农村五保供养的户数和人数分别为 529.4 万户和 553.4 万人，分别比上年同期增长 1.4%和 0.9%。全年各级财政共发放农村五保供养资金 88.0 亿元，比上年增长 19.4%，其中中央财政安排春节一次性生活补贴补助资金 5.4 亿元（民政部财务司，2009）。

表 4-6 2009 年全国老年福利机构概况

分类	城市养老服务机构	农村养老服务机构	光荣院	荣誉军人康复医院	复员军人疗养院	合计
总数/个	5 291	31 286	1 401	47	35	38 060
床位/万张	49.3	208.8	6.7	0.8	0.6	266.2
收养人数/万人	32.3	173.0	4.6	0.4	0.4	210.9

资料来源：2009 年《民政事业发展统计公报》。

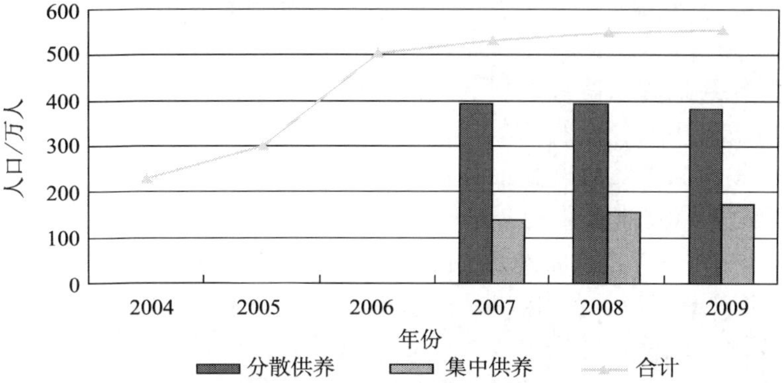

图 4-6 农村五保供养情况

资料来源：2009 年《民政事业发展统计公报》。

同时，城乡社区服务体系的进一步健全与完善，也为老年社会福利的社会化提供了服务网络。截至 2009 年年底，全国共有各类社区服务中心 17.5 万个。其中综合性社区服务中心 10 003 个，比上年增加 130 个，包括提供住宿的综合性社区服务中心 674 个，不提供住宿的综合性社区服务中心 9329 个；居委会社区服务站 5.3 万个，其他社区服务设施 11.2 万个；城市便民、利民服务网点 69.3 万个，社区志愿服务组织 28.9 万个（民政部财务司，2009）。

此外，为应对目前我国严重的人口老龄化趋势，满足老年人日益增长的养老服务需求，老年事业发展部门积极采取有效措施，扩大老龄服务领域和范围，统筹解决城乡养老服务问题。2006～2009 年，我国老龄事业取得较快发展：全国老年法律援助中心由 1.5 万个增长至 2.0 万个，年均增长速度为 7.4%；老年维权组织由 7.4 万个增长至 13.6 万个，年均增长 22.5%；老年学校由 37 176 个增长至 59 543 个，年均增长 17.0%；累计建立老年活动室 134.2 万间（表 4-7）。

表 4-7　老年事业发展概况

指标	2006 年	2007 年	2008 年	2009 年
老年法律援助中心/万个	1.5	1.6	1.8	2.0
老年维权协调组织/万个	7.4	9.6	8.2	13.6
老年学校/个	37 176	50 811	39 797	59 543
老年活动室/万间	31.7	37.2	32.4	32.9

资料来源：2006～2009 年《民政事业发展统计公报》。

三　江苏省人口老龄化促使老年社会福利事业加速发展

进入 21 世纪后，江苏省人口老龄化程度进一步加剧。2000 年，江苏省总人口为 7304.36 万人，其中 65 岁及以上老年人口为 645.84 万人，占总人口的 8.84%；2010 年，江苏省常住人口为 7865.99 万人，其中 65 岁及以上老年人口为 856.78 万人，占总人口的 10.89%。江苏省人口老龄化具有“两大三高”的显著特征，即绝对数量大、地区差异大，高速、高龄、高抚养比。这给社会和经济发展，尤其是老年社会福利事业的发展带来了深远的影响。在人口老龄化进程中，解决老年人养老问题是最根本、最迫切的任务，因而，为满足老年人日益增长的福利服务需求，江苏省及地方政府出台多项政策，推动老年社会福利事业的发展，保障老年人的合法权益。

2007 年，江苏省省政府出台了《关于进一步做好老年人优待和服务工作的通知》，加强对困难老年人的救助和服务，为老年人提供医疗、生活服务、文化休闲、法律服务优待，并按照政策引导、政策扶持、社会兴办、市场推动的原则，加快养老服务基础设施建设，开发老年服务项目，培育和发展社会养老服务机构，积极推动养老服务业的发展。此外，各地政府根据中央政府及省政府的政策，出台了一些相应的政策推动老年社会福利事业的发展。2006 年，南京市市政府颁布了《市政府关于动员社会加快发展老年人社会福利机构的意见》，为切实加快老年人社会福利机构的发展，积极鼓励和支持社会力量参与老年福利机构的建设与管理提供了政策指导意见。市政府除在规划立项、资质审批、税收规费、培训用工方面给予政策支持外，还对福利机构建设给予资金扶持。①建立新增福利机构床位资助制度。对新建福利机构，按城区、郊区、县每张床位一次性分别给予 4000 元、3000 元、2000 元的资助，对改、扩建新增床位达到一定规模的，一次性分别给予 2000 元、1500 元、1000 元的资助。②建立福利机构运营补贴制度。对非政府组织和个人运营的福利机构，每收住一名本市户籍老人，给予每月 60 元的补贴。2006 年，南通市民政局下发了《关于对民办非营利性养老服务机构实行资助的实施意见（试行）》，该意见规定：在市民政局审批的床位数在 60 张以上的养老服务机构，由市民政局分 3 年补助每张床位共计 1500 元（每年补助 500 元），最高资助总额不超过 30 万元；由民政局审批的床位数在 30 张以上的养老服务机构，由市及区民政局分 3 年分别补助每张床位 600 元，共计 1200 元（市及区每年各补助 200 元），最高资助总额 24 万元。此外，2008 年，无锡市制定了《无锡市市区高龄、贫困老人入住养老服务机构补贴办法（试行）》，对高龄、贫困老人入住养老机构实行 200～600 元/月的定额补偿标准，补贴资金由财政预算资金、福利彩票公益金共同承担。

2009 年，江苏省省政府出台了《关于加快我省老龄事业发展的意见》（苏发[2009] 5 号文件），以下简称《意见》。《意见》指出，要不断提高老年人社会保障水平，加快推进社会化养老服务，积极推动老年服务产业发展，高度重视老年人精神关爱，建立健全老年事业发展体制，并大力营造尊老的良好氛围。其中，在老年社会福利方面，《意见》规定：明确各级政府设立“尊老金”，从当年起对百岁以上老人按每人每月不低于 300 元的标准发放长寿补贴，并规定老年人凭“优待证”免费进入政府投资主办的公园、公益性文化设施；70 岁以上老年人免费进入政府投资主办的旅游景点和公共体育健身场所、免费乘坐城市公共汽车和地铁电车，60～69 岁老年人可享受半价优惠。

“十一五”时期，在省委、省政府领导下，江苏省全省各地、各部门积极推动老年社会福利工作，在城市大力兴建和发展老人福利院、敬老院，建立了一批老年公寓和各层次的护理院，为不同层次的老年人从不同层面提供了各种服务，为满足老人“老有所养、老有所为、老有所乐”的需求创造了条件。在农村建立和完善了五保制度，并兴建各类养老院。2009 年，江苏省城乡老年福利机构总数为 1940 个，与 2006 年相比增加了 100 个，年均增长速度为 1.78%；老年福利机构总床位数为 213 981 张，比 2006 年增加了 91 168 张，年均增长速度为 20.33%；老年福利机构收养总人数达 167 334 人，年均增长速度为

23.35％（表4-8，图4-7）。

表4-8 “十一五”时期江苏省老年福利机构概况

指标	2006年	2007年	2008年	2009年
老年福利机构数/个	1 840	1 932	1 927	1 940
总床位数/张	122 813	166 713	192 721	213 981
收养人数/人	89 150	130 444	148 245	167 334

资料来源：历年江苏省《民政事业发展统计公报》。

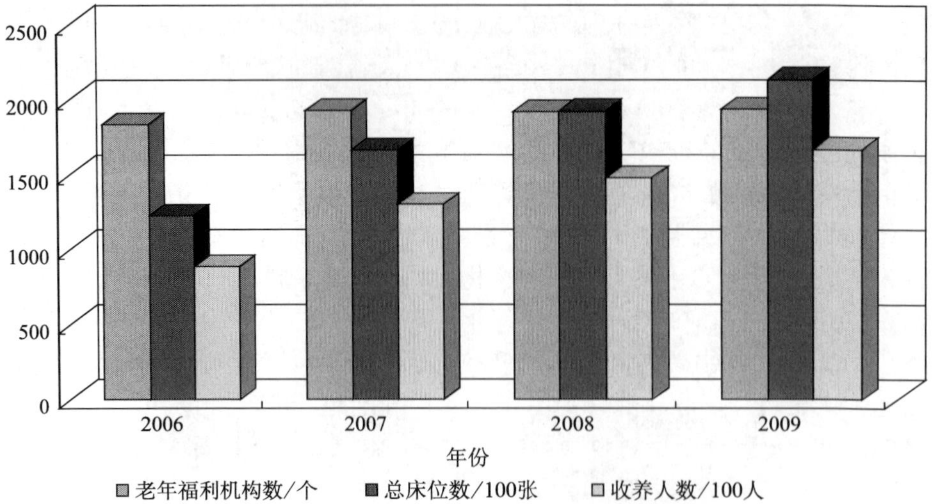

图4-7 2006～2009年江苏省老年福利机构概况

资料来源：历年江苏省《民政事业发展统计公报》。

此外，全省各地都按照《意见》的指示，并结合当地实际，相继出台了实施文件，规定从2009年起对百岁以上老人按每人每月不低于300元的标准发放长寿补贴。其中，南京、无锡、苏州、南通、泰州、徐州、连云港、淮安等地为90～99岁的老人发放了每人每月不少于100元的尊老金。南京、无锡、南通、徐州、淮安等市还启动了对80～89岁老人发放尊老金的政策，标准为每人每月50～60元；苏州市的尊老金发放标准较高，百岁老人的尊老金为每人每年4600元，90～99岁老人为每人每年2400元。

第五节　对老年教育需求的影响

老年教育是一种特殊的成人教育，是终身教育的最后阶段，是构建学习型社会、提高全民族思想文化素质的有机组成部分，也是精神文明建设不可或缺的一个方面（田雪原等，2006）。随着人口老龄化进程的不断推进，老年教育已成为备受关注的热点事业。

发达国家进入老龄化社会要早于我国，它们对于老年教育问题的研究开展得较早。美国心理学家桑代克最早奠定了发展老年教育的基础，他通过研究表明，多数年龄较老者的智力被低估了，老年人仍具有继续学习的能力。法国学者保罗·朗格让（1988）提出了接受教育是人类的一项基本权利，这一权利应该贯穿于人的一生，从而奠定了终身教育的国际地位，也奠定了老年教育在终身教育中的地位。

国内学者对老年教育的研究主要是从20世纪80年代末开始的。张纯元（1989）论述了老年教育兴起的必然性及其内容、形式和发展趋势。杜子才（1997）认为，老年教育是“建设有中国特色的社会主义教育体系”的一个新兴组成部分，并对其对象、目的、发展方向、重要内容和施教方针进行一一阐述。高向东（1999）分析了发展老年教育对健康老龄化的重要意义，并阐述了老年教育的内容及形式。胡晓等（2009）研究了制约老年教育发展的诸多因素，并提出重构老年教育供求主体、建设多元化的教育体系与管理体系、积极整合多方资源等建议。董之鹰（2009）研究了我国改革开放以来老年教育学的诞生和发展的背景、原因和阶段历程，阐述了世界老年教育的发展对我国老年教育产生的积极影响，并对老年教育的办学理念、时代特色、规划目标和标准层次进行了分析。

我国老年教育研究受到了广泛的重视，研究重点也已从单纯介绍国外老年教育经验及对老年教育个别问题的研究转向着眼于对老年教育的系统研究，进而将老年教育置于动态的社会变革背景之下展开研究。这些研究成果都为本书进行如何发展江苏省老年教育以实现健康老龄化的研究提供了可借鉴的宝贵经验。

一 老龄化催生老年教育

人口老龄化是经济社会发展、人民生活水平提高、医疗卫生条件改善和科学技术进步的结果。但是，过快的人口老龄化会给经济建设、文化教育、社会保障等各方面带来一系列深刻的影响。老年人口和高龄人口总量不断增多、增速不断加快，带来了日益迫切的老年人对各种保障的需求以及老年群体对自身积极健康发展的要求，这给经济社会造成了巨大的压力。在这种背景下，采取积极措施加强老龄工作成为一项重要而紧迫的战略任务。世界卫生组织（WHO）分别于1990年和1999年相继提出了“健康老龄化”和“积极老龄化”的倡议。为了解决好老龄问题这一关系国计民生的重大社会问题，我国早在1984年就制定了“老有所养、老有所医、老有所教、老有所学、老有所为、老有所乐”的老龄工作方针。

老年教育是指以提高老年人思想道德和科学文化素质，使受教育者增长知识、丰富生活、陶冶情操、增进健康、服务社会为目的所实施的非学历的老年人学校教育和其他形式的老年人教育活动。老年教育的基本目的是提高老年人的思想道德素质和科学文化素质、增进他们的身体健康，使老年人能够健康顺利地进入新的人生阶段、适应新的环境，同时减轻由于人口老龄化所带来的社会消极影响，减轻社会、家庭和个人的压力。由此可见，发展老年教育是应对人口老龄化挑战、实现“健康老龄化”和“积极老龄化”目标的重要途径和必然选择。而且我国人口老龄化过程中存在的一个突出问题就是，老年人的平均文化教育水平较低，文盲、半文盲比例比较大，这一点在农村显得尤为突出。

如图 4-8 所示，在城市未受过任何正式教育的老年人比例达 16.4%，在农村则高达 51.5%；受教育程度为小学的城市老年人占 36.5%，农村老年人占 38.7%；受教育程度为初中的城市老年人占 23.9%，农村老年人占 8.3%；受教育程度为中专或高中的城市老年人占 15.9%，农村老年人占 1.3%；受教育程度为大专及以上的城市老年人为 7.3%，而农村老年人所占的比例仅为 0.2%。这意味着全国大部分老年人受教育水平不高，这不仅影响他们的“老有所为”和“老有所乐”，还有可能引发一些社会问题从而影响到社会经济的发展。随着我国人口老龄化程度的不断提高，老年教育问题将更加突出，这应当引起教育界及整个社会的重视。

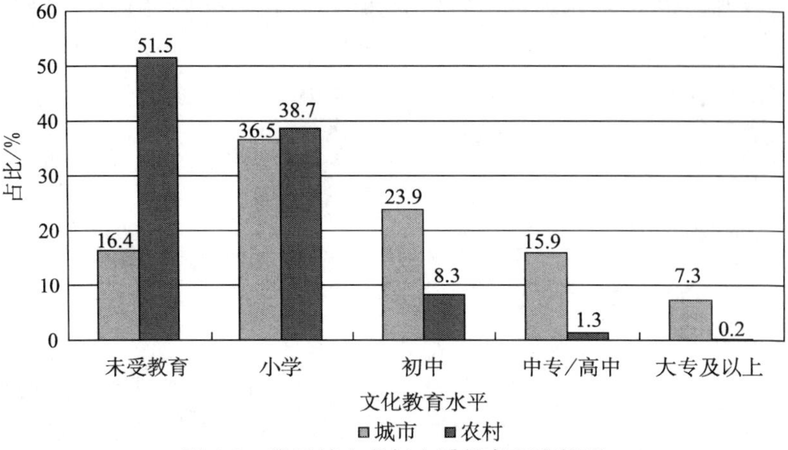

图 4-8 我国城乡老年人受教育程度情况

资料来源：《中国人口老龄化与老年人状况蓝皮书（2009）》。

我国的第一所老年大学创办于 1983 年，中国老年大学协会成立于 1988 年，截至 2005 年 10 月，中国内地已经拥有各类老年大学和老年学校 26 513 所，在校学员达到 234 万人，初步形成了一个全方位、多形式、多层次、多学科、多功能的老年教育教学体系。但是由于老年教育尚处于探索阶段，缺少全面的教育规划，法律保障更是薄弱，老年教育内容、方法、师资等方面尚存在一些不足，而且很多老年人尚未认识到接受老年教育的重要性，还存在某些消极思想，这些都影响了老年教育的发展。

二 发展老年教育的意义

发展老年教育的必要性、紧迫性，深深扎根于老年人的特殊需求及其与当代社会经济发展的内在联系之中。在老年人生理和心理的、经济和社会的、生存和发展的需要中，“老有所学”的地位举足轻重，它能够丰富“老有所养”的内涵，增进“老有所依”的效果，开发“老有所为”的能力，提升“老有所乐”的品位（陈乃林等，1998）。为促进老年教育的长足发展，应当对发展老年教育的意义有一个深刻的认识。

第一，发展老年教育可以抗衰益寿，促进老年人自身完善，提高老年人的社会适应能力。老年教育可以促使老年人勤于用脑，从而脑血管处于舒展状态，脑神经得到良好保养，脑细胞老化过程得到延缓；老年教育能使老年人不断接受新信息，吸取新营养，以科学理智和乐观大度的态度看待社会，看待人生；老年教育能使老年人学习新知识、新技能，提高对改革开放、瞬息万变的现代社会的适应能力和继续为社会服务的能力；老年教育也能提高老年人的医疗保健意识，提醒老年人做好身心的保健，延缓衰老，有利于提高老年人的生命质量，有利于实现健康老龄化。

第二，发展老年教育事业，有利于促进老年人的知识更新，发挥老年群体智力资源的作用。寿命延长是一项生理上成熟和进步的象征，随着人的寿命的延长，人的智力释放期也会相应地延长。老年人是社会的财富而非负担，他们能够以其积累的丰富知识和经验做出价值很大的贡献。而且许多低龄、健康的老年人都有着强烈的再就业愿望，但是老年人在退休以后，已掌握的知识和技能有可能与市场需求脱钩而很难找到合适的再就业岗位。发展老年教育可以使老年人力资源得到有效的开发与利用，不仅可以给老年人创造再就业的机会、减轻国家和社会的负担，还可以补充社会劳动力供给，降低纯消费人口比例，有利于促进社会经济的增长，缓冲老龄化带来的“生者寡，食者众”的矛盾。

第三，发展老年教育事业有利于提高老年人闲暇生活的质量，促进社会文明的进步。提供娱乐休闲和精神寄托，可以满足老年人精神生活的需要。闲暇生活的质量不但能反映一个人的精神面貌，而且能在一定程度上反映出一个民族、一个社会物质文明和精神文明的状况。老年教育可以引导老年人从家庭小圈子走出来，远离孤独、寂寞，培养多样的兴趣爱好，享受增长知识、增添快乐、抗衰益寿、陶冶情操、完善人格、学以致用、服务社会的权利，成为健康、上进、适应社会发展需要的老年人。从这个意义上说，发展老年教育事业是实现健康老龄化不可替代的条件，是促进社会主义精神文明建设、提高整个中华民族素质的重要组成部分，是维护社会稳定、促进社会进步、提高社会文明程度的迫切要求。

第四，发展老年教育事业，也是完善我国终身教育体系、实现学习化社会的需要。就我国的情况而言，老年人的平均受教育水平比较低，文盲和半文盲比例较高。如果如此放任下去，越来越庞大的老年人口群体不能受到良好的教育，终身教育体系就缺少最后一个重要环节，学习型社会也就难以实现。老年教育的开展将促进老年人文化教育素质的提高，从而推进和完善我国的终身教育体系、促进学习型社会的形成和发展、提高全民族的文化素质，有助于整个社会的精神文明建设。

综上所述，老年教育是综合解决老龄问题，逐步实现老年群体“健康老龄化”和“积极老龄化”的重要途径，是依法保障老年人受教育权利、满足老年人日益增长的精神文化需求的重要举措，是推进“人人皆学、时时能学、处处可学”的学习型社会建设、提高老年人的科学文化素质和生活质量、构建社会主义和谐社会、促进社会稳定的强大推动力。

三 江苏省老年教育事业的发展状况

江苏省老年教育的起步是以 1984 年金陵老年大学创建为标志的，老年教育以老年学校教育为主要组织形式并在老龄工作中得到了发展。目前已形成省、市、县（市、区）、部分乡镇（街道）和村的多层次老年教育网络。截止到 2007 年，全省各类老年学校已经发展到 3600 多所，其中相对正规的、具有传统学校特点的县区以上老年大学 117 所，达到“六有”（有牌子、有班子、有场所、有经费来源、有教学计划、有教学活动和效果）要求的乡镇、街道老年学校 3000 多所；利用现代远程传媒为主要教学载体和手段，以分散学习为主、教学点辅导为辅的省办空中老年大学 5 所，在校老年学员（约 20 万人）连同经常参加各种老年学习班学习的老年人约有 30 万人次。各地县区以上老年大学的校舍、教学设备、活动器材的建设已粗具规模；形成了一支热心老年教育事业、素质较好的师资和管理队伍；在办学、教学管理上积累了许多经验；逐步探索出适合老年人身心特点的方式、方法，编写了一批适合老年人学习的教材。老年学校以“增长知识、陶冶情操、促进健康、丰富生活、服务社会”为办学导向，功能和内涵在实践中得到不断拓展：目标由起步时的“颐养康乐”到现今的“颐养康乐”与“进取有为”并重，由仅面向离退休干部到面向全社会老人，由单纯为老年人服务到为整个社会的精神文明建设服务，形成了充满生机的发展态势并产生了良好的社会影响。

同时应该注意到的是，由于老年教育事实上仍然处于教育的边缘地带，江苏省老年教育也不可避免地存在一些不足。实践中显示的突出问题是，认识不到位，发展不平衡，文化、教育、民政、人事等部门多头管理、责任分散，资金匮乏，基础设施差，基层师资、教材缺乏，老年学校数量和规模难以适应人口老龄化趋势，老年科学研究机构屈指可数等。为了更好地应对人口老龄化，加强老年教育研究，采取各种措施推动老年教育的发展成为一种必然。政府应协调好有关部门，从老年教育自身的特点、规律和本省的实际情况出发，制订好老年教育的发展计划；应建立专门的老年教育指导机构，开展经常性的工作；要动员社会各界关心、扶持老年教育事业的发展，充分发挥各级各类学校及乡镇成人教育中心的阵地作用，充分发挥图书馆、博物馆、文化中心等社会教育机构的资料提供、信息咨询等功能，充分发挥大众媒介工具的优势；可以采取举办专题培训班、非正式学习小组、送教上门等特殊形式，还应积极支持老年人自学，为其提供必要的自学条件；应建立一支热爱老年教育事业的专业队伍、兼职队伍，同时，应充分发挥老年同辈群体的作用，提倡能者为师，互教互学；要在发展老年教育事业的社会实践中积极开展老年教育科研，综合应用多门学科，尤其是与老年学相关的学科，指导老年教育的实践，使之在实践中获得长足发展。

第六节　先进国家和地区社会保障改革的经验

21 世纪初，世界上已经有 160 个国家和地区建立了不同水平的社会保障制度。由于各国社会经济状况和历史背景不同，社会保障的模式也不尽相同（李兰英，2001）。依据社会保障资金筹集和供给方式，世界各国社会保障制度可分为三种不同的模式：以英国、瑞典等西欧和北欧国家为代表的“福利型”社会保障制度，以德国、美国和日本为代表的自保公助型社会保障制度，以及以新加坡、智利为代表的自我积累型社会保障制度。

20 世纪 70 年代以后，发达国家和地区的经济普遍陷入“滞胀”的困境，社会保障支出需求日益扩大，公共财政支出逐年增长；居高不下的失业率严重减少了社会保障缴费人数，导致社会保障收入减少而支出增长；人口老龄化趋势加快，加重了发达国家和地区社会保障制度的困境。因此，近年来，各个国家尤其是发达国家，一直致力于社会保障制度的改革。

（一）改革退休制度

人口老龄化进程的加快和平均预期寿命的延长使社会保障制度面临巨大的基金平衡压力，提高退休年龄已经成为不少发达国家改革的重要内容（李建民，2011）。2001年，德国规定，员工必须年满65岁才能退休。提前退休需满足：一是年满58岁；二是连续工龄满38～40年。此外，德国还取消了男女在退休年龄上的差异。瑞士社会养老保险制度建立之初的给付年龄规定为60岁，后提高至65岁，现为67岁。此外，有不少国家还制订了未来提高退休年龄的规划，采取渐进式的改革模式。德国拟在2011～2030年将法定退休年龄由65岁提高至67岁；2006年，英国政府公布了养老系统改革白皮书，计划在2010～2020年将女性退休年龄由现在的60岁提高至与男子持平（65岁），到2024年把所有公民的退休年龄提高到66岁，并于2044年提高到68岁；奥地利准备在2019～2028年使女性退休年龄逐步增加，直到与男性一致。1983年，美国社会保障法修正案规定，从2000年开始将法定退休年龄从65岁逐步调高至67岁。具体的调整分为两个阶段：2000～2005年将法定退休年龄每年提高两个月，直至66岁；2006～2016年为间隔期，法定退休年龄保持在66岁，然后从2017年开始将法定退休年龄每年增加两个月，在2022年及以后年份法定退休年龄为67岁。

一般情况下，只有到了法定退休年龄才能领取退休金，但部分国家给予职工退休选择更大的灵活性与自由度：设置退休制度内在激励机制，从制度设计和政策倾斜上鼓励和引导人们延迟退休，努力增加劳动力供给，同时也在一定程度上增加了养老保险的收入、减少了支出。

20世纪90年代，瑞典的养老保险制度改革规定公民的法定退休年龄为65岁，同时允许职工最早61岁提前退休，也可延迟退休工作到70岁，每提前1个月扣减0.5%的养老金，对于推迟退休的人员每推迟1个月则可增发0.7%的养老金。

法国鼓励在领取养老金的同时继续工作，只要总补偿费不超过雇员退休前的最后工资即可；同时，赋予退休年龄更大的灵活性，每推迟退休一年基础养老金就提高3%；此外，缴费年限不足将被扣除23.68%的基础养老金作为罚金。

日本的法定退休年龄为65岁，日本居民在缴费满480个月后，在60岁时就有资格领取老龄基础年金，但60～65岁领取者的养老金数额酌减，66岁开始领取者则可享受增额奖励政策，增额率为“推迟支付的月数×0.7%”，最大为42%。

韩国的正常退休年龄为60岁，领取养老金的最低年龄是55岁，但如果55岁开始领取养老金，则只能领到47.5%的基本养老金和补充养老金。随着年龄的增加，领到的养老金比例逐渐递增，如果59岁开始领取，可领到95%的基本养老金和补充养老金。只有到了60岁退休，才能领到全额养老金。

美国实行精算调整（actuarial adjustment）政策：如果提前退休，养老金替代率降低，每提前一个月减发6.72%的养老金，62岁提前退休津贴将是标准津贴的70%；如果职工到了退休年龄还想继续工作，可以一边工作，一边领取退休金，也可以不领取退休金而继续工作到70岁，在这种情况下，每多工作一年，正式退休时将领取比正常退休高出7%的退休金。

（二）减少社会保障支出

1. 调整养老金水平

一些国家通过降低养老金的发放水平或替代率来应对人口老龄化给养老保险制度带来的压力。

1）直接降低养老金水平或替代率

降低养老金的一种直接方法是减少给定工作期内或参保期内的养老金水平。1996年，西班牙政府和全国工会联盟签订协议降低替代率。按照协议，缴费15年，有资格取得50%的养老金，25年为80%，35年为全额，而以前是10年为60%，30年为全额。德国也决定在今后30年内把替代率从平均净收入的70%降低到64%（赵巍巍，2011）。此外，2004年日本的国家养老保险制度改革规定，确保年金（包括国民年金和厚生年金在内）的给付水平由当时的59.3%降低至2023年的50.2%，而奥地利则通过法律，直接把退休金减少10%。

一些国家还针对高收入者制定相应的政策，以降低其养老金水平。1996年，芬兰引入公共养老金的收入调查制度；加拿大引入新的《老年人保险方案》，实行更严格的收入调查，使高收入者的养老金降低，中低收入者的养老金提高；挪威将配偶仍在工作的人的养老金从全额降为75%；日本对一部分不依赖养老年金维持生活的资本所有者和高收入者所得的养老保险金支付加以限制（赵巍巍，2011）。

2）调整养老金的计算方法

许多国家通过改革养老金制度的指数化方法，将全部工资指数转为根据平均工资变动的一定比例及消费物价指数自动调整养老金。由于平均工资的增长速度通常快于物价上涨速度，因而将工资变动与物价相结合代替单独运用工资变动进行指数化，可降低养老金水平的增长速度。

德国是著名的实行高水平福利政策的发达资本主义国家，它的公共养老保险体系享有“慷慨大度”的美誉（韩伟等，2007）。然而，近年来德国的公共养老保险体系遭受人口老龄化的冲击已在面临着巨大的养老金支付压力。从20世纪90年代起，德国进行了一系列旨在降低公共养老金水平的改革。1992年，其养老金改革法实行的养老金计算公式为

养老年金数量＝收入分值×服务年限×调整因子×养老金现值

在此基础上，2004年，为解决因高失业率与经济增长乏力现象造成的养老保险体系的短期支付危机，德国议会批准将可持续因子（sustainability factor）纳入公共养老金指数计算公式，可持续因子主要反映全社会养老保险缴纳人数与领取人数比例的变化趋势。同时，为保证养老金水平下降的适度性，以“养老金水平保障条款”来保证标准养老金水平。

20世纪90年代，瑞典的养老保险制度改革采取确定缴费型的津贴模式。新的养老保险制度取消了以受保人15年最高工资平均值确定发放标准的规定，改为依据养老金受保人从16岁到退休所有年限缴纳养老费用的平均数额，以及个人缴纳的养老费用所形成的基金在投资运营中所产生的回报率来决定养老金的津贴标准，这就使养老金的发放与工资指数而不是消费价格指数相联系。

为确保100年间的养老金财务收支平衡，日本养老金制度改革导入了养老金收支平衡调整机制，即利用工资增长率、物价指数和浮动调整率对养老金给付进行动态调整（柳清瑞，2005）。其中，浮动调整率根据公共养老金制度的参保人员减少率和平均预期寿命的增加程度来确定。据估计，到2025年，日本年平均浮动调整率约为0.9％。

此外，不少国家通过改变养老金计算期间的方式，即通过计算更长一段时间的收入，来降低养老金的发放水平。这主要是因为，工作的最后一段时间工资增长较快。1996年，西班牙政府和全国工会联盟签订协议，除直接降低替代率水平外，还规定计算养老金应基于最后15个缴费年度，而不是过去的8年；芬兰修改了退休金的计算方法，由以收入最多时期的工资为基础转变为以全部工作年限内的收入为基础；2003年起，奥地利公务员的养老金计算由基于最后一年，转变为基于就业期间最高的18年的总收入来计算；1995年，奥地利实行改革，养老金将根据整个工作期间的缴费计算，而过去是基于最后几年的收入计算。

2. 强化医疗费用控制

1）改革偿付制度

医疗保险制度费用控制的重点在于供给方，因为需求方与供给方的信息严重不对称，且信息偏向供给方。从各国医疗保险改革的实践看，医疗保险偿付制度改革的核心是从后付制转向预付制（李赖志等，2009）。例如，德国医疗保险采取按人头预付制，即参保人将自己收入的15.5％（2009年标准）缴纳入健康基金中，这个基金再按各个级别基金会的参保人数，并结合年龄、疾病等风险将资金分配给各级别基金会；荷兰的医疗保险制度类似于德国，医疗保险费首先集中缴纳到一个全国性基金会，这个基金会按每个保险机构登记的人数及患病风险计算人头费，支付给各个保险机构；美国则在老年医疗保险中实行按病种进行定额预付。

此外，不少国家还建立了对医疗卫生服务提供方和需求方的激励机制。例如，德国规定，全年未使用医疗保险费的被保险人可获得全年保费的 1/12 作为奖励。

2）引入市场竞争，改革医药价格体系

1999 年，日本推出了“医药价格体系改革基本方针”，对所有的药品价格实行统一定价，即使需要浮动也只能在统一价格的 2%上下浮动。

为减少药品支出，鼓励药房业竞争，德国规定，法定和私人医疗保险机构都要向参保人提供基本医疗保险合同，使参保人了解医疗和费用情况并进行选择。此外，德国还引入新药成本-效用评估及其他费用限制措施，即法定医疗保险机构应联合起来同医生、医院、药房和制药企业就医疗、药品等价格问题进行谈判，实行最高定价。为减少管理成本，德国筹备成立了一个国家性质的法定医疗保险机构联合会并实施管理，适当合并了目前的 253 个法定医疗保险机构。

近些年，美国兴起了由医疗保险机构与医院签订合同，在双方都能接受的情况下，促使医院自我约束，以控制医疗费用开支的做法。例如，美国优先提供对合同医院和合同医生按服务项目支付费用，但所有服务项目必须按合同规定的价格标准，一般降价在 15%左右。非营利性组织“双蓝”公司在保留传统的项目、险种的同时，不断扩大保险覆盖范围，逐步允许投保者自由选择医院和医生，并提供后付型和预付型等多种支付方式，增强了竞争性。又如，商业性保险公司为了与“双蓝”公司竞争，通过采取投保者分担费用的方式提供保险金较低的保险服务。竞争压力也迫使所有医疗保险组织采取有效的费用控制措施，审查和监督医疗费用的上涨（高芳英，2006）。

丹麦的药品定价由内政和卫生部负责。对于常规药品，一般参照欧洲平均价格水平确定，对于新药和罕见病药品，由制造商提出价格方案后经协商确定，投放市场一年后再根据实际情况重新定价。对于处方药，国家根据患者药品消费总额分段按比例给予补贴，对于非处方药，只有领取养老金的居民或遭受长期疾病困扰的居民才能享受补贴。

3）注重疾病预防

近年来，日本政府医疗保险改革中鼓励个人疾病预防的主要措施有：①在全国范围内设立保健所，负责指导组织辖区内卫生保健工作；②以家庭与社区为中心，建立保健医疗和康复服务体系；③建立新的护理保险制度，把疾病预防纳入保险范畴。

德国则把预防与治疗在医疗保险中有机地结合起来。首先把疾病预防纳入医疗保险范围。根据受保人的年龄、性别及疾病类型确定一定范围内的疾病预防由医疗保险负责保险基金承担预防费用。其次，强调个人预防责任与今后的医疗保险待遇挂钩，鼓励定期进行某些疾病的预防，如定期看牙医，则在生病时治疗费用的报销比例就高，反之则低，提倡个人预防，控制疾病源头（陈浩，2006）。

墨西哥社会保障协会主管全国私营企业的社会保险，他们把加强防治工作放在重要位置，即特别注意保健和预防宣传，还建立了不少体育场馆等公共健康设施，提倡全民健身，增强个人体质，减少患病几率和风险，从源头上节约医疗保险费的开支。

美国是世界上医疗费用支出最大的国家，无论是国家总体支出规模，还是人均医疗花费，或者占整个国内生产总值的比重，均高居世界首位（李赖志等，2009）。20 世纪 90 年代后半期，以“管理保健”为核心的费用控制政策卓有成效。管理保健组织是一种集卫生服务提供和卫生筹资于一体的保健组织形式，该组织非常注重预防工作，防患于未然。比如，参加健康维护组织的成员接受乳腺癌和宫颈癌体检的机会比非管理保健组织的成员多 40%。

4）鼓励门诊服务

美国于 2003 年通过了《2003 年医疗照顾处方药改革和现代化法案》（*The Medicare Prescription Drug Improvement and Modernization Act of* 2003），拨出 5000 亿美元对老年人购买处方药或购买商业医疗保险机构提供的门诊医疗服务进行补贴，以减少对外科手术的依赖。

5）改革诊疗报酬体系

日本的医疗保障制度改革将原有的“提成制”中的诊疗报酬体系转变为根据临床表现来制定与其技术相对应的诊疗报酬体系，该体系将医生的诊疗方案、过程及处方全部公开，以便于监督机构和患者进行监督和检查。

近几年，德国亦开始改革过去的“分数酬金模式”。按照“分数酬金模式”的规定，德国的医生并不与医疗保险机构进行直接酬金结算，必须通过所属的医生联合会来完成结算过程。医生联合会则从医疗保险机构得到给医生的固定酬金和单次出诊酬金。多年来，德国医生一直强烈要求改革这种“分数酬金模式”，增强医生劳动的透明度。改革法案规定，从 2009 年起将取消“分数酬金模式”，医生的每次、每种劳动将直接用欧元标价。

6）严格监督与管理

一是严格控制大型医疗设备的购置。

加拿大医院的总预算中日常运转费和基本建设费用严格分开，且资金的使用需经省主管机关（卫生局）批准，即便有时医院筹集资金为病人提供新服务，也要经卫生局批准，否则有关部门可拒绝支付补助费用，以此控制医院人员、供应和设备的增加。法国 1970 年就建立起了严格的控制体系，对大型医疗设备实行上限管理制度。日本则提出昂贵设备共同利用和开放国立医疗机构等办法。

二是对医院采取的医疗方案或医生开具的处方单进行专门检查。限制非必要的医疗化验和检查，并建立相应的惩罚措施。

为防止医生多收费用，加拿大的各省卫生局都专设了监督机构，通过电脑处理系统不定期地就每个医生在收费、治疗方面的情况进行抽查，并将检索记录寄给有关病人加以验证，一旦发现超出常规、违反规定的情况，则上报医疗审议委员会作进一步调查和处理。

新加坡是以执法严格著称的。卫生部门明确规定：任何医务人员，绝对不许收取红包，否则将受到严厉的惩罚。法律的威慑力量相当强大，人们一般都进行严格的自我约束，不愿冒受到严厉惩罚的风险（李赖志等，2009）。

丹麦药房完全由国家管理。内政和卫生部、药品管理局负责审批药房的经营资格，药房归私人所有并负责经营，所有拥有并经营药房的药剂师必须取得内政和卫生部发放的执业执照。药剂师的总利润水平由内政和卫生部与药品管理局协商一致后确定，每两年制定一次（李赖志等，2009）。

日本建立了严格的“第三方审查制度”，医疗机构定期将医疗结算清单送交医疗保险部门，医疗保险部门委托医疗费用支付基金会和国民健康保险团体联合会（第三方）机构进行审查。如发现违规行为，立即取消该医疗机构为保险人提供医疗服务的资格（李光勇等，2007）。

3. 减少社会救济支出

早在1980年的预算中，英国就已经开始降低一部分社会保障项目的津贴标准，对罢工工人家庭的补贴每周减少12英镑。针对病人、失业者及失去工作能力者的短期津贴在1980～1981年已经减少了5%（丁建定等，2004）。1986年，英国的社会保障法规定：新收入补贴的发放仅限于有子女的家庭以及丧失工作能力者的家庭。取代“附加津贴”的“额外津贴”也不再对所有的低于最低生活标准者发放，而仅限于18～24岁的单身者和特殊困难的家庭。此外，产妇津贴等的适用范围也明显缩小，只有低收入的家庭才能申请（王艳霞，2005）。英国政府还取消了1996年引入的给予所有短期救济的与收入挂钩的补充，只保留了与收入挂钩的捐纳。而救济标准每年也随着通货膨胀的提高而被冻结，或者被延期或者只是部分地执行。此外，英国政府还对各种救济进行征税。根据1993～1994年度的规定，退休金、失业保险、法定疾病工资、法定产假工资甚至寡妇年金都必须征税。

瑞典一些地方政府采取措施降低社会救济方面的支出。例如，斯德哥尔摩市政府在1991年做出决定，将社会救济划分为短期社会救济和长期社会救济两种，接受短期社会救济的时间一般不超过3个月，超过3个月者转入长期社会救济，短期社会救济与长期社会救济实行不同的救济标准（丁建定，2004）。

德国在科尔政府时期将失业救济标准降低3%，停止发放因自然原因不能工作者的收入补贴，从1995年开始停发长期生活补助。此外，1999年，德国养老保险改革法规定，每天只能工作3小时以下的养老金制度参加者可以获得全额工作能力下降养老金，能工作3～6小时者可以获得半额工作能力下降养老金，能工作6小时及以上者则不能领取该项养老金（丁建定，2007）。

1983年，美国规定从1990年起领取社会保障津贴的纳税年限从10年提高至20年。1996年规定，具有工作能力者享受社会救济援助的时间为5年，且必须在两年内找到工作。

早在1967年，美国国会就取消了每月30美元加上1/3的附加工资来积累家庭子女补助基金的办法，并在法律生效之前，先控制家庭子女补助规模。1981年，在里根政府的社会保障改革方案中，经常性的最低补助等5项社会福利被废止。1996年，克林顿总统宣布各州取消联邦政府对贫穷儿童的现金补助。克林顿总统的福利计划还缩短了某些福利享受的时间。例如，1971年后出生的婴儿的父母，即使无工作，享受家庭补助最多也不能超过2年；对那些参加就业培训1年以上者，领取福利补助5年以后，取消其享受资格。

1991年，瑞典非社会主义政党开始推行比较激进的社会保障改革措施，其中主要对健康保险津贴做了大幅度削减。规定前360天的健康保险津贴标准从相当于被保险人原来工资的90％降低为65％，以后90天的健康保险津贴标准相当于原来工资的80％。同时，政府还建议实行健康保险津贴2天等待期，雇主要承担起前14天的健康保险责任，并有义务调查因病长期不工作者的情况。1993年，瑞典再次降低健康保险津贴标准，规定无时间限制的健康保险津贴标准在第一年为工资的80％，以后每年为工资的70％（Gould，1993）。

（三）增加社会保障收入

为增加养老保险基金来源，各国除从退休年龄的角度提高缴费年限，还从缴费基数、缴费率、税收政策等方面进一步增加养老保险基金收入。

美国养老保险基金最重要的来源是税收。1977年12月20日，卡特总统签署了美国历史上最大的增税法案，提升了1100万工人的工薪税，美国政府因此增收2270亿美元。里根政府再次增税，1983年颁布的《社会保障修正案》规定：将社会保障工薪税提高到12.4％，向有充足非社会保障收入的老年人家庭征收部分社会保障福利金税，税款拨给信托基金。这是美国历史上首次向退休金征税，收入总额超过25 000美元的单身者和总收入超过32 000美元的夫妇必须缴纳退休金税，其退休金的50％成为应税对象。克林顿总统继续向退休金征税，并提高了退休金税率，最富有的20％的养老金受益人的应税养老金百分比从50％提高到85％，克林顿总统希望“不单纯依赖社会养老保险制度的高收入老年人能为社会养老保险制度做出更多的贡献”（马歇尔·N·卡特等，2003）。

首先，在养老保险金财源相对不足的情况下，日本设立青年学生养老保险费补交制度，将加入养老保险的年限由以前的25岁降低到20岁，延长了养老保险金缴纳时间。其次，日本扩大养老保险金的缴纳基数，即工资收入和奖金收入同时纳入保险金缴纳基数；将按月工资收取养老保险费改为按年收入收取，因日本一些企业职工的年中和年末奖金相当于6个月的工资，改为按年收入收取养老保险费将大幅度增加养老保险费的总收入。最后，对在职老年养老金也做了修改，规定在职老年养老金的对象包括65～69岁的公司职工，这些人也要缴纳保险金；与此同时，日本增加政府对养老金的投入，将政府负担的养老金基础部分的资金比例从原来的1/3提高到1/2。

德国法定养老保险资金主要来源于雇主和雇员缴费，费率根据实际的工资水平每年都会发生变化，2006年缴费比例为工资的19.5%。为了控制劳动力附加成本，稳定养老金缴费率，到2012年，德国养老保险费率提高至19.9%（赵巍巍，2011）。

（四）强调个人责任

20世纪80年代以来，以撒切尔为首的保守党政府和以布莱尔为首的工党政府都对英国的社会保障制度进行了不同程度的改革，强调社会救助是国家与个人共同的责任，并把实现制度与社会经济协调发展作为改革的主要目标。1986年，英国决定削减政府“收入关联计划”（State Earning Related Pension Scheme，SERPS）的价值比重，给付的计算由20年最好收入的20%降低为一生收入的20%。改革从总体上削减了政府退休金的给付总量，提高了个人在养老体系中的作用。1990年又规定，所有单亲家庭的家长必须授权政府部门采取行动，以便使其孩子的父亲/母亲履行自己应尽的义务（郑秉文，2004）。

早在1992年，德国便将养老金缴费标准由原来占工资的18.5%提高到19.2%，1996年又将男性退休年龄从63岁提高至65岁，女性退休年龄从60岁提高至65岁（韩伟等，2007）。2007年，德国政府决定逐步取消给医保机构的补贴，将法定医疗保险平均费率提高至收入的14.7%。

（五）社会保障私营化与地方化

1990年，英国颁布《国民健康服务与社会关怀法》，对国民保健制度实施私营化与市场化改革。该法规定：医院和社会关怀机构应该从地方健康当局的直接控制下摆脱出来，建立起自主经营的国民健康服务公司，开始实行国民保健与社会服务市场化；从1993年4月起，社会保障制度不再对私人或志愿性寄宿院的新增人员提供帮助，地方当局有义务查明此类需求是否属实，并在必要时采取适当的措施为其提供有效的服务。到1995年，几乎所有的英国医院及大部分的社会关怀机构已经实现私营化与市场化。此外，英国政府亦开始对养老金制度实行私营化与市场化改革，鼓励和推行职业养老金制度与私营养老金制度（丁建定等，2004）。

1983 年，瑞典颁布实施保健法，开始由各郡政府承担规划保健服务责任。1992 年规定地方政府必须承担各种有关老年人和残疾人长期健康关怀和社会服务的责任。1998 年，瑞典的社会服务法案规定，地方政府有权要求社会救济申请者参加培训，并将“工作福利”引入到社会救助计划这个社会最后安全网 之中。1992 年，挪威的社会救助法案则扩大了地方政府的权利，地方政府有权要求失业救济的申请者必须参加工作，不工作者就没有任何津贴。救助标准的制定由地方政府负责，失业者必须参加培训。挪威的法案还规定，地方政府有权执行和设计“工作福利”的一些计划，以控制失业津贴发放的总量，中央政府只负责一个总的原则（郑秉文，2004）。

（六）建立和完善多支柱养老金体系

为应对人口老龄化危机和财政不可持续性，避免单一养老金制度固有的制度缺陷，引入强制性的基金制，建立和完善多支柱养老金体系成为各国养老金体制改革的选择。多支柱改革模式是由世界银行率先提出的，目的是在强制性、公共管理和无基金积累的公共养老金计划外，建立强制性、私人管理和基金积累的第二支柱，提高整个养老金计划中第二支柱的比重，扩大养老金的私有化比例。该方案的优点主要表现在：①能够有效分散风险；②政府、企业、个人共同承担养老责任，可以减轻国家财政负担，有利于扩大覆盖面；③多支柱模式能够减少劳动力市场的扭曲，提供更好的激励机制，提高储蓄水平，有利于经济效益的提高和刺激经济增长；④灵活性更强，能更好地适应养老保障各主要目标人群的情况。“三支柱模式”是目前大多数国家养老保险体制改革的方向，具体见表 4-9（杨莎，2009）。

表 4-9　部分国家的多支柱养老保险体制

国家	第一支柱	第二支柱	第三支柱
美国	社会保障计划	政府及雇主出资的养老金计划	个人储蓄养老计划
智利	家计调查型的养老救济金； 最低养老金保障	强制性个人账户养老金计划	自愿个人储蓄计划
瑞典	国民年金	收入关联养老金	职业年金
法国	最低养老金保障制度； 公共部门 DB 计划； 私人部门 DB 计划	自愿的 PERCO 计划； ARRCO 和 AGIRC	PERP 计划
英国	国家基本养老保险	职业年金计划＋强制性的个人年金账户	个人自愿性的补充商业养老保险
波兰	现收现付体系	强制性定额缴款及私人管理基金	自愿性的雇员补充养老金计划
俄罗斯	社会基本养老保险	强制性养老保险	私人养老金

智利是西半球最早建立社会保障制度的国家之一。1981 年，智利政府公布了新的养老金制度法案，它废除了原来的现收现付制，引入了个人账户养老金计划。其特点为：为每个雇员建立养老金个人账户，雇员占工资 10%的缴费全部计入个人账户；成立单一经营目标的养老金管理公司（AFP），负责养老金账户管理；养老基金投资由个人做出决策，选择私营养老基金管理公司进行市场化的投资运作；成立养老基金监管局（SAFP），对 AFP 进行市场监管，并由政府提供最低养老金担保。20 世纪 80 年代的智利改革取得了巨大的成功，进入 90 年代后，一批拉美国家纷纷效仿“智利模式”，例如，阿根廷、乌拉圭、哥斯达黎加和厄瓜多尔等国家纷纷进行了结构性改革，建立了“三支柱”的养老金体系。

美国现行的养老金体系由三大支柱组成。第一支柱是政府强制执行的社会保障（Social Security）计划，即通常所说的养老、遗嘱及残障保险制度（OASDI）。它是目前覆盖最广，也是最基础的养老制度安排。美国的政府强制性养老金计划由联邦政府统一组织，其主要资金来源为雇员和雇主共同缴纳的社会保障税（Social Security Tax），并由政府财政为该体系提供最终担保。由政府或雇主出资，带有福利性质的退休金计划构成了养老保障体系的第二支柱。前者为公共部门养老金计划（Public Sector Plan），是指联邦、州和地方政府为其雇员提供的各种养老金计划；后者为雇主养老金计划（Employer-based Pension Plan），指企业及一些非营利性组织和机构为其雇员提供的养老金计划，通常也被称为私人养老金计划（Private Plan）（陈星，2005）。第三支柱是完全由个人决定是否参加的个人储蓄养老金计划，享有税收优惠。按照美国现行规定，不论其是否参加了其他养老金计划，所有 70 岁以下且有收入者都可以开设个人退休账户（Individual Retirement Account，IRA）。

20 世纪上半叶，英国建立了贝弗里奇社会保险体系，后又进行了多次改革。到 21 世纪前，英国已经建立起相对成熟的多支柱养老金体系：现收现付制的公共养老金、职业年金计划和强制性的个人年金账户，以及由私人保险公司经营的个人养老储蓄合同。随着平均预期寿命的提高，自 20 世纪 70 年代开始，英国雇主们逐步退出职业年金计划，到 20 世纪 90 年代随着预期高涨的股票市场的终结，职业养老金成本更高，职业养老金计划进一步萎缩（杨娟，2009）。2000 年后，英国公共养老金替代率不高于 20%。因而，21 世纪英国又进行了发展第三支柱的养老金改革。首先，引入个人养老金计划。在 1986 年的社会保障养老金法案中，英国政府推出了个人养老金计划。与此前的所有社保法案相比，该社保法案经过修改之后有一定创新。所谓个人养老金计划，就是工薪雇员可以选择不参加国民养老金体系 SERPS 和职业养老金计划，而选择建立一个完全属于自己的个人养老金账户，基金的缴费性质属于完全积累制，基金的投资运营交由养老金计划的管理人员负责。经过1986年的改革，英国政府为雇员提供了可供选择的三种与收入相关联的养老金计划：SERPS、职业养老金计划、个人养老金计划。其次，英国于2002年引入了国民第二养老金（The New State Pension）以替代与收入相关的国民养老金体系，并将未能包括在SERPS中的低收入人群和一些家庭护理人员（照顾老人或孩子的人）考虑在内。此后，英国又出台养老金法案，建立养老金保障基金（Pension Protection Fund，PPF）及财务补助制度（Financial Assistance Scheme，FAS）。

20世纪90年代，瑞典养老保险制度进入改革阶段，建立起三个支柱的养老保险体系，进一步调整了政府、企业、个人三者之间的责、权、利，强调个人权利与义务的统一：①第一支柱为国民年金，对象包括无收入和低收入群体。与改革前所有人都享有同一待遇标准不同，改革后的国民年金与收入关联养老金也是相挂钩的。当收入关联养老金低于44 000克朗时，国家负责补足到规定的70 000克朗的标准，当收入关联养老金为44 000～105 000克朗时，按一定比例给予补助，而随着收入增加，国民年金就不断递减，当收入关联养老金超过105 000克朗时，则不再享受任何国民年金。②第二支柱为收入关联养老金。名义个人账户的引入是此次改革的重点和创新所在。在新的养老保险制度中，总的缴费率由占工资总额的19%降为18.5%，其中16%计入名义个人账户，用于现收现付，支付退休人员的养老金；其余2.5%记入个人账户，这个账户是新的养老保险制度实行基金制的部分，即这部分资金将直接进入资本市场，进行投资积累。工人退休后，个人账户资金的积累可转换成年金，供工人退休享用。③第三支柱为职业年金，由各行业工会与雇主协商建立（王慧敏，2007）。

苏联时期，俄罗斯实行的是现收现付制养老金制度。20世纪90年代以来，为应对养老金缺口不断扩大的压力，俄罗斯政府开始对养老金制度进行彻底的改革。经过十多年的改革和完善，俄罗斯基本形成了三支柱养老保障体系：①第一支柱是社会基本养老保险，资金来源于联邦和地方财政，但数额较低，仅能维持最低生活水平，退休者养老金领取额基本相同，不与工资挂钩；②第二支柱是强制性养老保险，是养老保险体系的核心，其资金来源于统一社会税、企业及个人缴费，并分为基础部分与保险、储蓄两个部分；③第三支柱是自愿性补充养老保险，是私人管理的退休计划，自愿参与（吴好等，2010）。此外，俄罗斯政府还成立了国有养老基金资产管理公司负责相应的资金投资。

（七）解决转制成本

1980年11月，智利政府公布新的养老金制度法案，它废除原现收现付制，引入了个人账户养老金计划。针对转制成本问题，政府采取了发行认购债券（recognition bond）的方式予以解决。政府用这一方法来还清这些工人已提供给旧制度的供款，并将这些债券存入职工自己选择的任何一家退休基金管理公司，承认债券当年实际利息为4%，只有当持有人退休或残废后方可赎回。

(八) 构建护理保险制度

1996年，作为典型社会保险国家的德国，为了摆脱人口老龄化社会中出现的社会保险困境，在医疗保险、养老保险之外又率先推出了护理保险制度。

人口老龄化背景下，日本福利费用支出连年增长，家庭结构发生根本性变化，导致了新的贫困和不公平，带来诸多问题。一方面伴随着女性市场劳动力的增加，家庭护理养老功能逐渐衰退，社会化的家庭护理需求急剧增多；另一方面，人口寿命的延长也带来了护理的重度化、长期化和高龄化，老年的护理问题成为老年生活的最大隐患。此外，因持续近十年的经济萧条，日本财政连年赤字，连年增长的福利支出造成巨大的财政负担。因此，1999年日本国会通过《护理保险法》法案，开始引入护理保险制度（戴卫东，2012）。

第七节 对发展江苏社会保障事业的思考

作为全国的人口大省，江苏省在经济社会高速发展的同时，人口老龄化程度不断加深，老年人口在规模上快速增长、在结构上日趋深度老化，人口老龄化将是江苏省未来较长一段时期内的人口发展常态。然而，在现阶段多层次、多支柱社会保障体系尚未完全建立的事实下，人口老龄化进程的加快无疑成为社会保障供给不足与需求旺盛矛盾增长的催化剂。老年人口的增多意味着对养老和医疗的需求会逐渐加大，社会保险支出压力不断增强。此外，人口老龄化也会对社会救助、社会福利等依赖于社会经济发展水平的社会保障内容的发展产生深刻影响。在人口老龄化进程不可逆的事实面前，大力发展社会保障体系建设自然成为应对人口老龄化的明智之举。基于人口老龄化对社会保障的影响研究，得到了以下对江苏省社会保障事业发展的几点启示。

(一) 加强社会保障法制建设

发达国家和地区的经验表明，在建立和改革社会保障制度时，必须以立法机关制定相关法律法规为先导。完善的社会保障法律体系是社会保障制度实施的保障。当前，我国正处于对社会保障制度改革进行总体规划和推进的阶段，在这种形势下，制定一部总括性的社会保障法对社会保障基金的征缴、支付、管理等加以规定，明确政府、企业和个人的责任，不仅是必要的，而且是适时的。从中央层面上看，国家应尽快建立多层次的社会保障立法体系，加快社会保障法的立法进程，从更高层次上为相关部门及地方制定法规提供依据，理顺各层次法律法规的关系，为养老保险关系转移提供法律支持。当前，国家应尽快制定出台《社会保障法》及相关的法律法规，并做好贯彻实施工作；抓紧修改完善《社会保险法》、《就业促进法》，尽快形成以《社会保险法》为龙头，包括社会保险基金的运营和监管、失业、医疗、养老、生育工伤在内的社会保障法规。同时，社会保障制度的立法内容应该与其他法律部门的法律内容相衔接，以保证制度的连续性和有效实施。而从地方来看，江苏省立法机关应在国家层面的相关社会保障制度的总体法制框架下，尽快制定相应的地方性法规并尽快实施，改变“无法可依”的现状。

（二）社会保障水平应与经济社会发展水平相适应

经济发展水平的高低决定了国家的经济实力，客观上也决定了一国发展社会保障程度的高低。20 世纪前期，先进国家社会保障制度的快速发展与其社会经济的稳定发展密不可分。20 世纪 30 年代，在各国经济发展的基础上，先进国家相继开始实行高福利的社会保障政策，福利覆盖范围涉及养老、医疗、社会救济、社会福利等多个方面。但 20 世纪 70 年代以后，西方社会经济普遍陷入“滞胀”阶段，经济发展明显缓慢，且带来了严重的失业问题和贫困问题，使得社会保障制度遭受巨大压力，而且带来政府财政收入不断减少和社会保障支出持续扩大的尖锐矛盾，使得社会保障制度失去稳定发展的经济环境。而在人口老龄化背景下，老年人口赡养率的逐年提高，进一步加剧了社会保障基金尤其是社会保险基金支出的压力，社会保险的入不敷出成为实行高福利国家的通病。在此社会经济环境下，发达国家纷纷被迫走上社会保障制度改革之路，削减福利开支，降低保障水平。因而，为避免出现西方国家的“福利病”，我们的社会保障水平必须控制在社会经济允许的范围内，根据经济发展水平确定合理的社会保险缴费和给付水平。

（三）进一步完善城乡社会保障制度

(1) 完善城乡社会救助体系。社会救助体系是社会保障制度的最基础层次，对于社会稳定发展、人民安定生活具有重要的作用。完善城乡社会救助体系应从切实保障老年人最低的生活需求和医疗需求入手，构筑起公平、公正的社会救助网。将农村五保户供养经费纳入财政预算，全面推进农村最低生活保障制度。在最低生活保障制度的实施过程中，各地针对老年人实行“分类施保”政策，给予老年人以特殊待遇；在养老保险和医疗保险参保的过程中，各地资助五保老人、贫困老年人、70 岁及以上老年人参保，帮助其缴纳个人应负担的全部或部分费用。扎实推进城乡困难居民大病医疗救助工作，对农村五保老人和城镇三无孤老，其门诊和住院等医疗费用应由主管医疗救助的民政部门实报实销。对因患大病难以承担个人负担费用，影响家庭基本生活的，给予适当的医疗救助。

（2）推进一体化社会保险制度建设。社会保险是保障老年人生活的重要途径，然而受制于城乡割据的历史发展路径，现阶段无论是养老保险还是医疗保险都具有深刻的二元烙印，二者在制度建设、保障水平等方面都存在着较大的城乡差距。在人口老龄化日益加剧的背景下，失衡发展的社会保险制度难以充分发挥保障老年人生活的重要功能，社会保障制度“公平、正义、共享”的价值理念难以为继，这一瓶颈的制约突出反映在农村养老、医疗保险制度的建设滞后、供给不足与农村老年人口急剧增长的养老、医疗保障需求之间的矛盾上。因此，为缓解上述矛盾，现阶段应努力致力于平衡城乡社会保险制度建设与发展，进而大力推进一体化社会保险制度建设，公平地保障城乡老年人的生活：首先，政府应加大对于农村社会保险的财政支持力度，提高农村养老保险、医疗保险制度补助水平，缩小城镇、乡村社会保险保障力度、保障水平之间的差距；其次，继续提高城乡社会保险参保率，切实做到应保尽保，同时提高社会保险统筹层次，使得社会保险金在省级范围内真正统筹，这将有助于建立在大数原理上的社会保险发挥“风险共济”的功能；最后，建立一体化养老保险制度及医疗保险制度，打破城乡体制，摒除身份、职业的个体特征，建立一体化的养老保险制度和医疗保险制度。这里的一体化并不意味着绝对等同，一体化制度允许不同的人群具有如筹资模式、缴费率、待遇水平等方面的区别以体现身份特征及制度公平和效率激励。此外，随着老年人口的逐渐增多，老年人的护理与长期照料将成为一大关键问题。对此，除社会养老保险和社会医疗保险外，政府应积极投入到老年护理保险制度的建设之中，以保险的形式将其纳入到社会保障范畴，发挥社会各界的力量，保障老年人的基本生活需求与水平。

（3）完善老年社会福利制度。老年社会福利是满足老年人生活服务需求并使其生活质量不断得到改善的重要途径，也是老年人分享社会经济成果的体现，但由于具有经济福利性质，完善老年社会福利制度需要政府为主导进行政策扶持，具体措施如下：继续推行高龄津贴制度，向高龄老年人发放尊老金，适当提高补助标准，适时降低准入门槛，使越来越多的老年人享受这一社会福利；继续对老年人给予消费补助，如以发放“优待证”的形式对老年人免费开放公园、旅游景点、文化设施和健身场所等，对老年人乘坐、使用城市公共交通予以优惠；此外，政府还应通过政策扶持、财政补助或税收优惠的形式积极引入市场与民间力量参与到老年人社会福利事业的建设之中，如对民营福利机构进行运营补贴，对改扩建新增床位达到一定规模的，分别给予一定资助等。

（4）加快老年教育事业的发展。老年教育是社会福利内涵的重要内容，是丰富老年人生活、增进健康的有益活动，也是有效应对人口老龄化，实现“健康老龄化”、“积极老龄化”目标的必然选择，因而政府应加快老年教育事业的发展，建议：首先协调好有关部门，制订出完备的老年教育发展计划。其次，建立专门的老年教育指导机构，开展经常性的工作。比如，可以充分发挥各级各类学校及乡镇成人教育中心的阵地作用，充分发挥图书馆、博物馆、文化中心等社会教育机构的资料、信息、咨询等功能，充分发挥大众媒介工具的优势；可以采取举办专题培训班、非正式学习小组、送教上门等特殊形式，还应积极支持老年人自学，为其提供必备的自学条件。此外，政府还应牵头组织建立热爱老年教育事业的专业人才队伍、兼职队伍，应充分发挥老年同辈群体的作用，提倡能者为师，互教互学；应在发展老年教育事业的社会实践中积极开展老年教育科研，综合应用多门学科，尤其是与老年学相关的学科展开老年学研究，指导老年教育的实践。

本章小结

本章主要通过对社会保障内涵的再认识，围绕社会救助、社会保险、社会福利及老年教育等方面来研究人口老龄化对江苏省社会保障的影响。

在江苏省人口老龄化程度不断加深的背景下，社会保障所面临的压力也将越来越大。随着老年人口的增多，老年贫困人群也将相应增加，这对社会救助制度尤其是最低生活保障制度提出了挑战；在现阶段养老保险参与率偏低的情况下，老年人口的增加势必会引起基本养老保险制度的危机，致使养老保险负担系数越来越高，基本养老保险基金支出不断增加，隐性债务问题日益突出。在这样的情况下，基本养老保险制度的可持续性不可避免地面临着严峻的挑战；同时，参保人员老龄化的问题对医疗保险制度的稳健运行也提出了挑战，人口老龄化会导致医疗保险基金支出的迅速增加，以及医疗保险费收入的相对减少，医疗保险基金的收支平衡将遭受前所未有的冲击；此外，在江苏省人口老龄化进程中，三无老人、五保老人、空巢老人、失能老人等群体也在逐步增多，对现有不完善的老年社会福利制度形成了严峻的考验和挑战。

社会保障一向被视为社会“安全阀”、“减震器”，在维护社会安全稳定方面发挥着重要功能。然而，面对人口老龄化的冲击，确保社会保障制度国家公器职能的有效发挥成为当务之急。为有效应对人口老龄化对社会保障的影响，降低人口老龄化带来的负面影响，政府应在加强社会保障法制建设、建设与经济社会发展水平相适应的社会保障制度及进一步完善社会保障制度等方面下工夫：在国家层面上，应该建立健全多层次的社会保障法律体系，改变现阶段社会保障法律体系不健全的状况；在地方层面上，江苏省立法机关应在国家层面相关社会保障制度的总体法制框架下，尽快制定相应的地方性法规并切实做到落实与实施。与此同时，江苏省在发展社会保障事业上，应注意保障水平与经济社会发展水平相适应，以适度保障为准则，将保障水平控制在合理范围内，既要改变保障不足的现状，同时也应避免保障过度。此外，应通过完善城乡社会救助体系、推进一体化社会保险制度建设、完善老年社会福利制度建设，以及加快发展老年教育事业等方面的努力，进一步促进社会保障事业的不断改革，发展与完善。

第五章　江苏人口老龄化背景下基本养老保险基金平衡分析

养老保险是社会保障的重要内容。自 1997 年养老保险制度改革以来，我国逐步建立起了由基本养老保险、企业补充养老保险、个人储蓄性养老保险构成的三支柱养老保险体系，其中作为第一支柱的基本养老保险是迄今为止建立时间最早、发展时间最长、制度建构相对最为完善的养老保险体系的核心内容。现阶段在我国养老保险体系发展尚不均衡的情况下，基本养老保险金是老年人基本生活保障的重要来源，基本养老保险制度的可持续运行直接关系到整个养老保险体系的健康发展。

基本养老保险基金平衡是制度可持续发展的关键。然而，伴随着人口老龄化程度的不断加剧，日益增多的老年人口势必会对基本养老保险提出更高的要求，与此同时人口结构的老化也会放大基本养老保险“隐性债务”和“个人账户空账”等困扰制度自身发展问题的负面作用，严重影响基本养老保险的发展，使基本养老保险面临更为严峻的挑战。老龄化背景下老年人口数量的增长必然会使养老保险金的需求不断扩大，从而增加养老保险基金支付的压力。人口老龄化对养老保险制度将呈现剧烈的冲击效应，引起制度抚养比不断攀升、缴费压力空前增大、养老保险基金严重收不抵支、政府财政压力不断增加等结果，甚至会直接影响到经济的增长速度与质量（凌文豪，2009）。此外，“个人账户空账”和“隐性债务”规模也会伴随着老年人口的增多而日益扩大（骆勤，2006；班茂盛等，2003；卢元，2000）。上述种种问题致使我国现行部分积累制的基本养老保险制度可持续性处于令人担忧的状态，在人口结构老化程度逐渐深化的背景下，我国养老保险制度供给能否满足日益增长的养老需求，能否应对即将到来的人口老龄化高峰，成为现阶段迫切需要研究的重要问题。本章在对江苏省基本养老保险基金收支状况进行分析的基础上，对未来基本养老保险基金发展的趋势进行预测，进而分析江苏省基本养老保险基金平衡面临的压力及基金收支失衡的原因，结合先进国家和地区实现基本养老保险基金平衡的相关经验借鉴，提出实现江苏省基本养老保险基金平衡目标的建议。

第一节 基本养老保险基金收支状况分析

基本养老保险基金是离退休职工的“活命钱”，是我国社会改革、发展和稳定的“安全网”、“稳定器”。然而，在我国现行基本养老保险制度规定下，相当一部分地区都存在着基金缺口，基金收支倒挂成为较为普遍的现象。1998～2002年，全国绝大部分地区连续五年出现基本养老保险基金收支倒挂现象，各级财政面临很大压力。鉴于这种情况，我国在2003年出台了许多文件，推出了一些有力措施，要求各地加大工作力度，想尽各种办法扩面、收回各地拖欠款项，加大征缴力度，努力扭转基金收不抵支的局面，并取得了一定的预期效果。江苏省属于全国经济发达省份，历年人均GDP均排在全国前列，但1998～2002年基本养老保险基金也出现缺口。2003年年底，全省参保人数有了大幅度增加，比上年增加9%，当期基金结余为正，此后每年基金结余都为正值。因此从全省来看，基本养老保险基金从2003年以来，已实现当期基金收支平衡并有结余的局面，如表5-1，图5-1和图5-2所示。

表5-1 2001～2010年江苏省基本养老保险基金收支情况

年份	参保人数/人	缴费人数/人	缴费基数/万元	退休人数/人	当期养老金收入/万元	当期养老金支出/万元	当期结余/万元	基金收缴率/%
2001	6 824 122	6 238 523	5 199 423	2 127 424	1 333 591	1 395 020	−61 429	94.6
2002	7 105 948	6 584 374	5 979 095	2 269 814	1 596 057	1 634 060	−38 003	95.2
2003	7 757 442	7 240 437	7 097 640	2 464 210	1 968 514	1 784 013	184 501	95.6
2004	8 398 085	7 973 370	8 550 513	2 633 572	2 442 663	2 129 295	313 368	96.8
2005	9 523 145	8 827 721	10 580 469	2 825 584	3 011 051	2 506 697	504 354	97.3
2006	10 592 539	9 810 664	13 287 807	3 023 771	3 690 531	3 364 869	325 662	97.5
2007	11 674 345	11 040 654	17 101 310	3 266 166	4 800 679	3 938 125	862 554	97.7
2008	12 909 024	12 414 651	22 340 198	3 427 780	5 903 139	4 925 838	977 301	97.9
2009	13 860 474	13 236 360	25 142 205	3 702 144	6 670 106	5 799 198	870 908	98.3
2010	15 033 631	14 266 038	29 218 952	4 072 200	7 677 826	6 821 936	855 890	98.6

资料来源：数据由历年《江苏省劳动和社会保障事业发展统计公报》整理得到；2006年、2007年基金收缴率数据缺失，利用其余年份数据采用指数平滑技术测算得到。

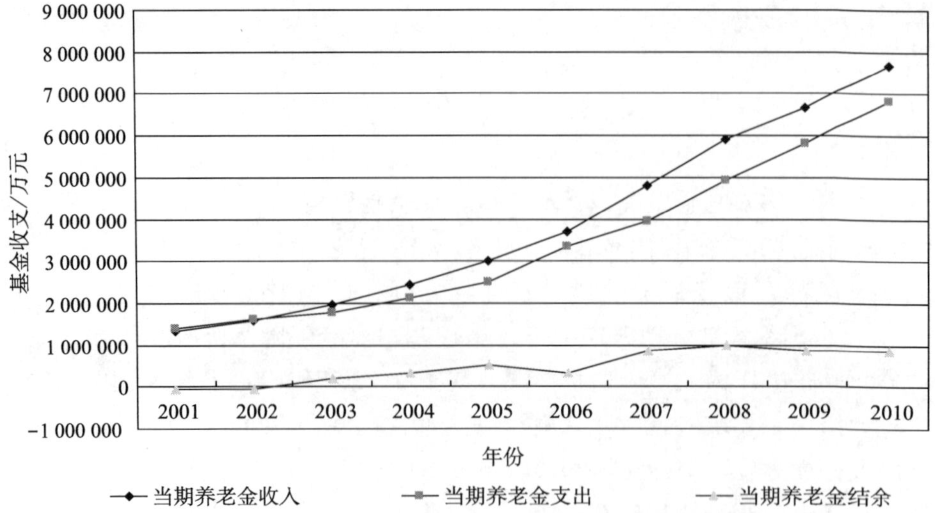

图 5-1　2001～2010 年江苏省基本养老保险基金收支情况

资料来源：数据由历年《江苏省劳动和社会保障事业发展统计公报》整理得到。

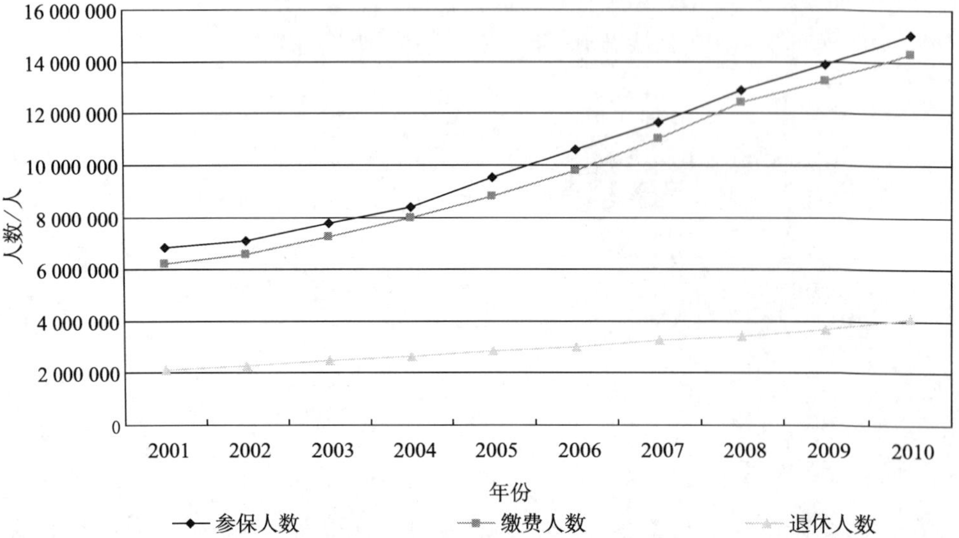

图 5-2　2001～2010 年江苏省基本养老保险参保、缴费、退休人数情况

资料来源：数据由历年《江苏省劳动和社会保障事业发展统计公报》整理得到。

从以上图表可看出，2001 年以来，江苏省基本养老保险缴费人数、参保人数、缴费基数及基金征缴率都呈上升趋势，使得全省基本养老保险基金收入逐年增加。此外，退休人数、退休金水平也在逐年上升。由于江苏省采取了有效措施，2003 年全省基本养老金出现当期结余。2006 年，根据劳动和社会保障部、财政部《关于调整企业退休人员基本养老金的通知》（劳社部发［2006］21 号）精神，江苏省普遍上调养老金待遇，2006 年人均养老金水平比 2005 增加了

25.4%，因而2006年养老金支出大幅度增加，导致2006年基金结余减少。2008年，基金结余量高达977 301万元，2009年、2010年则略有下降。

随着人口老龄化速度的加快和城镇化进程的加速，江苏省基本养老保险基金还面临着许多困难和挑战。

一 江苏省基本养老保险基金收支平衡存在的问题

从江苏省基本养老保险基金收支情况来看，本研究认为存在着基金中长期收支、地区之间、群体之间等方面的不平衡问题。这部分主要分析地区之间的基金不平衡现象。

由于江苏省基本养老保险基金主要为县（市）级统筹，各统筹地区基本养老保险基金封闭运行，市县之间基金盈余和基金不足并存，省级调剂和各级财政的压力不断增加。上述地区中，实现基金积累的80%以上集中在苏锡常三市及省行业统筹单位。下面分别对苏北徐州、苏中南通和苏南常州三市的基金收支状况进行分析。

(一) 苏北地区——以徐州市为例

从表5-2，图5-3和图5-4可以看出，2001～2010年，徐州市基本养老保险基金一直处于收不抵支状态，2003～2006年收支缺口逐年扩大，到2007年基金缺口稍有回落，但2009年、2010年两年的基金缺口快速增大，情况很不乐观。从图5-3可以看出，从2005年开始，徐州市基本养老保险基金支出的增速大于基本养老保险基金收入的增速，且基金收入的增长速度从2008年起逐渐减慢。从图5-4可以看出，2001～2004年，徐州市基本养老保险参保人数增长缓慢，有些年份甚至出现了参保人数减少的现象，而且只参保不缴费现象较为严重。以2001年为例，缴费人数只占参保人数的83%。2005年起，参保人数逐年增多，缴费率也在逐年提高，至2010年参保人数已达到863 342人，缴费率则提高至94.2%。

表5-2　2001～2010年徐州市基本养老保险基金收支相关情况

年份	参保人数/人	缴费人数/人	缴费基数/万元	退休人数/人	当期养老金收入/万元	当期养老金支出/万元	当期结余/万元	基金收缴率/%
2001	564 656	468 446	336 404	170 410	80 529	105 988	−25 459	86.6
2002	556 594	508 154	364 897	181 263	83 295	122 519	−39 224	82.5
2003	566 882	496 933	407 264	191 059	96 371	128 487	−32 116	83.1
2004	545 150	519 701	435 966	201 624	108 395	147 364	−38 969	88.2
2005	581 274	553 436	500 732	211 607	125 434	174 976	−49 542	90.0
2006	635 166	604 552	691 830	226 191	156 087	240 130	−84 043	90.5
2007	698 923	679 553	885 422	240 812	202 014	280 766	−78 752	90.7
2008	755 455	741 462	1 107 647	249 532	269 137	346 829	−77 692	90.9
2009	819 212	801 895	1 310 188	264 728	318 551	406 613	−88 062	92.0
2010	863 342	838 719	1 416 632	276 489	352 386	470 376	−117 990	94.2

资料来源：数据由历年《江苏省劳动和社会保障事业发展统计公报》整理得到；2006年、2007年基金收缴率数据缺失，利用其余年份数据采用指数平滑技术测算得到。

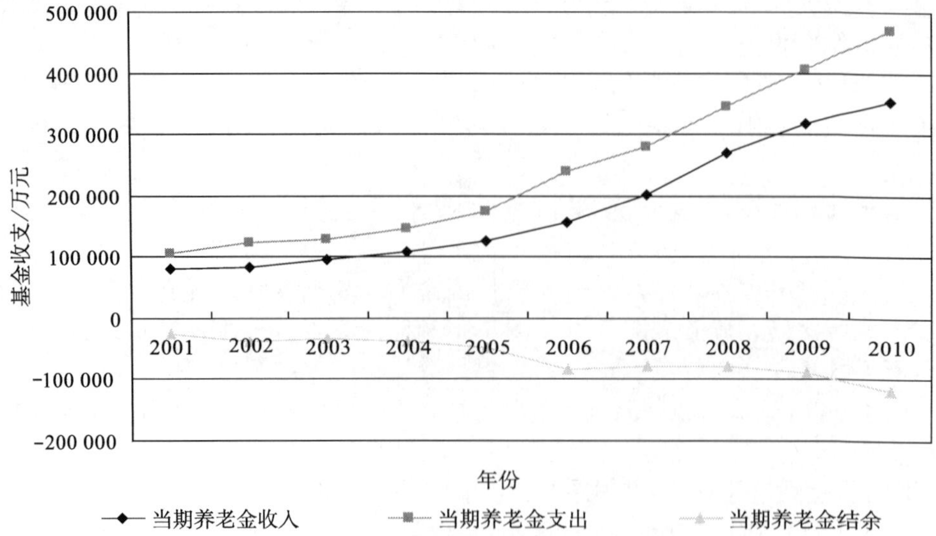

图 5-3　2001～2010 年徐州市基本养老保险基金收支情况

资料来源：数据由历年《江苏省劳动和社会保障事业发展统计公报》整理得到。

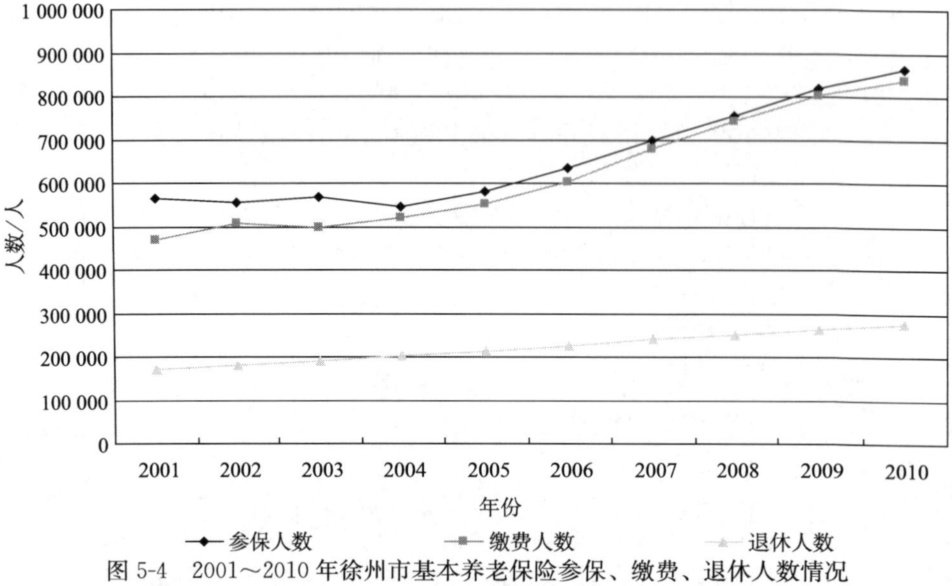

图 5-4　2001～2010 年徐州市基本养老保险参保、缴费、退休人数情况

资料来源：数据由历年《江苏省劳动和社会保障事业发展统计公报》整理得到。

（二）苏中地区——以南通市为例

与徐州市情况类似，2001～2007 年，南通市基本养老保险基金一直处于收不抵支的状况，但收支缺口要小于徐州市的水平。2001～2010 年，南通市基金收支缺口时增时减，基金支付压力较大，2008 年起，基金缺口的降幅较为明显，但 2010 年的基金缺口较 2009 年大幅度增加，基金收支状况仍不容乐观。从表 5-3，图 5-5 和图 5-6 可以看出，从 2003 年开始，南通市基本养老保险参保人数稳步上升，且缴费人数占参保人数的比重达 96%以上，高于徐州市的水平。

表 5-3 2001～2010 年南通市基本养老保险基金收支相关情况

年份	参保人数/人	缴费人数/人	缴费基数/万元	退休人数/人	当期养老金收入/万元	当期养老金支出/万元	当期结余/万元	基金收缴率/%
2001	573 317	526 527	377 623	194 219	97 923	116 021	−18 098	95.1
2002	569 936	547 296	409 884	210 542	108 424	138 639	−30 215	96.4
2003	582 431	565 737	466 391	230 011	131 371	158 717	−27 346	96.5
2004	644 354	637 230	529 818	245 972	152 955	184 112	−31 157	96.7
2005	702 252	678 360	660 471	260 124	192 781	205 663	−12 882	96.8
2006	770 100	741 790	800 942	274 460	239 278	277 515	−38 237	97.1
2007	852 019	829 541	1 107 438	292 421	310 305	328 011	−17 706	97.5
2008	945 054	928 644	1 516 064	307 286	402 471	407 389	−4 918	99.2
2009	1 017 707	993 486	1 826 913	324 819	468 952	469 875	−923	98.9
2010	1 096 686	1 066 867	2 114 338	341 948	546 310	553 265	−6 955	99.1

资料来源：数据由历年《江苏省劳动和社会保障事业发展统计公报》整理得到；2006 年、2007 年基金收缴率数据缺失，利用其余年份数据采用指数平滑技术测算得到。

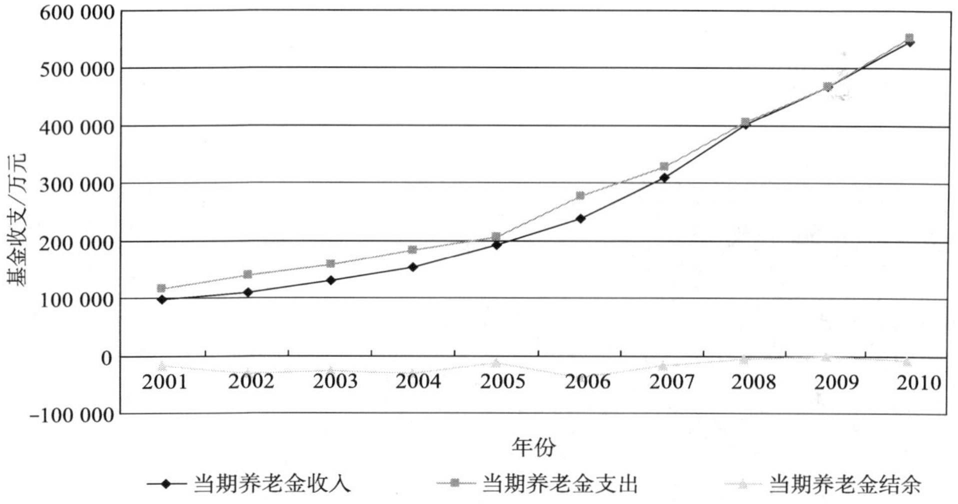

图 5-5 2001～2010 年南通市基本养老保险基金收支情况

资料来源：数据由历年《江苏省劳动和社会保障事业发展统计公报》整理得到。

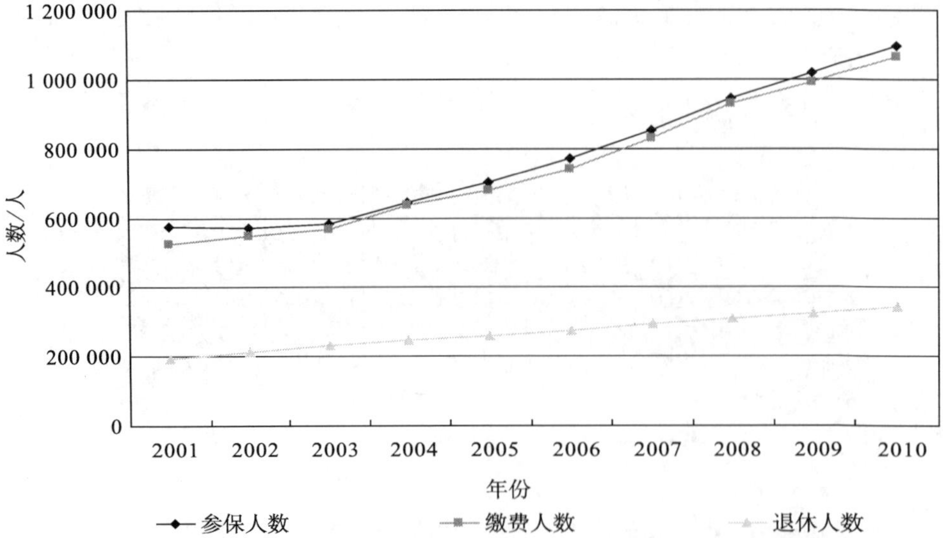

图 5-6　2001～2010 年南通市基本养老保险参保、缴费、退休人数情况

资料来源：数据由历年《江苏省劳动和社会保障事业发展统计公报》整理得到。

(三) 苏南地区——以常州市为例

从表 5-4，图 5-7 和图 5-8 可以看出，常州市基本养老保险基金从 2003 年开始出现结余，且从 2003 年以来（2006 年除外），基本养老保险基金收入增长幅度明显高于基本养老保险基金支出增长幅度，基金结余逐年增加，至 2010 年基金结余增加到 48 779 万元，基本养老保险基金收支情况较为乐观。

表 5-4　2001～2010 年常州市基本养老保险基金收支相关情况

年份	参保人数/人	缴费人数/人	缴费基数/万元	退休人数/人	当期养老金收入/万元	当期养老金支出/万元	当期结余/万元	基金收缴率/%
2001	387 784	362 317	349 779	149 214	95 634	102 340	−6 697	94.1
2002	398 069	393 648	398 085	162 243	111 926	128 420	−16 494	97.0
2003	443 683	435 427	504 430	171 355	151 654	147 174	4 480	97.9
2004	567 112	563 772	539 286	181 602	190 973	162 367	28 606	98.1
2005	666 336	613 588	717 578	191 514	245 485	178 483	67 002	98.1
2006	761 202	701 565	887 216	206 741	315 748	242 702	73 046	98.3
2007	834 685	791 727	1 112 387	223 683	464 278	278 764	185 514	98.4
2008	921 733	892 114	1 423 045	234 061	403 912	344 774	59 138	98.5
2009	983 000	906 656	1 670 179	251 681	447 687	404 276	43 411	98.6
2010	1 035 641	951 038	1 935 275	271 335	516 453	467 674	48 779	99.7

资料来源：数据由历年《江苏省劳动和社会保障事业发展统计公报》整理得到；2006 年、2007 年基金收缴率数据缺失，利用其余年份数据采用指数平滑技术测算得到。

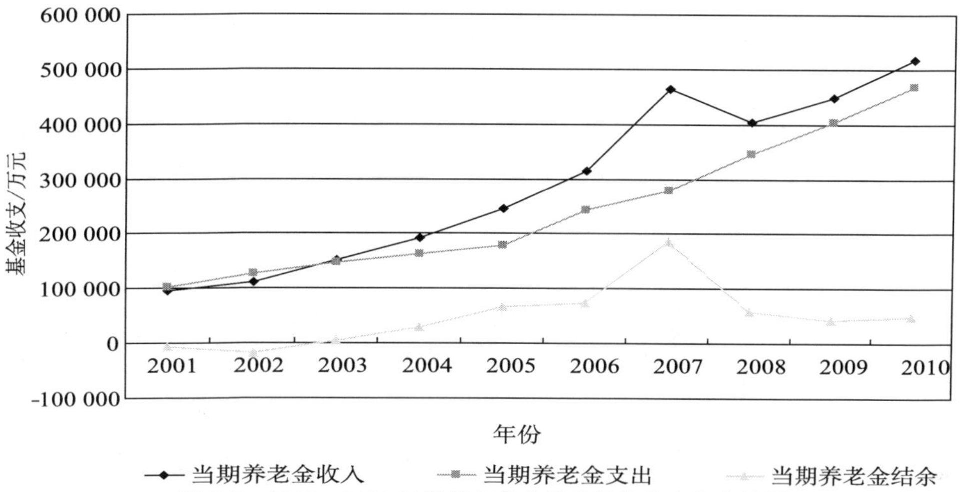

图 5-7　2001～2010 年常州市基本养老保险基金收支情况

资料来源：数据由历年《江苏省劳动和社会保障事业发展统计公报》整理得到。

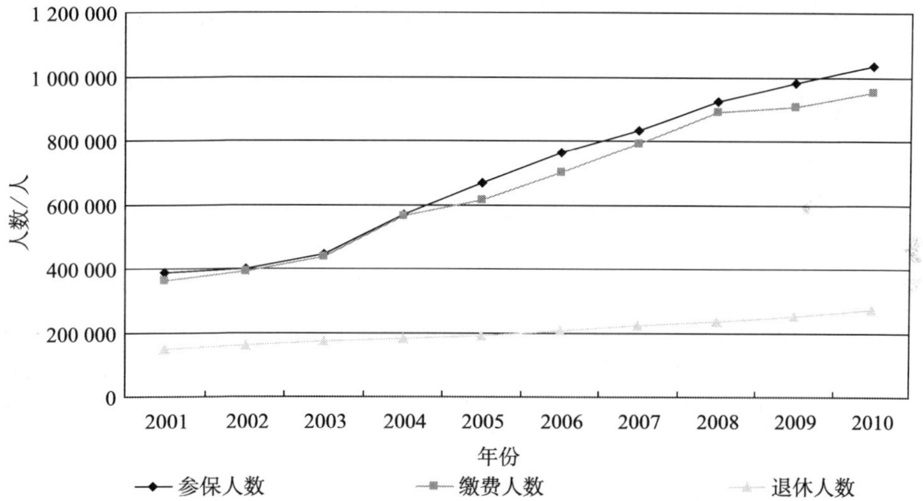

图 5-8　2001～2010 年常州市基本养老保险参保、缴费、退休人数情况

资料来源：数据由历年《江苏省劳动和社会保障事业发展统计公报》整理得到。

总体来说，江苏省基本养老保险基金收支状况在苏南、苏中和苏北地区之间存在明显的地区不平衡现象。2003 年，全省首次出现盈余，但苏北地区徐州、盐城、宿迁、连云港和淮安五个市都有基金缺口，苏中地区的南通和扬州也有缺口，苏南地区都实现收支盈余。到 2007 年，全省大部分地区已实现基本养老保险收支平衡，但苏北地区的徐州、盐城和宿迁，苏中地区的南通市基金仍是收不抵支。

二 原因分析

基本养老保险基金收支失衡不仅仅是一个资金收支问题，它与养老保险制度的历史改革过程、制度体系建设、经济体制改革等方面都有密切联系。就江苏省而言，本研究认为，导致基本养老保险基金收支失衡的原因主要体现在以下五个方面。

（一）历史隐性债务沉重，财政投入不足

隐性债务是养老保险制度由现收现付制向部分积累制转轨的必然结果，它是指在现收现付制下参保职工已积累、但在新制度中无对应基金偿付的养老金权益现值，即“老人”和“中人”在旧制度下累积养老金权益在现行制度下的权益现值。隐性债务本来应由政府负担，但是政府采取的办法是“老人”和“中人”养老金的来源都要通过当期企业“统筹缴费”解决，即“老人老办法”、“中人中办法”、“新人新办法”，这使得绝大部分企业无法承担这样的双重养老任务。为了维持体系的运转，唯一的选择只能是挪用新职工个人账户的养老金，来支付“老人”和“中人”的养老金。这样，本应由政府负担的这部分隐性债务没有落实，造成现有社会统筹账户基金严重收不抵支。

以徐州市这一老工业城市为例，老国有集体企业多，老职工人数多，导致因历史原因造成的养老保险隐性债务负担相当重，但财政投入并没有同步增加，导致基金缺口逐渐增大。而同样以老工业为主的辽宁省，由于2001年起成为养老保险改革试点，为了逐步解决养老保险隐性债务，将个人账户做实，中央财政对辽宁的补贴每年达到一二十亿元，到2002年年底完成了隐性债务的解决工作；而2005年江苏省省级财政对苏州市的财政补助为3.68亿元，市财政补助2.02亿元，2006年，省级财政补助3.42亿元，市财政补助1.84亿元①，年补助额仅为5亿多元，不足以解决养老保险隐性债务问题。

（二）参保职工缴费额增长缓慢，离退休待遇增长幅度较大

近年来，江苏省劳动保障部门组织对省内企业缴费基数进行了专项稽查，江苏省人均缴费基数逐年有所提高，但总的来说，与退休待遇增长幅度相比，参保职工缴费额增长缓慢。根据国务院1997年颁布的《关于建立统一的企业职工基本养老保险制度的决定》，企业缴纳基本养老保险费的基数应为企业工资总额。而根据国家统计局发布的《关于工资总额组成的规定》（统制字［1990］1

---

① 数据来源于中国宏观数据挖掘系统。

号文），工资总额是指单位在一定时间内直接支付给本单位全部职工的劳动报酬总额，包括计时工资、计件工资、奖金、津贴和补贴、加班加点工资、特殊情况下支付的工资。具体而言，单位应根据职工工资总额按个人8%、企业20%的比例缴纳基本养老保险费，作为日后发放职工养老金之用。但在实际执行过程中，企业会想尽办法降低缴纳保险费的基数，变相逃费。另一方面，由于许多企业经济效益滑坡，有相当一部分困难企业执行的是最低缴费基数，缴费水平的提高低于离退休人员待遇的增加幅度。

仍以徐州市为例，如表5-5所示，2001年离退休人员人均养老金水平为6219元，2006年已提高到10 616元，年平均增长幅度为9.3%。与此相比，2001年人均工资水平为9339元，2006年达到18 849元，年平均增长幅度为12.4%，而2001年人均缴费水平达6140元，2006年达到9920元，年平均增长幅度仅为8.3%。人均缴费增长幅度低于职工工资增长水平，也低于养老金增长水平。

表5-5　徐州市历年人均工资水平和人均养老金水平

年份	2001	2002	2003	2004	2005	2006
人均工资水平/元	9 339	10 500	11 887	13 567	15 875	18 849
人均养老金水平/元	6 219	7 915	8 589	8 941	9 320	10 616
人均缴费水平/元	6 140	8 657	9 710	7 449	8 094	9 920
平均替代率/%	66.6	75.4	72.3	65.9	58.7	56.3
（人均养老金水平/人均缴费水平）/%	101.0	91.4	88.5	120.0	115.0	107.0

注：表中人均养老金水平和人均缴费水平是根据表5-2中有关数据推算所得；人均工资水平数据来源于中国宏观数据挖掘系统。

（三）提前退休加重了养老金的支付压力

尽管国家已出台了严禁提前退休的规定，但这种做法在一些地方仍屡禁不止。企业希望通过职工提前退休来节约成本，一些退休后工资变化不大的职工也很愿意提前退休、提前养老，导致提前退休的现象难以遏制，形成恶性循环，进一步加大了支付压力。根据2006年以前的养老金计算办法，无论缴费年限长短，其基础养老金都是一样的，而且由于对个人账户养老金的影响并不大，所以有些参保人员便想方设法创造条件以提前退休。出于降低自身经营成本的考虑，一些企业也希望借此达到减员增效的目的。尽管新的养老金计算办法兼顾了公平与效率，在一定程度上可以使广大参保人员多缴费、延长缴费年限，从而有效抑制提前退休行为，但不可否认的是，出于个人经济状况等因素的考虑，仍然有相当大一部分的参保人员，在自身条件并不完全符合相关政策规定的情况下还是千方百计地选择了提前退休。这种行为不仅侵害了其他参保人员的利益，而且使得原本就脆弱的基本养老保险基金处于更大的风险之中。

从更深的层面来看，企业急于减员增效，更不惜造假给职工办理提前退休手续，是对职工的一种不负责任，也不利于养老保险制度的健康运行。从制度角度上看，随着工作环境的改善，有些从事特殊工种的人员，在时间认定上应当设定截止时间，而不应该无限制办理。

（四）劳动年龄人口的大量流动加剧了基金收不抵支的状况

随着城市化进程的加快，大量农村劳动年龄人口向城市流动。由于江苏省地区间经济发展的不平衡，苏中、苏北欠发达地区的劳动年龄人口往往会向苏南地区流动，而反向流动则相对很少，这就导致经济发达地区缴费人数的比例增多，经济欠发达地区的缴费人数减少而领取养老金人数的比例相对较高，从而加剧了基本养老保险基金收不抵支的情况。例如，苏中地区的南通市，由于建筑行业较为发达，很多青壮年都会跟随工程队常年居住在外省市，从而引发了上述问题。2009 年，南通市基本养老保险的基金缺口为历年最低但仍有 923 万元，而同年，苏南地区的常州、苏州、无锡等市基本养老保险基金都有结余。

（五）征缴、扩面的力度有待进一步加强

当前养老保险征缴、扩面工作主要依靠行政手段来推动。从征缴方面看，处于改制阶段的国有集体企业由于历史包袱沉重等原因，部分企业经营困难，有的处于停产关闭状态，累计欠费数额逐年增加。而经营正常的企业多为新兴企业，很大一部分都存在着瞒报、漏报、少报的现象。2005 年，徐州市人均缴费额仅占在职职工平均工资的 51%，从每年的稽核情况来看，许多企业在一定程度上存在瞒报缴费工资的现象，这一明一暗的欠费问题，进一步加大了养老保险基金的收支矛盾。

目前，就业形式呈多样化的趋势，很多企业用工出现短期化、季节性、灵活性的特点，给扩面工作带来很大困难。几类比较集中的人群目前参保率很低，如从事保安、建筑、餐饮业的人员，以及机关事业单位非在编人员，这部分人员数量大，但迟迟纳不进职工基本养老保险体系中来，仅靠正规用工、个体工商户、灵活就业人员等参保人数的增加，对实现缴费人数净增的推动力量难免不足，限制了基金征缴额的增长。

三 江苏省基本养老保险基金地区不平衡的后果

（一）严重制约养老保险制度的改革步伐

目前，我国养老保险体制改革的政策取向是由现收现付制逐步向部分积累制过渡，但是基本养老保险基金的筹集与支出之间存在着巨大的资金缺口，严重制约了养老保险体制改革的进程。因为养老保险基金面临严重的收支不平衡，

地方财政不得不用养老保险个人账户的资金和税收收入来弥补目前养老保险的资金缺口，这就造成“统账结合”的改革模式中个人账户的普遍空账。即便如此，在苏北大部分地区和苏中部分地区，养老保险基金仍是入不敷出，省财政不得不进行拨款予以解决，以保持地方财政和社会的稳定。这种趋势如得不到遏制，将会威胁各级财政的可持续性，不仅会引发支付危机，而且会使现有的部分积累制退化为旧时的现收现付制。

自 2006 年 1 月起，江苏省为贯彻落实党的十六届三中全会的《中共中央关于完善社会主义市场经济体制的决定》，提出了“完善企业职工基本养老保险制度，坚持社会统筹与个人账户相结合，逐步做实企业基本养老保险个人账户”的要求。结合省内地区之间基金不平衡的实际情况，决定行业统筹单位和有条件的市县先开始逐步做实个人账户，而对部分基金收支缺口较大、地方财力确有困难的市县，经省劳动保障厅、财政厅批准，起步时间可适当推迟。地区之间基本养老保险基金的不平衡，制约了全省做实个人账户的进程，也影响了养老保险制度的改革步伐。

（二）养老保险固态化，劳动力市场分割

养老保险基金收支不平衡，以及个人账户的“空账”，造成了养老保险的固态化。改革开放以前我国实行国有企业统包的养老保险体制，职工工作变动时，其养老保险会由新的企业承担，职工个人不因工作的变动而蒙受损失，养老保险不构成劳动力流动的障碍。但随着改革开放的不断深化，所有制逐渐实现了多元化，要求劳动力市场化实现要素的合理配置。而部分非国有经济、私营企业和三资企业职工的养老保险体制尚未建立，国有企业职工的养老保险不能随受保障主体的流动而流动，养老保险呈现固态化特征，造成国有企业和政府机关的分流人员不愿到非国有经济部门工作。同时由于国有企事业单位职工养老保险没有个人账户积累，政府也没有对这部分资金做出安排，国有企事业单位分流人员的劳动力成本明显高于农民工，非国有经济部门宁可雇佣农民工也不愿意雇佣国有企事业单位的分流人员。面对国有企事业单位分流人员不断增加和农民工大量进城的矛盾，政府不得不对劳动力市场进行干预。例如，北京市政府规定，2001 年外地务工人员在总量上不得超过 95 万人，而且附加了一些条件和繁琐的手续；江苏省也出台了类似的措施。

（三）企业与职工对养老保险制度产生信任危机

江苏省从 1984 年就率先开始了基本养老保险制度的改革，从基本养老保险制度改革试点开始，江苏省的养老保险改革一直走在全国的前列，仅就个人账户管理方面而言，江苏省在 2001 年就基本形成了规范化、科学化的管理系统，

包括职工个人账户储存情况记载、查询等内容的个人账户管理系统。但是由于在转制过程中产生的巨额隐性债务没有解决，实际发放时收不抵支，个人账户挪用统筹基金，空转现象严重。实际上，个人账户只是计算待遇的一种方法，且目前为“空账”，不是一个实实在在的资本账户。从2006年1月起，江苏省选择部分收支状况较好的市县逐步做实企业基本养老保险个人账户，但就苏北大部分地区和苏中部分地区而言，由于养老金收支不平衡，个人账户做实仍是遥遥无期。个人账户长期“空账”运行，不仅会瓦解养老保险改革的成果，还会引发企业与职工对养老保险的信任危机，不利于基金征缴。

第二节　基本养老保险基金预测分析

本研究将在已有成果及政策规定的基础上，利用精算学理论，分别建立社会统筹账户基金和个人账户基金的收支模型，讨论基本养老保险基金平衡条件，对江苏省基本养老保险基金的收支状况进行预测分析。

一 基本养老保险基金收支预测

（一）基本养老保险基金收支平衡概述

目前，我国正处于从现收现付制向“统账结合”的部分积累制的转轨时期，对于部分积累制有不同的理解。第一种理解为，部分积累制是现在通过适当提高缴费率，实现当期正积累，以应对未来的基金缺口，保持基金长期平衡的基金模式。第二种理解为，部分积累制是现收现付制与完全积累制相结合的模式，即社会统筹账户采用现收现付制，个人账户采用完全积累制，两者是严格分开的。在当前社会统筹账户和个人账户“混账”管理，个人账户“空账”运行的情况下，我国基本养老保险制度实质上就是第一种理解模式。通过这些年的实施情况来看，实行第一种理解下的部分积累制，出现了养老保险基金缺口越来越大，政府财政负担越来越重的情况。而且我国职工的缴费率已经很高，不宜再提高，所以这种模式下，并不能有效地积累基金，以备将来老龄化达到高峰时使用。因此，为了有效解决人口老龄化带来的养老保险基金的支付压力，我国应该根据第二种理解实行部分积累模式。在考虑基本养老保险基金平衡问题时，应分别考虑社会统筹账户和个人账户，分别分析它们的横向平衡和纵向平衡①。

---

① 横向平衡是指一定时间内（通常考虑当年）基金收支总额保持平衡；纵向平衡是指参保人员在参保期间缴费与受益保持平衡。

（二）江苏省人口老龄化背景下基本养老保险基金缺口规模的预测分析①

本研究对 2006～2050 年江苏省基本养老保险基金的收入和支出进行预测，并分析收支平衡情况。

1. 社会统筹账户基金收支情况预测

根据基本假定和参保人数预测的精算模型，以及江苏省缴费、计发细则，对 2010～2050 年江苏省基本养老保险基金收支情况进行预测，得到的预测结果见表 5-6 和图 5-9。

表 5-6　2010～2050 年社会统筹账户基金收支预测情况

（单位：万元）

年份	收入	支出	当期结余	累计结余
2010	5 142 703	5 011 240	131 463.1	−4 635 181
2011	5 931 914	5 627 527	304 386.8	−4 330 794
2012	6 724 689	6 327 863	396 826	−3 933 968
2013	7 574 912	7 048 393	526 519.1	−3 407 449
2014	8 614 271	7 836 731	777 539.9	−2 629 909
2015	9 555 837	8 568 379	987 457.6	−1 642 451
2016	10 719 285	9 444 819	1 274 466	−367 985
2017	11 873 295	10 391 393	1 481 902	1 113 917
2018	13 176 051	11 457 770	1 718 281	2 832 198
2019	14 662 603	12 416 963	2 245 640	5 077 838
2020	15 987 538	13 292 657	2 694 881	7 772 719
2021	16 753 008	14 305 262	2 447 746	10 220 465
2022	17 929 569	15 420 980	2 508 589	12 729 053
2023	18 763 560	16 819 149	1 944 411	14 673 465
2024	19 858 382	18 097 087	1 761 295	16 434 759
2025	20 548 660	19 459 794	1 088 866	17 523 625
2026	21 445 036	20 763 898	681 138.1	18 204 763
2027	22 503 848	21 864 302	639 545.7	18 844 309
2028	23 251 445	23 002 877	248 568.4	19 092 877
2029	24 140 791	24 154 951	−14 160.1	19 078 717
2030	24 866 140	25 403 800	−537 660	18 541 058
2031	25 168 609	26 610 945	−1 442 336	17 098 722
2032	26 516 831	27 738 278	−1 221 447	15 877 275
2033	28 103 165	28 833 465	−730 300	15 146 974
2034	29 765 281	29 975 223	−209 942	14 937 033
2035	31 193 502	31 228 457	−34 955.4	14 902 077
2036	32 679 323	32 468 621	210 702	15 112 779

① 预测过程详见《人口老龄化与基本养老保险基金平衡研究——以江苏省为例》（黄健元，2008）专著中的相关内容。下文中隐性债务、个人账户“空账”规模，以及基本养老保险替代率的精算分析也详见该书的相关部分。

续表

年份	收入	支出	当期结余	累计结余
2037	34 283 837	33 715 684	568 153.1	15 680 932
2038	35 915 313	34 810 937	1 104 376	16 785 309
2039	37 547 066	35 943 240	1 603 826	18 389 134
2040	39 428 078	37 253 628	2 174 450	20 563 584
2041	41 043 243	38 559 105	2 484 138	23 047 722
2042	42 516 715	40 201 985	2 314 730	25 362 452
2043	44 562 399	41 710 187	2 852 212	28 214 663
2044	46 762 780	43 233 731	3 529 049	31 743 712
2045	49 990 276	44 911 323	5 078 953	36 822 665
2046	50 708 939	46 826 615	3 882 324	40 704 990
2047	52 090 542	48 914 968	3 175 574	43 880 564
2048	53 620 204	50 934 333	2 685 871	46 566 435
2049	54 660 178	53 193 741	1 466 437	48 032 871
2050	55 216 255	55 761 796	−545 541	47 487 331

资料来源：由基本养老保险精算建模预测分析结果整理得到。

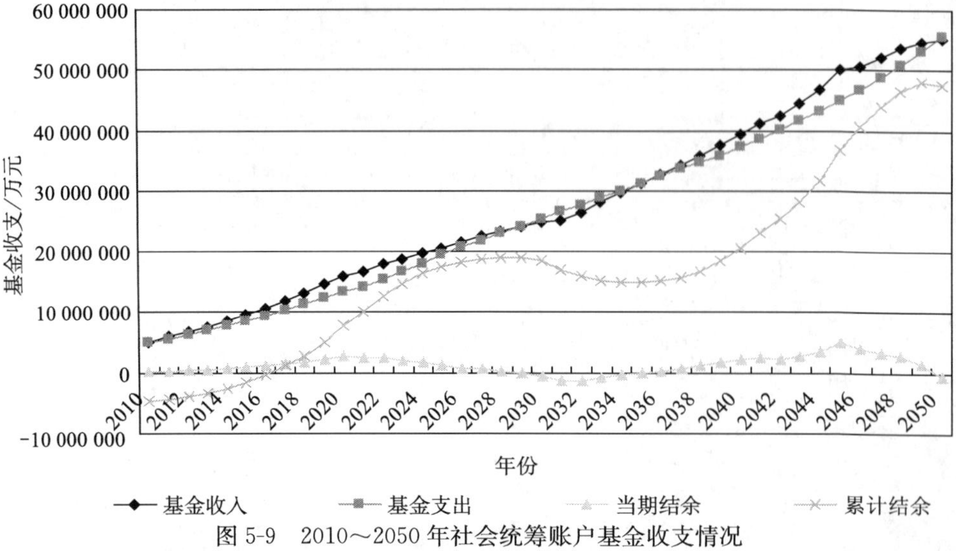

图 5-9　2010～2050 年社会统筹账户基金收支情况

资料来源：由基本养老保险精算建模预测分析结果整理得到。

从预测结果来看，社会统筹账户基金收入与支出均快速增长。2011～2028 年基金收入大于支出。但随着人口老龄化加剧等多方面原因的影响，2029～2035 年将再次出现基金缺口。2036～2049 年基金收支状况良好，但 2050 年开始收不抵支，而且从趋势来看，基金缺口将持续增大。从累计结余来看，2010～2016 年累计结余为负值。到 2017 年，累计结余开始正向积累。从预测结果来看，2017 年以后，江苏省可以通过利用累计结余资金，维持社会统筹账户的收支平衡。

需要指出的是，这种预测方法基于以下两种假设：一是社会统筹基金只用于支付基础养老金、过渡性养老金及正常调整的基本养老金；二是个人账户已经做实。但是，根据规定，社会统筹基金还用于支付个人账户养老金中个人账户未做实部分所占全部储存额的比例分摊的费用，以及个人账户储存额支付完毕后，依照有关规定仍应支付的费用等。目前个人账户“空账”运行严重，何时完全做实还没有时间表，因此，社会统筹基金还将为个人账户未做实部分的巨额费用买单。考虑这些因素之后，社会统筹基金的支出将远大于上述预测值。从上面的预测结果看，即使是在收大于支的年份，收入与支出的差距也很小，因此可以说实际的收支状况将比上述预测结果要差。

2. 个人账户基金收支情况预测

个人账户养老金是根据“以收定支”来测算的。但对于个体而言，他可能先于平均预期寿命死亡，个人账户中没有发放的部分可作为遗产领取；而对于寿命超过平均预期寿命的个体，个人账户会在达到平均预期寿命时已领取完，以后的个人账户养老金将在社会统筹基金中支付，这就是所谓的“长寿风险”。此部分将主要研究“长寿风险”对社会统筹账户收支平衡的影响。

假定退休年龄男性为 60 岁，女性为 55 岁，利率为 6%，测算至 2050 年个人账户养老金的支出情况，所得结果见表 5-7。

表 5-7　2010～2050 年个人账户养老金支出情况　（单位：万元）

年份	个人账户养老金支出总量	个人账户支出部分	社会统筹账户支出部分	其中：个人账户超支部分
2010	313 766	219 538	94 228	807
2015	949 923	599 085	350 838	15 414
2020	2 361 153	1 452 631	908 522	75 400
2025	5 343 276	3 435 514	1 907 761	257 895
2030	9 859 724	6 478 792	3 380 932	624 809
2035	15 899 444	9 837 023	6 062 421	1 565 673
2040	23 660 863	13 160 939	10 499 924	3 455 542
2045	34 551 588	18 220 588	16 331 000	5 834 768
2050	50 996 694	27 247 293	23 749 401	8 487 121

资料来源：由基本养老保险精算建模预测分析结果整理得到。

从测算结果可以看出，个人账户养老金支出总量不断增加。其中社会统筹账户支出部分也随着基本养老金的调整与“长寿风险”的出现迅速增大。社会统筹账户支出部分 2015 年为 350 838 万元，2030 年达到 3 380 932 万元，2050 年达到 23 749 401 万元。将此考虑到社会统筹账户的收支平衡之中，调整后的结果与前面的预测结果相比，将提前至 2025 年出现当期收支缺口，并从 2028 年开始累计结余始终为负，因此社会统筹账户基金收支状况不容乐观，具体情况见表 5-8。

表 5-8　调整后的社会统筹账户基金收支预测情况　（单位：万元）

年份	收入	支出	当期结余	累计结余
2010	5 142 703	5 105 468	37 235	－4 925 114
2011	5 931 914	5 754 932	176 982	－4 748 132
2012	6 724 689	6 496 281	228 408	－4 519 725
2013	7 574 912	7 267 623	307 289	－4 212 436
2014	8 614 271	8 116 395	497 876	－3 714 560
2015	9 555 837	8 919 217	636 620	－3 077 940
2016	10 719 285	9 878 886	840 399	－2 237 542
2017	11 873 295	10 919 979	953 316	－1 284 226
2018	13 176 051	12 096 301	1 079 750	－204 476
2019	14 662 603	13 183 503	1 479 100	1 274 623
2020	15 987 538	14 201 179	1 786 359	3 060 983
2021	16 753 008	15 376 260	1 376 748	4 437 731
2022	17 929 569	16 668 732	1 260 837	5 698 567
2023	18 763 560	18 263 466	500 094	6 198 661
2024	19 858 382	19 765 113	93 269	6 291 930
2025	20 548 660	21 367 556	－818 896	5 473 034
2026	21 445 036	22 941 438	－1 496 402	3 976 632
2027	22 503 848	24 318 662	－1 814 814	2 161 818
2028	23 251 445	25 729 046	－2 477 601	－315 783
2029	24 140 791	27 195 890	－3 055 099	－3 370 882
2030	24 866 140	28 784 732	－3 918 592	－7 289 474
2031	25 168 609	30 385 080	－5 216 471	－12 505 945
2032	26 516 831	31 988 007	－5 471 176	－17 977 121
2033	28 103 165	33 572 735	－5 469 570	－23 446 691
2034	29 765 281	35 316 598	－5 551 317	－28 998 008
2035	31 193 502	37 290 878	－6 097 376	－35 095 384
2036	32 679 323	39 245 693	－6 566 370	－41 661 754
2037	34 283 837	41 341 168	－7 057 331	－48 719 084
2038	35 915 313	43 338 153	－7 422 840	－56 141 925
2039	37 547 066	45 405 914	－7 858 848	－64 000 772
2040	39 428 078	47 753 553	－8 325 475	－72 326 247
2041	41 043 243	50 133 862	－9 090 619	－81 416 866
2042	42 516 715	52 922 120	－10 405 405	－91 822 271
2043	44 562 399	55 614 001	－11 051 602	－102 873 873
2044	46 762 780	58 329 549	－11 566 769	－114 440 642
2045	49 990 276	61 242 323	－11 252 047	－125 692 689
2046	50 708 939	64 477 486	－13 768 547	－139 461 236
2047	52 090 542	67 950 028	－15 859 486	－155 320 722
2048	53 620 204	71 475 499	－17 855 295	－173 176 017
2049	54 660 178	75 259 222	－20 599 044	－193 775 061
2050	55 216 255	79 511 197	－24 294 942	－218 070 003

资料来源：由基本养老保险精算建模预测分析结果整理得到。

从社会统筹账户支出部分的结构来看，由基础养老金调整造成的支出占了大部分。经测算，2010 年以后由于“长寿风险”造成的个人账户超支在社会统筹部分支出所占比例逐渐增加，到 2030 年将达到 18.48%，到 2050 年更是将达到 35.74%。因此这两部分对社会统筹账户基金收支平衡带来的压力是不能忽视的。

二 基本养老保险隐性债务规模测算

（一）隐性债务概述

1997 年，以国务院《关于建立统一的企业职工基本养老保险制度的决定》（国发［1997］26 号）的出台为标志，我国确立了“统账结合”的部分积累制基本养老保险筹资模式。

在改革实践中，“老人”的养老金和“中人”的部分基础养老金（制度改革前视同缴费年限对应的养老金权益）、过渡性养老金都是由“新人”和“中人”缴纳的基本养老保险费（企业缴纳）支付。由于这部分养老金权益数额巨大，各地的社会统筹基金不足以支付，再加之目前社会统筹账户与个人账户并没有实质性地分开运营，政府在没有付出代价的情况下，挪用个人账户基金来抵充社会统筹账户的缺口，造成了个人账户“空账”严重。随着人口老龄化程度的日益加剧，巨额隐性债务逐渐显现，很多地区基本养老保险基金收不抵支，基金缺口逐年扩大，中央和地方财政的压力也越来越大。因此，合理、有效地解决隐性债务问题已是我国社会养老保险工作的当务之急。

（二）江苏省基本养老保险隐性债务规模测算

隐性债务规模是随着时间而变化的量，它将随着养老金的支出而逐渐显性化，并在“中人”全部退出养老保险制度之后减少为零。因此选择不同的时点，隐性债务规模也不同。为了反映江苏省基本养老保险隐性债务的初始状态，本研究选择江苏省制度转轨初期（1996 年）作为测算时点，对基本养老保险隐性债务规模进行测算。利率、工资增长率、养老金调整系数等参数将延续前面的假设。具体测算结果见表 5-9 和表 5-10。

表 5-9　转轨初期江苏省“中人”隐性债务规模　（单位：万元）

年龄	男		女	
	过渡性养老金债务规模	基础养老金债务规模	过渡性养老金债务规模	基础养老金债务规模
21	5 811	28 203	7 987	44 505
22	12 206	29 904	15 981	44 950
23	17 922	29 551	24 124	45 668
24	25 710	32 096	35 893	51 445

续表

年龄	男		女	
	过渡性养老金债务规模	基础养老金债务规模	过渡性养老金债务规模	基础养老金债务规模
25	38 103	76 833	51 997	120 247
26	50 484	85 640	67 494	130 999
27	55 501	81 469	75 399	126 149
28	65 051	84 348	91 007	133 772
29	57 671	100 654	80 628	158 389
30	77 593	122 900	104 897	185 543
31	87 807	127 314	111 997	179 813
32	87 381	116 759	113 239	166 049
33	116 673	192 554	150 455	269 940
34	91 867	141 000	118 143	195 222
35	58 594	83 884	73 495	112 155
36	71 618	95 836	90 578	127 903
37	74 488	116 631	94 482	154 531
38	101 961	149 573	124 517	188 872
39	119 180	163 862	156 322	219 999
40	111 098	143 157	142 950	186 670
41	126 216	182 831	161 228	234 366
42	140 084	189 957	176 691	238 352
43	125 095	158 635	163 834	205 738
44	136 587	161 776	176 165	204 850
45	121 204	156 198	146 513	184 522
46	125 171	150 194	170 464	198 700
47	136 552	152 422	188 139	202 622
48	119 469	124 316	180 874	179 716
49	121 231	133 535	169 490	178 094
50	115 755	118 288	156 763	152 105
51	122 518	115 689	153 314	137 908
52	128 551	111 868	150 309	125 570
53	115 350	103 831	140 781	121 773
54	116 953	97 023	145 774	117 700
55	135 283	103 157	164 831	123 459
56	135 170	95 081	—	—
57	121 256	87 571	—	—
58	136 327	90 113	—	—
59	129 194	79 300	—	—
60	137 806	78 070	—	—
合计	3 872 491	4 492 023	4 176 752	5 448 296

资料来源：由基本养老保险精算建模预测分析结果整理得到。

表 5-10　转轨初期江苏省“老人”隐性债务规模　（单位：万元）

年龄	男性	年龄	女性
61	543 403	56	997 933
62	494 537	57	744 671
63	467 697	58	775 358
64	361 287	59	637 558
65	290 223	60	593 658
66	291 694	61	532 496
67	227 744	62	521 435
68	223 129	63	462 762
69	160 142	64	380 004
70	123 730	65	301 605
71	107 679	66	307 753
72	91 128	67	264 478
73	83 610	68	265 152
74	60 782	69	180 991
75	48 650	70	134 848
76	40 044	71	135 094
77	34 234	72	128 858
78	21 442	73	108 922
79	16 537	74	79 528
80	11 544	75	78 487
81	35 115	76	58 866
82	6 504	77	50 152
83	4 234	78	43 289
84	3 026	79	32 675
85	2 224	80	21 501
86	1 298	81	73 308
87	905	82	12 155
88	510	83	9 369
89	285	84	6 523
90	372	85	4 488
—	—	86	3 062
—	—	87	1 878
—	—	88	1 105
—	—	89	701
—	—	90	946
合计	3 753 709	合计	7 951 609

资料来源：由基本养老保险精算建模预测分析结果整理得到。

转轨初期（1996 年）基本养老保险隐性债务规模为 2969.49 亿元。从隐性债务的结构来分析，“老人”隐性债务 1170.53 亿元，占总债务的 39.42%。“中人”隐性债务达到 1798.96 亿元，占总债务的 60.58%。其中，“中人”基础养老金隐性债务 994.03 亿元，占“中人”隐性债务的 55.26%；“中人”过渡性养老金隐性债务 804.92 亿元，占“中人”隐性债务的 44.74%。男性隐性债务为

1211.82亿元，占总债务的40.81%；女性隐性债务为1757.67亿元，占总债务的59.19%（表5-11）。

表5-11　转轨初期江苏省基本养老保险隐性债务结构（单位：万元）

分类	男性	女性	合计
“老人”基础养老金隐性债务	3753 709	7 951 609	11 705 318
“中人”基础养老金隐性债务	4 492 023	5 448 296	9 940 319
“中人”过渡性养老金隐性债务	3 872 491	4 176 752	8 049 243
总计	12 118 222	17 576 657	29 694 879

资料来源：由基本养老保险精算建模预测分析结果整理得到。

从以上分析可以看出，“老人”隐性债务的压力不大，一半以上的隐性债务是由“中人”造成的。这主要是因为“老人”在今后的年份里是逐渐消亡的，而“中人”经历了一个先增长后减少的过程，存在的时间比“老人”要长很多。另外，女性的隐性债务比男性的多，这主要是因为女性的平均寿命比男性长，退休年龄又比男性早，造成女性享受养老金待遇的时间较长。因此，在研究解决隐性债务的方法时，优先考虑解决或缩小“中人”或女性的隐性债务是比较明智的选择。

三　个人账户“空账”规模测算

（一）个人账户“空账”概述

1997年我国正式实行部分积累模式以来，由于养老保险个人账户中的资金被用来弥补统筹基金的不足，个人账户仅仅成为“虚拟”账户，“空账”规模越来越大。到2000年，养老保险个人账户的“空账”额就达到2000多亿元人民币，2004年个人账户“空账”额急剧增加到7000多亿元，2005年年底个人账户“空账”额已经达到了8000亿元，并且每年还在以1000亿元的规模增大。

从政策制度方面来看，制度设计存在缺陷，政府在一定程度上对转轨成本的转嫁，以及基本养老保险基金的“混账”管理是造成我国个人账户“空账”运行的主要原因。随着我国人口老龄化的持续，这一现象如果持续下去，其后果是不言而喻的，一旦养老金支出超出国家财政的承受能力，“空账”运行将拖垮整个社会保障制度，甚至会影响整个社会的稳定和经济的可持续发展。逐步做实个人账户是需要实践和摸索的，而首先需要了解的是各地区个人账户的“空账”规模，以合理地安排资金和实施方案，为做实个人账户提供基础依据。

（二）江苏省基本养老保险个人账户“空账”规模的测算

在测算个人账户“空账”规模之前，首先对个人账户的规模进行测算。沿用前面的相关假设，测算出各年个人账户的收入情况。以2010年为基准年，测算至2050年的个人账户规模，结果见表5-12。

表5-12　2010～2050年个人账户建账情况　　（单位：万元）

年份	当年收入	当年支出	个人账户规模
2010	2 757 994	219 538	18 346 907
2015	5 901 801	599 085	47 203 419
2020	10 520 673	1 452 631	105 285 248
2025	12 901 479	3 435 514	194 963 454
2030	14 046 806	6 478 792	309 864 150
2035	15 243 606	9 837 023	448 729 896
2040	16 668 002	13 160 939	624 222 932
2045	18 281 753	18 220 588	843 552 791
2050	17 468 419	27 247 293	1 099 359 820

资料来源：由基本养老保险精算建模预测分析结果整理得到。

根据个人账户“空账”规模的测算模型，社会统筹账户收支差额取自表5-8中的预测结果，暂不考虑财政补贴等其他收入，预测结果见表5-13。

表5-13　2010～2050年部分年份个人账户“空账”规模预测情况

年份	2010	2015	2020	2025	2030
“空账”规模/万元	10 335 003	13 830 565	18 508 416	26 225 762	51 081 692
“空账”规模占个人账户规模的比例/%	56.33	29.30	17.58	13.45	16.49
年份	2035	2040	2045	2050	—
“空账”规模/万元	101 314 866	178 588 915	299 742 742	504 210 776	—
“空账”规模占个人账户规模的比例/%	22.58	28.61	35.53	45.86	—

资料来源：由基本养老保险精算建模预测分析结果整理得到。

在不考虑财政补贴等其他收入的情况下，2010年个人账户“空账”规模达到1033.5亿元，到2030年将达到5108.2亿元，到2050年将达到50 421.1亿元。由于2011～2023年社会统筹账户基金收大于支，“空账”规模只在利率的作用下增长，占个人账户总规模的比重下降，但是随着人口老龄化高峰的到来，这一比重将迅速回升，到2050年将达到45.86％。

当然，每年我国政府都会投入大量资金来补贴基本养老保险基金，而且数额越来越大。虽然我们在预测个人账户“空账”规模时没有考虑这个因素，但是从预测结果也可以看出，随着时间的推移，做实个人账户所需的资金将不断增加，这将给财政带来巨大的压力。此外，根据相关规定，个人账户未做实部分所对应的个人账户养老金将由社会统筹账户支出。如果将巨额的个人账户“空账”考虑在内，社会统筹账户收支缺口将更大，保持基本养老保险的可持续性将更加困难。

四 基本养老保险替代率测算分析

（一）替代率研究概述

养老保险替代率决定了退休人员的待遇水平，而养老保险待遇过低和过高都是不合适的，因此厘定合理的养老保险替代率成为养老保险制度设计中的重要问题。就我国养老保险制度的长远发展来看，基本养老保险替代率是需要逐渐降低的。基本养老保险替代率高，就意味着基本养老金支付压力大。但在企业和职工的缴费负担已经很大的情况下，通过提高缴费率来解决这一问题是不现实的，这样国家必须加大财政补贴，造成国家的财政负担进一步加重。替代率过高也是造成我国基本养老保险基金收支不平衡及个人账户“空账”运行的原因之一。此外，过高的基本养老保险替代率也在一定程度上阻碍了企业年金和个人储蓄性养老保险的发展。

（二）江苏省基本养老保险替代率的厘定

1. 实际替代率测算

1）平均替代率

根据前面测算出的“老人”、“中人”和“新人”的养老金，就可以测算出基本养老金的平均替代率，见表5-14。

表5-14　主要年份江苏省基本养老金的平均替代率

年份	社会统筹账户平均养老金/元	社会统筹账户的平均替代率/%	个人账户平均养老金/元	个人账户的平均替代率/%	平均基本养老金/元	平均替代率/%
2010	13 574	34.39	850	2.15	14 424	36.55
2015	20 205	29.05	2 240	3.22	22 445	32.27
2020	27 502	25.12	4 885	4.46	32 387	29.58
2025	34 521	22.49	9 479	6.17	44 000	28.66
2030	41 310	20.98	15 835	8.04	56 635	28.77
2035	48 897	19.46	24 685	9.82	73 164	29.12
2040	59 033	18.41	37 289	11.63	95 999	29.94
2045	72 449	17.70	55 561	13.58	127 781	31.22
2050	90 326	17.29	82 475	15.79	172 657	33.05

注：假设社会平均缴费年限为20年。

从测算结果来看，2010年基本养老金平均替代率为36.55%，此后平均替代率逐渐降低，2015年以后将稳定在29%左右。从构成上来看，社会统筹账户的平均替代率从高到低变化，个人账户的平均替代率则由低到高变化，这是因为“老人”和“中人”的逐渐减少使得个人账户基金积累量逐步增大，个人账户养老金在基本养老金中的比重逐步增大。

表5-15比较了"老人"、"中人"和"新人"的基本养老金平均替代率。"老人"的平均替代率稳定在40%左右；"中人"的平均替代率则不断下滑，从2010年的34.95%下降至2050年的26.36%；"新人"的平均替代率则维持在35%左右。在同一时期，"中人"的平均替代率总是低于"老人"或"新人"，这也说明制度转轨对"中人"的影响比较大，而目前的政策还不能完全消除这些影响。

表5-15　主要年份"老人"、"中人"、"新人"的平均替代率

年份	老人		中人		新人	
	平均基本养老金/元	平均替代率/%	平均基本养老金/元	平均替代率/%	平均基本养老金/元	平均替代率/%
2005	9 166	43.74	8 604	41.06	—	—
2006	10 367	43.59	9 539	40.11	—	—
2007	11 494	41.99	10 408	38.02	—	—
2010	15 972	40.47	13 793	34.95	—	—
2015	26 522	38.14	21 670	31.16	—	—
2020	40 367	36.87	31 765	29.02	—	—
2025	56 244	36.64	43 731	28.49	—	—
2030	74 975	38.08	56 595	28.75	—	—
2035	—	—	71 956	28.64	83 466	33.22
2040	—	—	89 142	27.80	113 017	35.24
2045	—	—	110 773	27.06	146 617	35.82
2050	—	—	137 705	26.36	190 671	36.50

2）个人替代率

以基础养老金替代率为20%计算，2010年退休的职工基本养老金的个人替代率平均为42.11%；以基础养老金替代率为30%计算，2010年退休的职工基本养老金的个人替代率平均为57.11%，与国发［2005］38号文设定的目标替代率相近。同样，可以得出2010～2050年退休职工的基本养老金个人替代率(表5-16)。

表5-16　主要年份退休职工的基本养老金个人替代率　　（单位：%）

年份	2010	2015	2020	2025	2030
假设一	42.11	33.91	32.68	33.96	36.42
假设二	57.11	48.91	47.68	48.96	51.42
年份	2035	2040	2045	2050	—
假设一	38.49	40.92	42.31	44.88	—
假设二	53.49	55.92	57.31	59.88	—

注：假设一为基础养老金替代率按20%计算；假设二为基础养老金替代率按30%计算。

2. 合理替代率的厘定

合理替代率的厘定应结合城镇居民基本生活需求、平均消费支出、物价指数及社会平均工资的历史变化发展趋势来分析确定，根据2005～2010年上述因素统计数据，测算合理替代率水平的结果如表5-17所示。

表5-17　2005～2010年合理替代率水平上下限　（单位:%）

年份	2005	2006	2007	2008	2009	2010
下限	17.23	15.43	13.98	12.74	11.37	10.91
上限	41.14	40.49	39.14	37.82	36.65	35.45

资料来源：根据2006～2011年《江苏统计年鉴》相关数据整理得到。

基于基本生活需求测算的替代率水平较低，2005～2010年平均值仅为13.61%。从基本养老保险满足退休职工基本生活需求的设计目标出发，本研究认为，基本养老保险合理替代率的下限为16%。基于社会生活平均水平测算的替代率2002～2006年平均值为38.45%。从基本养老保险满足退休职工退休后生活水平不大幅降低的设计目标出发，本研究认为，基本养老保险合理替代率的上限为40%。

与实际替代率相比较，目前实际替代率高于合理替代率的上限。但是，我国的三支柱养老保险模式还未完全建立，企业补充养老保险才刚刚起步，个人储蓄性养老保险尚处于发展初期，退休职工的生活保障主要由基本养老金来承担，因此目前维持较高的实际替代率是合理的。但是应该加快企业补充养老保险和个人储蓄性养老保险的发展，使第二、第三支柱发挥应有的作用，减轻基本养老保险的负担，把基本养老保险的实际替代率降至合理的区间内。

第三节　基本养老保险基金平衡面临的压力及原因分析

通过前面的测算与分析，江苏省基本养老保险基金收支平衡情况不容乐观。如果仅考虑基础养老金与过渡性养老金支出，社会统筹账户基金在2010年当期略有结余，此后随着退休高峰的到来，2029～2035年将再次出现当期基金缺口。从累计结余来看，2010～2016年为负值，2017年开始为正值。但是如果将个人账户正常调整部分及个人账户超支部分考虑在内，社会统筹账户基金收支不平衡状况会更加严峻，当期基金收不抵支的起点将提前到2025年，此后基金缺口逐年扩大。基金累计结余在2010～2018年为负值，2019～2027年为正值，但到2028年会再次出现负值，并且累计缺口（负结余）逐年增长，这意味着当老龄化高峰到来时，江苏省基本养老保险基金不能通过自身积累来解决巨大的养老金支出，并且这种问题将越来越严重。那么造成江苏省基本养老保险基金不平衡的原因有哪些呢？本节将分析导致基本养老保险基金收支不平衡的各种因素，进而剖析基金不平衡的原因。

一 人口因素

在影响基本养老保险基金收支平衡的因素中，人口因素是最主要的影响因素。人口老龄化日益严重，预示着现收现付制已无法维持下去，基本养老保险制度必须进行变革。从精算模型中可以看出，人口数量与结构的变化直接影响着基金的收入与支出，特别是在人口老龄化加速发展的时期，人口变动趋势对今后基金收支平衡的影响巨大。下面选取有关人口的两个重要参数进行分析。

（一）制度内抚养比

制度内抚养比是指参保离退休职工与参保在岗职工的比例，它体现了现收现付制下这一代人养活上一代人的能力。随着人口老龄化趋势的加剧，总人口、参保人口数及年龄结构都在变化。参保职工与离退休职工都经历了先增加后减少的发展过程，参保职工将在2020年左右达到最大值，而离退休职工将在2030年左右达到最大值。抚养比是人口老龄化的重要指标。根据预测，2005～2050年制度内抚养比将呈现出波动上升的趋势（表5-18）。

表5-18　2005～2050年城镇职工基本养老保险制度内抚养比

年份	2010	2015	2020	2025	2030
制度内抚养比	0.28	0.31	0.33	0.42	0.49
年份	2035	2040	2045	2050	—
制度内抚养比	0.51	0.51	0.5	0.58	—

资料来源：黄健元．2008．人口老龄化与基本养老保险基金平衡研究——以江苏省为例．南京：江苏人民出版社。

可以看出，江苏省城镇职工基本养老保险制度内抚养比将于2020年达到0.33，2030年达到0.49，而到2050年将高达0.58。根据预测，到2030年江苏省基本养老保险当期基金缺口已经开始出现，这意味着2030年以后当人口老龄化高峰来临时，参保职工所缴纳的养老保险基金已经没有能力支付退休职工的基础养老金。制度内抚养比的不断增大是导致社会统筹账户基金收支不平衡的主要原因之一。

（二）参保率

参保率是参保职工占应保职工的比例。参保职工不是一个封闭的群体，制度内抚养比若想减少，就只有增加参保在岗职工，也就是增加参保率。目前江苏省参保职工的覆盖面已达到98%以上，但是参保率仍不高，尤其是私营企业、个体工商户及自由职业者（表5-19）。通过比较发现，国有及国有控股企业的参保比例高达86.47%，而个体工商户只有19.16%，私营企业只有36.11%，合计也只有39.68%。这说明参保率还有很大的提高余地。在民营经济发达的江苏省，私营企业与个体工商户的参保率较低也是基本养老保险基金收支不平衡的原因之一。

表5-19　2005年江苏省1%人口抽样调查基本养老保险参保情况

分类	就业人口/人	基本养老保险参保人数/人	参保比例/%
国有及国有控股企业	17 353	15 005	86.47
集体企业	11 132	6 765	60.77
个体工商户	55 592	10 653	19.16
私营企业	69 456	25 082	36.11
其他	13 572	8 804	64.87
合计	167 105	66 309	39.68

注：就业人口是指16周岁及以上从事一定社会劳动并取得劳动报酬或经营收入的人员，这个概念较宽泛，因此表中比例并不是参保率，而是比参保率要低一些（将其命名为参保比例），但这并不妨碍关于参保情况的分析。

资料来源：2005年江苏省1%人口抽样调查资料。

二 政策因素

我国基本养老保险制度在设计上存在一些问题，这些都影响着基本养老保险基金的收支平衡，我们将这些问题归结为政策因素。下面对这些因素进行分析。

（一）退休年龄

根据我国的退休政策，目前，男职工的退休年龄为60岁，女干部为55岁，女工人为50岁。这一规定制定于20世纪50年代，一直沿用至今。20世纪50年代中后期，我国人口平均预期寿命为57岁，男女平均预期寿命表现为男高女低（史柏年，2001）。随着居民的物质生活水平的提高和医疗卫生条件的逐步改善，如今我国人口的平均预期寿命已得到很大提高。1990年男女平均预期寿命分别为66.84岁和70.47岁，2000年这两个指标分别为69.0岁和73.33岁，而到2010年我国男性平均预期寿命已达到72.38岁，女性平均预期寿命已达到77.37岁①。可见，仍然沿用半个多世纪前的政策，已不符合当今的人口特征。

假设退休年龄变更为男女均为65岁，那么此时的制度内抚养比见表5-20。从表中可以看出，退休年龄的提高使得制度内抚养比明显降低，因此可以有效减轻社会统筹账户基金的收支平衡压力。同时，较低的退休年龄意味着较短的个人账户基金积累时间以及较长的个人账户养老金领取时间，因超出平均预期

① 资料来源：中华人民共和国国家统计局. http：//www.stats.gov.cn/。

寿命而造成的个人账户超支部分也将比较大。此外，养老金领取时间长，使得养老金正常调整造成的支出也比较大。这两部分支出都是由社会统筹账户支付的。因此，较低的退休年龄还将通过对个人账户养老金的支付影响社会统筹账户基金的收支平衡。

表 5-20　不同退休年龄假设下制度内抚养比的比较

年份	2010	2020	2030	2040	2050
原政策情形	0.28	0.33	0.49	0.51	0.58
假设情形	0.12	0.15	0.20	0.24	0.24

注："原政策情形"指男职工退休年龄为 60 岁，女干部为 55 岁，女工人为 50 岁；"假设情形"指男性、女性退休年龄均为 65 岁。

此外，近些年来，由于国有企业改革及企业间竞争的加剧，大量职工失业，社会就业压力加大。为了缓解这一问题，不少地区采取放宽退休条件，允许提前退休的方法。虽然提前退休可以减轻企业的包袱，提供更多的就业岗位，但是提前退休也意味着缴费期限的减少及养老金支付期限的延长，导致养老保险基金收入减少支出增加，影响基本养老保险基金的收支平衡，使得基金缺口进一步加大。

（二）替代率

根据前述研究的测算，得出了目前实际替代率高于合理替代率上限的结论，并认为我国的三支柱养老保险模式还未完全建立，维持目前较高的实际替代率有其合理性。但是替代率的大小直接决定着养老金支出的多少，较高的实际替代率无疑是造成基本养老保险基金不平衡的重要原因。因此从长远来看，为了维持基本养老保险基金收支平衡，降低实际替代率是必需的。而且随着企业补充养老保险和个人储蓄性养老保险的发展，降低基本养老保险的替代率水平也是可行的。

（三）个人账户"空账"

个人账户"空账"是由于当社会统筹账户收不抵支时，养老保险经办部门利用社会统筹与个人账户"混账"管理的便利，直接挪用在职职工个人账户中的资金造成的。根据规定，个人账户未做实部分所占全部储存额的比例分摊的费用由社会统筹账户基金支付，因此个人账户"空账"的存在，又会加重社会统筹账户基金的支付压力，它们之间已经形成了恶性循环。经测算，2007 年江苏省个人账户"空账"规模已达到 808.08 亿元，占个人账户规模的 88.04%。这意味着如果仍然不能做实个人账户，至少有 88%的个人账户养老金将分摊到社会统筹账户的各年支出中。因此，巨额的个人账户"空账"是造成基本养老保险基金不平衡的重要原因。

（四）隐性债务

如何解决隐性债务是我国制度转轨过程中亟须解决的重要问题之一。隐性债务是指在原制度中职工已经积累，在新制度中却无相应的基金支付的养老金权益的现值，对应的是“老人”的养老金，以及“中人”的过渡性养老金和部分基础养老金。作为制度的设计者，政府应该为这些职工的养老金权益买单。但是实际情况是政府将大部分债务都转嫁给了缴纳养老金费用的企业，这部分养老金最终由社会统筹账户基金支付。根据前面的测算，转轨初期（1996 年）江苏省隐性债务规模达到 2969.49 亿元。在未来 25 年中，“老人”的养老金支出，以及“中人”的过渡性养老金和部分基础养老金支出将占总支出的一半以上。这意味着近二十几年中，当期社会统筹账户基金不平衡的主要原因之一是由于需要支付大量当期显性化的隐性债务。由此产生的巨额基金累积缺口将严重影响未来，甚至是在隐性债务全部显性化之后的很长一段时间内的基金收支平衡。因此，隐性债务是造成基本养老保险基金收支不平衡的直接原因。

三 其他因素

（一）基金收益率

基金收益率低是我国基本养老保险基金管理中出现的重要问题。对于现收现付制的社会统筹账户基金，几乎没有结余，因此基金收益率对其影响不大。但是对于完全积累制的个人账户，基金需要经历一个长时间的积累过程，因此基金收益率就成为影响个人账户基金的重要变量。我国个人账户个人缴纳部分按照一年期定期储蓄存款利率计息。由于我国养老保险基金投资的限制还未放开，资本市场还不健全，养老保险基金绝大部分仍以储蓄和购买国债为主，以避免可能出现的投资风险。但是目前存款利率水平较低，甚至一度低于通货膨胀率。当养老金支付水平相同时，较低的基金收益率则要求较高的缴费率。因此，较低的基金收益率直接加重了制度的现行负担并减少了个人账户的积累额。如果基金一旦出现贬值，就意味着基金实际是在“缩水”，按照目前规定确定的养老金标准无法满足实际生活的需要。届时为了保证退休职工的生活，必须提高养老金标准，那么基本养老保险基金的支付压力将更大。

（二）工资总额与缴费基数

根据规定，用人单位应以本单位全部职工工资总额为缴费基数，并设置了缴费基数的下限。职工工资总额是指各单位在一定时期内直接支付给本单位全部职工的劳动报酬总额，包括工资、奖金、津贴、补贴等。但是企业的工资总额是由企业上报，并由社会保险管理部门核定的，从企业的利益出发少报、瞒报工资总额的现象是普遍存在的。企业还会以种种名义发放不在“工资总额”统计范围内的收入，形成一部分非工资收入。在实际操作中，大部分企业仅按照所规定的下限缴费，导致平均缴费基数甚至达不到全省在岗职工平均工资的60%。2005年，江苏省的缴费基数总额仅占工资总额的57.19%，2007年，这一比例仅为56.58%。在缴费率不变的前提下，缴费基数的缩小势必会减少基本养老保险基金的收入。因而，缴费工资基数不实也是造成基本养老保险基金不平衡的重要原因之一。

第四节 先进国家和地区实现基本养老保险基金平衡的措施

随着人口老龄化进程的推进，老年人口的不断增多和劳动年龄人口的相对减少对现收现付制的基本养老保险制度产生了严重的冲击，养老保险制度难以为继。于是，世界范围内一些先进国家及地区在20世纪80年代后纷纷进行养老保险制度改革，试图在完全积累制或部分积累制中寻求帮助以有效应对人口老龄化背景下存在的基本养老保险制度危机。隐性债务是养老保险制度由现收现付制向完全积累制或部分积累制转轨的必然产物，隐性债务的合理化解是养老保险制度改革成功的重要因素，也是养老保险制度健康可持续发展以应对人口老龄化危机的关键。因此，一些先进国家纷纷采取措施以积极应对，并取得了显著成效。20世纪末，我国基本养老保险制度实施了由现收现付制向部分积累制的转轨，除具有隐性债务等与先进国家的“共性”问题之外，我国还存在个人账户“空账”运行等“特性”问题，这些问题严重阻碍了基本养老保险制度的平衡发展。尽管如此，一些省市如辽宁、上海等地根据自身特点还进行了有益的尝试，部分做实了基本养老保险个人账户的基金，为其他省份做实个人账户提供了可以借鉴的经验。

（一）先进国家和地区隐性债务的处理方法

隐性养老金债务（IPD）是指投保职工的养老金总权益（包括未来的养老金发放）与养老基金的总资产（包括未来的收入）的贴现值的差额，其作为一个存量概念代表了政府能够明确预计到的债务。

隐性养老金债务与养老金计划采取的融资方式无关。世界上无论是发达国家还是发展中国家的公共养老金制度无一不受到其巨大困扰。基金制养老金计划同样具有隐性债务，最明显的例子是商业人寿保险公司的养老金计划，由于不能破产，因而一旦出现隐患，其债务最终可能转变为政府的债务。因此，在公共养老金计划中，采用基金制的个人账户由于人均预期寿命等精算因素的变化也存在隐性债务问题（姜永宏，2006）。

隐性养老金债务的产生主要是由于养老金计划缺乏融资的支持。世界银行专家 Holzmann 等（2004）指出了养老金债务来源的四种类型：个人自愿养老金计划的担保、强制性个人养老金计划的担保、缺乏融资规定的受益公共养老金计划和名义账户公共养老金计划（表 5-21）。

表 5-21　隐性养老金债务产生的四种类型

债务来源	典型国家代表
个人自愿养老金计划的担保	美国
强制性个人养老金计划的担保	智利、墨西哥、英国、匈牙利
缺乏融资的规定性受益公共养老金计划	大多数国家
缺乏融资的名义账户公共养老金计划	意大利、拉脱维亚、波兰、瑞典

资料来源：Holzmann R，Palacios R，Zviniene A. 2004、Implicit pension debt：Issues，measurement and scope in international perspective. Social Protection Discussion Paper Series，No. 0403，30153，The World Bank.

根据表 5-21 中提到的隐性债务产生的四种类型，下面分别对美国、智利、瑞典等国在人口老龄化背景下处理隐性债务问题所采取的措施进行分析。

1. 美国

美国的社会保障制度实行的是现收现付（Pay-As-You-Go）的制度。随着人口老龄化的加剧，退休人员越来越多，赡养老人费用的增加和劳动年龄人口物质负担的加重，带来了财源保障的危机。根据美国社会保障署预测，在税率及各种受益条件不变的情况下，到 2018 年，存放于信托基金中的财税积累资金将超出该年度的社会保障支出；到 2028 年，即使其全部财税收入再加上积累资金及其利润所得，也难以平衡该年度的社会保障支出。虽然积累资金及其利润仍然可以作为财税收入的一部分来支撑该体系，但到 2042 年，其存放于信托基金中的积累资金将因此而面临枯竭。到那时，在没有积累资金而单靠财税收入的情况下，估计只能支付该体系 73%的支出。

为了解决美国巨大的隐性债务问题，美国政府对此进行了改革，主要采取了以下几项措施。

（1）建立社会保障信托基金。1983 年，美国国会通过的《社会保障修正案》，决定提高养老金的缴税率和缴税上限，使养老金的现金流收入大于支出。这项里程碑式的立法对社会保障制度的资金来源和受益方式进行了改革，变现收现付制为预留积累制，即保险计划内的缴税水平能够保证留出一定储备基金。1983 年当年征缴了社会保障基金 2500 亿美元，支付退休养老金等约 2200 亿美元，收支相抵，结余 300 亿美元。1989 年财政年度社会保障信托基金收入多于支出 520 亿美元，1994 年信托基金盈余 1090 亿美元（马丁·费尔德斯坦，2000）。多余的税金转入社会保障信托基金，由社会保障署统一管理。信托基金可以用来购买政府债券或者投资，所获收益仍旧用来充实信托基金，然后进行再投资，信托基金犹如滚雪球一般越滚越大。从1983年信托基金建立到2011年婴儿潮一代进入人口老龄化，大约有30年的间隔时间，这期间积累起了一笔相当可观的资金。当婴儿潮一代大量退休导致养老保险基金的现金流支出大于收入时，就可以从信托基金中提取资金，以帮助养老保险制度渡过难关。

（2）增收社会保障工薪税。美国养老保险基金最重要的来源是税收。1977年12月20日，卡特总统签署了美国历史上最大的增税法案，提升了1100万工人的工薪税，美国政府因此增收2270亿美元。里根政府再次增税，1983年颁布的《社会保障修正案》规定：将社会保障工薪税提高到12.4%，向有充足非社会保障收入的老年人家庭征收部分社会保障福利金税，税款拨给信托基金。这是美国历史上首次向退休金征税，收入总额超过25 000美元的单身者和总收入超过32 000美元的夫妇必须缴纳退休金税，其退休金的50%成为应税对象。克林顿总统继续向退休金征税，并提高了退休金税率，最富有的20%的养老金受益人的应税养老金百分比从50%提高到85%，克林顿总统希望“不单纯依赖养老社会保险制度的高收入老年人能为社会养老保险制度做出更多的贡献”（马歇尔·N·卡特等，2003）。

（3）提高退休年龄，抑制提前退休。1977年，美国立法将退休年龄从65岁逐步提高到68岁或者70岁。1983年，里根政府的《社会保障修正案》进一步明确必须提高退休年龄，该法规定自2009年开始，每晚一年退休年龄推迟2个月，至2027年将退休年龄从现在的65岁提高到67岁。1983年后，推迟退休者的社会保障津贴率也从每年的3%提高到每年的8%，这样不仅增加保险基金积累，而且相对缩短发放养老金的年限，减少了成本。根据最保守的估算，2000年以后，如果把正常退休年龄后移到68岁，就能减少大约4%的长期成本；如果后移到70岁，则减少长期成本12%（赵春明等，2000）。

（4）加快养老金私营化进程。2001年，布什政府通过了《经济增长与减税协调法案》，规定对401K计划①进行改革。新的改革措施主要有：鼓励和号召更多的企业和更多的雇员实行和参与401K计划，以扩大401K基金的覆盖范围；提高401K存款限额，存款限额由2001年的10 500美元上升到2002年的11 000美元，随后每年以1000美元的速度增加；扩大个人对401K账户的支配权利，个人在选择自己的账户投资方向上有更大的权利，企业代替个人投资的权利被削减；扩大税收上对401K计划的优惠幅度（王诚，2004）。布什政府提出的一

① 私人性质的养老保障项目401K计划，是一种可以享受延期纳税优惠的企业退休金计划。雇主自主决定是否在企业内部建立401K计划，雇主为职工的存款可以按工资的15%取得税收扣除；雇员自行选择是否参加，每人每年最大存款额不超过1.05万美元时可延期纳税，雇员退休后从该计划中能领取多少退休金取决于那时401K个人账户中的余额，投入401账户的收入可享受免税待遇，政府不对其账户所赚取的红利、利息和资本利润征税，等于减免了当期的税收，只有个人从账户提款时才需缴纳所得税。如今这一计划已成为美国养老保障体系的一个重要组成部分。

揽子改革计划使401K计划的私营性质得到加强，规模也得到扩大，养老保险体系的私营化程度明显加深。布什政府的另一项改革是为工人建立私人投资账户。私人投资账户的资金来源于职工缴纳的“工薪税”，如果一个雇员决定加入个人投资计划，那么目前12.4%的工薪税中有2%将会进入他的个人账户，个人对账户具有完全的管理权，可以选择任何投资方式使个人账户资金以最快的速度增长。个人账户不能随意支取，只有等到雇员年老退休时，这一基金内款项将逐步折合成养老保障金，以固定收入的方式发还给本人。

2. 智利

1980年11月，智利政府公布了新的养老金制度法案，废除原有的现收现付制，引入了个人账户养老金计划（彼得·戴蒙德等，2010）。为了解决其日益明显的隐性债务，智利政府主要采取了以下一些具体措施。

（1）建立个人账户。智利为加入新制度的每个成员建立了专门的养老金账户，由成员自己按月缴纳养老金（规定为月工资的10%），雇主不缴费。个人账户由缴费者自主选择一家养老基金管理公司负责管理。随着缴费的不断增加及投资增值，形成养老金积累。职工退休时按个人账户积累额的多少决定养老金领取额的多少。这一方式的突出特点是，个人的缴费与退休的待遇水平直接相关，能够激励个人工作和缴费的积极性。此外，个人还需按工资的3%购买伤残和遗嘱保险，支付个人账户的管理费和佣金等费用。

各养老基金管理公司经营的个人账户养老金按月计息，月利息不得低于过去12个月所有养老金投资回报率2百分点。如高于2百分点，可留作保证金，暂不记入个人账户，待养老金投资回报率过低时补足；如果个人账户养老金由于不能足额缴费或投资失败等原因，而影响养老金支付时，则由政府财政部门负责给受保人支付最低养老金水平或支付最低养老金（标准为每人每月100美元左右）。

（2）民营机构运作。养老金的收入、支出、投资等工作均由养老基金管理公司负责。养老基金管理公司是专门为运作养老金而成立的股份公司，性质为民营机构。养老基金管理公司只能从事养老金及相关业务，其他公司不得从事养老金业务。参加养老保险体系的成员可以自由选择养老基金管理公司，并可以更换。参加养老保险体系的成员每月按本人纳税工资的10%缴纳养老金。养老基金管理公司同银行订立合同，由银行具体组织收费，并确定了计划提款、终身年金、临时提款加终身年金三种给付方式供个人选择。

（3）政府承担转制成本。智利新退休金法规定，1982年12月以前进入劳动力市场的人，有五年时间来决定是否参加新制度，此后进入劳动力市场的人只能加入新制度。已退休人员仍然沿用旧制度。对那些在旧的保障体制下已经工作了若干年而今后又将在新体制工作的人们，即“中人”，由政府发给他们“认账债券”。政府用这一方法来还清这些工人已提供给旧制度的供款，并将这些债券存入职工自己选择的任何一家退休基金管理公司，承认债券当年实际利息为4%，只有当持有人退休或残废后方可赎回。

（4）加强投资管理。在养老基金投资监管上，智利政府采取严格的数量监管模式。最初的投资工具主要集中在政府债券、金融机构发行的可抵押债券等固定收益类投资产品上，后来逐步扩展到公司债券、股份、投资基金及国外金融证券等投资产品。

在过去25年期间，智利私营养老基金取得了高额的投资回报。历史上养老基金累计平均每年的投资回报率达到10%（剔除养老基金管理费用因素后的净回报率为9.3%左右），尽管期间收益率呈现出较大的波动性，但从总体上看回报率水平是非常高的。

3. 瑞典

随着人口老龄化程度的加剧，瑞典的养老金支出和劳动力供给也出现了危机。从1980年到1994年，瑞典GDP增加了近1倍，领养老金的人口增长了7%，而养老金支出却增加了2.7倍。1996年，养老金负债达到5000亿美元。由于养老金津贴标准与缴费额之间不直接对等，许多工人工作积极性受到影响，提前退休现象不断增多，瑞典劳动参与率不断降低，劳动力供给出现危机。

瑞典存在的上述种种问题，使其隐性债务日益显性化。对此，瑞典政府采取了一些积极措施（斯温·霍特等，2004）。

（1）采取确定缴费型的津贴模式。新的养老保险制度取消了以受保人15年最高工资平均值确定发放标准的规定，改为依据养老金受保人从16岁到退休所有年限缴纳养老费用的平均数额，以及个人缴纳的养老费用所形成的基金在投资运营中产生的回报率来决定养老金的津贴标准，这就使养老金的发放与工资指数而不是消费价格指数相联系。

（2）实行灵活的退休年龄。新制度将工人最低的退休年龄从60岁提高到61岁，但在61岁之后，退休年龄则更加灵活，人们可以根据各自的偏好选择何时退休，工人工作年限越长，养老金收入就越高。

（3）实行部分积累制。在新的养老保险制度中，总的缴费率由占工资总额的19%降为18.5%，其中16%计入名义个人账户，用于现收现付，支付退休人员的养老金。其余2.5%记入个人账户，这个账户是新的养老保险制度实行基金制的部分，即这部分资金将直接进入资本市场，进行投资积累。工人退休后，个人账户基金的积累可转换成年金，供工人退休享用。

（4）由政府建立的基金管理公司对养老基金实施管理。在养老基金管理方面，瑞典政府认为，基金如果完全由私营机构管理，其管理成本较高；而完全采取政府垄断管理，又往往导致其管理效率低下。由政府建立基金管理公司进行管理是解决上述矛盾困境的一种模式选择。在新制度中，名义个人账户由国民养老金管理公司进行管理，该基金组织设立董事会，董事会成员对养老金经营与投资负责。个人账户基金则由清算所（Clearing House）进行管理，其主要职责是：集中缴费者个人的养老基金投资指令，对养老基金进行统一购买；集中所有的个人交易指令，并对买卖净差额进行转移；收集并公布基金投资的可用信息，提供个人账户的投资记录。

（二）国内有关省市先行做实个人账户的办法

2005年年初，国务院要求全国启动做实基本养老保险个人账户的工作。2005年年底，为解决个人账户“空账”的问题，国务院发布了《关于完善企业职工基本养老保险制度的决定》（以下简称《决定》）。该决定主要吸收了辽宁、吉林、黑龙江三省这几年来改革试点的经验，把三省试点经验向全国推开。《决定》自2006年1月1日起开始实施，主要内容有三方面：一是逐步做实个人账户。与此配套的是，个人账户的规模统一由本人缴费工资的11%调整为8%，全部由个人缴费形成，单位缴费不再划入个人账户。二是改革养老金计发方法。基本养老金仍由基础养老金和个人账户养老金两部分组成，但基础养老金由原来按上年度社会平均工资的20%计发，改为与上年度在岗职工平均工资、参保人员本人缴费年限和缴费水平三个因素挂钩，体现出缴费时间越长、缴费工资基数越大，基础养老金水平就越高。个人账户养老金的计发由原来的个人账户储存额除以120，调整为个人账户储存额除以计发月数（计发月数是根据2000年全国人口普查城镇人口平均期望寿命、利率等因素约定的，每个年龄段人的计发月数从56个月到233个月不等）。三是统一了城镇个体劳动者和灵活就业人员的缴费政策。根据城镇个体工商户和灵活就业人员的收入不稳定的特点，将他们的缴费比例统一为当地上年度在岗职工平均工资的20%，其中8%计入个人账户，低于企业职工的缴费比例。

2000年前后，我国相继在东北三省进行统账结合制度下的分账管理试点，逐步做实个人账户。2006年，参加做实基本养老保险个人账户的试点地区新增了八个省市——天津、上海、山西、山东、河南、湖北、湖南、新疆。适度地借鉴和吸取这11个先行做实个人账户省份的经验与教训，有利于我国其他省份做实个人账户。

1. 辽宁

从2001年7月1日起，辽宁省按照国家确定的个人账户做实试点模式开始进行操作，社会统筹基金和个人账户基金分账管理，社会统筹基金不再占用个人账户基金，由此产生的统筹基金缺口由各级财政予以弥补。做实个人账户采取动态做实、半动态补助的办法。动态做实即个人账户做实的数额随着缴费工资基数的增长而增长。半动态补助即中央财政对已做实的部分（存量）实行定额包干补助，不再随缴费工资总额的变化重新调整；对新增做实的部分（增量），中央财政以当年缴费工资总额为基数计算补助数额。中央财政对地方做实个人账户 5%的部分实行包干补助后，新增资金缺口由地方自行解决。

2. 上海

上海市从 1993 年（早于全国的 1997 年）实施城镇职工养老保险制度改革并开始建立基本养老保险个人账户，1992 年年底以前参加工作尚未退休的人员，由于 1992 年年底以前没有实行个人缴费，其个人账户中的这一部分只有记载工作年限的“虚账”。做实个人账户，就必须解决这一部分“虚账”问题。所谓“虚账实记”，就是要将“虚账”部分通过一定的方法转换为具体金额，一次性记入个人账户，并与 1993 年起至退休期间实际缴费形成的账户合并，构成一个完整的个人账户。

上海做实个人账户所采取的措施就是“虚账实记”，这也是上海养老保险制度改革的一种独具特色的方案。

2005 年 11 月 1 日起，上海开始实施“虚账实记”方案，适用范围为 1992 年年底以前参加工作，并按规定参加本市城镇养老保险，且在方案实施前尚未办理退休手续的人员。“1992 年年底以前参加工作”是指 1992 年年底以前有连续工龄的人员，此次“虚账实记”实施中涉及的连续工龄按国家和本市规定计算，但不含按国家规定可以折算的工龄。“按规定参加本市城镇养老保险”是指 1993 年以来参加或者参加过本市城镇养老保险并建立个人账户的人员。

“虚账实记”的计账规则与现行养老保险待遇的计算规则一致，具体方法就是将适用本方案的人员 1992 年年底以前连续工龄和 1993～1997 年 5 年内个人账户储存额所对应的养老保险待遇，按照目前的计算规则转换为相应的金额。个人账户实记后，在地方财政允许的情况下，逐步做实个人账户。

（三）先进国家和地区实现基本养老保险基金平衡的其他举措

前面已经介绍了先进国家和地区隐性债务的处理方法和国内有关省市先行做实个人账户的办法，下面着重介绍其他实现基本养老保险基金平衡的举措。

1. 发展多元化的养老保险体系

美国政府较早地意识到多支柱养老保障体系对于保持制度偿付能力的重要作用。美国联邦养老金制度是养老保险制度的主体，但联邦养老保险制度不仅不能起到完全的保障作用，而且效率低下，因此个人责任必须在养老保险的体制设计中得到体现。1974 年的《雇员退休收入保障法》、1978 年的《美国国内税收法案》、1986 年的《税法改革修正案》、2001 年的《经济增长与减税调和法案》及2002年的《企业改革法案》为雇主养老金和个人账户的发展做了有效的引导。政府还在税收方面制定了优惠政策，其中最重要的是个人缴费税收延迟支付，以及企业缴费的税前扣除。政府对私人养老金计划的有效引导，使私人养老金在美国养老保险体系中的地位越来越重要。多元化的养老保险体系使得美国养老保险制度的抗风险能力大大增强。

2. 建立、健全基金投资的法律法规

智利在养老保险私有化的过程中，对养老保险基金的投资进行了严格、详细的规定。法律规定：养老基金可投资于政府债券、抵押贷款、银行证券、公司法定的流通票据、外国证券等。为了降低投资风险，法律还规定了可投资的私人金融证券的风险分类，对投资交易场所、证券保管、最低收益、投资项目等也作了严格限制（表5-22）。

表5-22　智利养老金投资范围及最高限制比例

投资类型	最高比例/%
国家债券	50
银行债权	50
银行房地产抵押债权	50
公司债券	45
公司股票	37
房地产投资基金	10
投资基金（非房地产）	10
经批准的外国债券	12

资料来源：Chile AFP Association. 2004. Limit on Investment Aboard Prejudicial for Pensions. AFP Reasearch Series. 转引自：郑秉文，房连泉. 2006. 社保改革“智利模式”25年的发展历程回眸. 拉丁美洲研究，28（05）：3～15.

3. 严厉打击对社保福利的欺骗行为

长期以来，在英国社保部登记的社会保障号码数目总是大于英国全部人口的规模，那些超出人口规模中的一部分社会保障号码是合法的，如鳏寡老人使用其去世配偶的社会保障号码领取养老金，但其中确有不少号码被诈骗者利用。为杜绝这种欺诈行为，1997年7月，工党政府制定了反欺诈条例，打击有组织的福利欺诈行为。同时，为配合其他执法部门打击福利欺诈行为，英国社保部成立了专门的反欺诈委员会，负责对涉嫌福利欺诈的行为进行调查；法律还授权地方社保部门，如果发现了欺诈行为，可以对相关人员采取处罚措施，如进行罚款等。对欺诈行为的打击，有力地维护了福利系统的安全和效率。

4. 采取平稳渐进的方式进行过渡

瑞典政府规定向新制度的过渡期不少于16年。在1938年之前出生的人执行旧的养老保险制度，而在1953年以后出生的人则执行新的养老保险制度，在

1938年和1953年间出生的人，其退休后的养老金收益分别来自新、老制度收益的组合。比如，1938年出生的，养老金的二十分之十九按照旧制度，二十分之一按照新制度。1939年出生的，二十分之十八按照旧制度，二十分之二按照新制度。依此类推。

5. 积极发展企业年金

在我国国内，具备条件的企业建立了企业年金制度。实行企业年金的企业和已经建立补充养老保险的企业，应按照国家有关办法执行。劳动保障行政部门要做好企业年金方案的备案和基金运作的监督工作，广泛宣传企业年金政策，提高各方面的认识，规范企业年金管理，有针对性地进行指导推动。

企业年金实行完全积累，采用个人账户方式进行管理，基金以市场化的方式进行管理和运营，费用由用人单位和职工个人共同缴纳。

第五节　实现江苏基本养老保险基金平衡目标的建议

作为全国的人口大省，江苏省在社会经济高速发展的同时，人口老龄化趋势日益明显。人口老龄化背景下退休人数的不断增加，使基本养老保险基金支出不断增加的现象也日益显现出来。2001年，江苏省的离退休人数是212.7万人，基本养老保险基金的支出为139.5亿元；而到了2010年，江苏省的离退休人数已达450.9万人，基本养老保险基金的支出也增加到了737.91亿元。

2001年、2002年江苏省基本养老保险基金的当期基金收入都小于当期基金支出，当期基金结余为负值。从2003年开始，江苏省的当期基金结余为正值。但这不足以掩饰江苏省基本养老保险基金收支的缺口。江苏省基本养老保险基金从1996年开始资金积累，但是到2002年基金的当期结余仍为负值，这足以看出江苏省的基金缺口很大[①]。随着江苏省人口老龄化程度的不断加剧，如果不处理好基金缺口问题，基本养老保险基金收支平衡的压力将更大。

基于对上述内容的思考，得到对江苏省的以下几点启示。

（一）加强养老保险法制建设

工业化国家及许多发展中国家的经验表明，在建立和改革养老保险制度时，必须以立法机关制定相关法律法规为先导。然而，我国所缺乏的恰恰是对养老保险的法制规范，目前主要是依靠行政机关的政策文件来推动养老保险制度的改革。这种状况不仅不利于新的养老保险制度定型发展，也容易因政策多变使

---

① 资料由江苏省社会保险基金管理中心提供。

养老保险制度失去稳定性。2007 年，江苏省出台了《江苏省企业职工基本养老保险规定》，而 2011 年 7 月 1 日起正式施行的《中华人民共和国社会保险法》更是在法律的高度上保障了基本养老保险的执行力。当前江苏省应加大贯彻执行基本养老保险相关法律法规的力度，促使基本养老保险进一步走上法制化和规范化的道路。

（二）明确界定养老保险中的政府责任

英国在养老保险改革过程中取得的成果表明：社会保险不能由政府包办，个人责任的适度回归、市场机制的适度引入、民间力量的适度渗透，以及养老基金与资本市场的有机结合，对于矫正传统社会保险制度中个人过分依赖政府及效率较低的弊端确实是一剂良方。目前，我国养老保险制度改革正处于转型期，政府在责任履行上存在超越本身行政职能的“越位”问题和责任履行不充分的“缺位”问题，这样下去将不利于社会发展。我国政府在养老保险体制改革中的责任主要体现在以下两个方面：①在个人账户“空账”和转制成本问题上，政府应该承担主体责任。我国养老保险制度实行“统账结合”模式，该模式的目标是保障退休职工的生活水平。近年来由于退休人员急剧增加，社会统筹部分的基金无法满足退休金的支付需求，各地都采取了挪用个人账户基金去支付退休金的方法，导致个人账户基金处于“空账”状态，“空账”规模持续扩大。政府可通过变现国有资产存量、发行认可债券等多种方式偿还养老保险隐性债务，并通过完善基金投资制度，确保基金的保值增值。②在多支柱养老保险体系中，政府对基本养老保险应负主要责任。我国在养老保险方面采取世界银行建议的多支柱的复合制度，即养老保险制度由基本养老保险、补充养老保险和个人储蓄性养老保险三支柱组成。按照我国多支柱养老保险制度的设计，第一支柱——基本养老保险的任务由政府主导，政府应直接负担这部分养老金的筹集、管理和发放，并对此负最终责任。对于养老保险的第二、第三支柱，政府可以大力引导和监督。

（三）加大政府对养老保险基金的投入力度，建立健全多支柱养老保险体系

建立完善的养老保险制度要以充足的资金做后盾，特别是在养老保险制度改革中，新的养老保险制度的建立需要巨额的资金支持。首先，中央政府及各级地方政府应调整支出结构，加大对养老保险基金的支持力度。其次，应加快发展企业补充养老保险。我国的企业补充养老保险应当采取企业和职工共同负担的形式，这可以在减轻企业负担的同时增强企业的竞争力。引入补充养老保险之后，效益好的企业可以根据自己的具体情况为本企业的职工投入额外的养老保险。这不仅能够激发职工的工作积极性，增加企业的凝聚力，为本企业职

工退休后的生活提供更好的保障，而且也能减轻基本养老保险的支付压力。另外，政府还应鼓励公民从事个人储蓄性养老保险。这样公民可以根据自己的个人情况灵活增加养老基金的投入，同时也可以减少基本养老保险的负担。

(四) 通过发行特种债券进行融资

借鉴智利等国家的成功经验，通过发行特种债券扩大国债规模，来吸收和消化在人口老龄化背景下和经济转轨压力下过重的社会养老保险隐性债务，从而将隐性的政府债务显性化，为体制转轨期过旺的养老保险需求提供资金支持，弥补、缩小基金缺口，促进基本养老保险制度自身财务可持续发展。特种认可债券的偿还应以国有资产的变现收入和投资收益为财力后盾，政府以国有资产所有者的身份对认可债券的兑付承担最终责任，保证认可债券的实际收益至少不低于同期国债利率，以确保该实施方案的安全性和有效性。

(五) 加强养老基金的管理和运营

鉴于我国资本市场发展尚不成熟的现状，政府可以建立专门的社会保障基金投资管理部门，来负责具有长期积累性质的个人账户基金的全部业务，制订长期投资计划，以委托投资的形式交付几家经过审慎选择的养老保险基金管理公司进行稳妥投资，政府进行严密监管，这在投资的安全性、社会责任目标投资的选择、投资的透明度，以及较低的管理费用成本等方面都具有其特定的优势；为减少及最小化投资风险，政府还应该积极采取多种方式来建立风险补偿机制，如建立风险储备金制度，利用基金盈利年份的超额投资收益来“烫平”亏损年份的基金赤字，将部分国有资产的红利收入划拨个人账户基金建立风险补偿，或进行直接的政府财政补贴等；同时政府应加快对资本市场的建设和完善，使其成为高效、规范的资本市场，为基金的运营提供良好的环境。

总之，养老金隐性债务虽然数额大，但是通过深化改革，统筹安排，综合治理，采取多种筹资途径，是能从根本上解决这一问题的。隐性债务的解决，将有利于养老保险从现收现付制过渡到部分积累制，有利于建立起抵御人口老龄化高峰支付危机的养老保险体系，同时有利于深化国有企业改革和社会长期稳定。

本章小结

21 世纪以来，江苏省基本养老保险缴费人数、参保人数、缴费基数及基金征缴率都呈上升趋势，使得全省基本养老保险基金收入逐年增加。然而，随着人口老龄化的加快，江苏省基本养老保险基金将面临许多困难和挑战。从基本养老保险基金收支情况来看，江苏省存在着基金中长期收支、地区之间、群体之间等方面的不平衡问题。这主要是由以下原因造成的：历史隐性债务严重，财政投入不足；参保职工缴费额增长缓慢，离退休人员待遇增长幅度较大；提前退休加重了养老金的支付压力；劳动年龄人口的流出加剧了苏中特别是苏北地区基金收不抵支的状况；征缴、扩面的力度不够；等等。从江苏省基本养老保险基金的预测结果来看，社会统筹账户基金收入与支出均快速增长，个人账户养老金支出总量不断增加。从社会统筹账户支出部分的结构来看，由基础养老金调整造成的支出占了大部分。由于女性的平均预期寿命比男性长，退休年龄又比男性早，造成女性的隐性债务比男性的多。同时，由于“中人”比“老人”存在时间长，造成“中人”的隐性债务规模较大。随着人口老龄化的加剧，个人账户“空账”问题突出，在不考虑财政补贴等其他收入的情况下，2010 年个人账户“空账”规模达到 1033.5 亿元，2030 年将达到 5108.2 亿元，2050 年将达到 50 421.1 亿元。

面对人口老龄化对基本养老保险基金平衡带来的巨大挑战，江苏省应积极采取有效措施予以应对。首先，政府及相关部门应以法律为先导，依据国家及地方基本养老保险法律法规，确保养老保险制度建设实现法制化；其次，政府应切实承担起在基本养老保险制度建设中的责任，包括逐步做实个人账户空账、偿还隐性债务、对基本养老保险的资金筹集、管理与发放，以及对补充养老保险、个人储蓄养老保险发展的引导与监督；同时，政府应加大对养老保险基金的投入，促进多支柱、多层次养老保险体系的建设、发展与完善；再次，政府部门应选取安全、稳妥、有效的方式来拓宽养老保险基金融资渠道，抑制基本养老保险基金缺口，增强基本养老保险制度财务稳健性与可持续性；最后，政府部门应加强对基本养老保险基金的管理，改变现阶段“混账”管理、乱账乱象的局面，同时也应规范资本市场，为基本养老保险基金的运营提供安全、健康的环境。

第六章　江苏人口老龄化背景下的老龄产业发展研究

人口结构老化的过程中，老年人口不断增多这一客观事实是老龄产业兴起与发展的重要基础。人口老龄化背景下老年人口需求的增多，不仅会给新市场的形成和原有市场的拓宽带来直接机会，也会引导市场需求结构、消费结构及投资结构等方面的转变，这无疑会给市场带来重大改变（杰夫·奥斯契夫，1997；张纯元，1994）。从市场体系的角度出发，人口老龄化会给市场消费水平、消费规模和消费结构带来一定程度的负面影响，如降低消费比率等，因此在以优化市场结构为目标的情况下，开拓老龄市场以刺激老年消费来抵消人口老龄化给市场带来的消极效应就成为有效应对人口老龄化问题的重要途径（王金营等，2006；戴星翼，1996）。本章在对老龄产业发展的时代背景及发展机遇的认知基础上，结合实地调查对苏南、苏中、苏北老龄产业发展状况进行分析，揭示江苏省老龄产业发展存在的问题，剖析其原因，并提出相关建议。

第一节　老龄产业发展的时代背景及发展机遇

随着我国人口老龄化程度的不断加深和市场经济改革的不断深化，老龄产业应需而生。人口老龄化在给我国经济社会发展带来种种挑战的同时，也为老龄产业的发展带来了新的机遇。

一　我国老龄产业的发展背景

（一）人口老龄化加剧，老年人口规模迅速增加

2000年全国第五次人口普查的结果显示，我国65岁及以上老年人口已近0.9亿人，占总人口的6.96%，这标志着我国已进入老龄化社会。2005年，我国老年人口总数超过1亿人，占全球老年人口总量的20%，成为世界上老年人口最多的国家。2010年全国第六次人口普查数据显示，我国65岁及以上老年人

口占8.87%，比2000年上升了1.91百分点，预计到2050年我国65岁及以上老年人口将达到3.3亿人。与此同时，根据战略与国际研究中心（CSIS）的数据，目前我国劳动年龄人口与老年人口的比例为5.4∶1，到2030年为2.5∶1，到2050年则降低为1.6∶1。

我国老年人口规模庞大并且不断加速扩大，加之计划生育政策形成独特的“四二一”家庭结构，致使养老保障、医疗保障、养老服务等问题所引发的矛盾日益凸显，政府、社会和家庭面临的养老压力越来越沉重。在人口老龄化日益严重的情况下，我国养老服务体系建设必须要有突破性进展，否则将难以满足社会的迫切需求，从而产生较大的社会矛盾。

（二）老年人的收入日益增长，消费能力不断增强

与以往人们所认为的老者、弱者、无收入者不同，随着国民整体收入水平和国民素质的提高，现在的老年人较过去有了更强的消费能力和更多的消费需求。根据中国老龄科学研究中心的一项调查，目前我国城市老年人中有42.8%的老人拥有存款，仅退休金一项2010年就达到8383亿元，2020年将达到28 145亿元，2030年将达73 219亿元。此外，在城市60～65岁老年人口中，大约45%会选择继续就业，除退休金之外还将会有额外收入。在经济发展水平较高的地区，如北京、上海、江苏、浙江等地，老年人的收入水平较高。据统计，江苏省2010年城市老年人的存款约为800亿元。老年人收入水平的增加将其对老年服务和老年产品的潜在需求变为了有效需求，同时，由于生活水平的提高，老年人对老年服饰、日常饮食、保健用品、医疗用品、照料护理、文化用品，乃至投资理财用品等的需求也逐渐呈现出多样化。有效需求催生了商品供给，需求的多样性促进了产品的多样化，一些针对老年人消费心理的产品和服务也在这样的背景下应运而生。

二 江苏省老龄产业的发展机遇

江苏省早在1986年就进入老龄化社会，比全国提前了13年，是我国第一个进入老龄化社会的省份。2010年，江苏省老年人口（65岁及以上）达到856.8万人，占全省总人口的10.89%，到21世纪中叶，这一比例将达到峰值，每三四个人中就有一个老年人。另外，高龄化、空巢化现象也将日益严重，这场“无声的革命”将对江苏省的经济社会发展产生重大影响。但人口老龄化在对江苏省经济社会发展提出挑战的同时也带来了无限的发展机遇。作为经济强省，江苏省2010年的人均GDP已超过7000美元，在省域经济中始终名列前三位。在老年人口逐渐增多、老年消费需求日益增加的背景下，老龄产业将快速发展，

并形成新的增长点。

目前，江苏省正在构建以居家养老为基础、社区养老为依托、机构养老为支撑的社会养老服务体系。江苏省的大部分城市都已基本建立了以保障高龄、独居、空巢、失能和低收入老人为重点，借助专业化养老服务组织，提供生活照料、家政服务、康复护理、医疗保健等服务的居家养老服务体系。近年来老龄工作制度化建设已有不少“亮点”，例如，南京市玄武区每年都对养老项目进行招标，引进有资质的家政公司，同时，还引进第三方估评组织，定期对政府、公司的服务质量进行评估。此外，近年来其他老龄产业所涉及领域的资金投入也在逐渐增加，正在逐步实现从无到有、从单一产品到多元产品的转变。

人口老龄化的加剧促使政府更加关注老年服务的投资和建设，2009 年江苏省出台的《关于加快我省老龄事业发展的意见》指出：“各级政府要积极采取购买服务、资金补助、提供场所等扶持措施，引导和鼓励社会中介组织、家政服务企业参与居家养老服务。创建全国老年人宜居社区，为老年人营造良好的生活服务和生态人文环境。”政策的引导将吸引大量社会资本参与老龄产业的发展，从而产生乘数效应，优化产业结构，促进江苏省经济社会的快速发展。

另外，江苏省老龄产业的发展还将改变人们的就业观念、促进居民就业、优化高校的专业结构设置等。据统计，目前全省已建成的公办、民办养老机构至少解决了 5 万人的就业问题。

第二节　老龄产业发展现状——基于苏南、苏中、苏北的调查

一　老龄产业的内涵

（一）老龄产业的概念界定

老龄产业，英文为 elderly people property，在国内也被一些学者翻译成 aging industry 或 mature industry。老龄产业这一概念在我国出现得较晚，20 世纪 90 年代以来，随着我国人口老龄化的加剧，老龄产业逐渐被社会重视，因此在短短二十年的发展时间里，这一概念的使用经历了从模糊到逐步清晰的过程。“老龄事业”、“老龄产业”等都被作为相同意义的概念所使用，名称使用的不统一在一定程度上导致了理解的混乱，也引发了关于老龄产业行业概念、行业性质等争论。1997 年，全国第一届老龄产业座谈会议上首次明确提出了“老龄产业”的说法，目前这一概念已经逐渐被学界和社会认可。

概括来说，老龄产业是指为老年人提供产品或劳务、满足老年人衣食住行用及精神文化生活等各方面需求的各行业的总称。与其他专门生产某类产品或提供某类服务产品的行业性产业不同，老龄产业涵盖的产品种类多，包含的行业门类齐全，既包括传统老龄产业如服装、食品、特殊商品、交通、保健、老年福利设施，也包括现代老龄产业如娱乐、旅游、住宅、社区服务业、老年教育等多种行业（阎青春，2006）。可以说，从第一产业农副产品的生产，到第二产业各类生活用品、医疗器材等各项资料的制造，再到第三产业针对老年需求所提供的各项服务都是老龄产业的范畴。因此，简单来说，老龄产业是以老年人为服务对象、跨行业、跨部门的综合产业群。

（二）老龄产业的性质

在我国社会主义市场经济的发展背景之下，根据老龄产业的特殊性可以将其性质归纳为以下两个方面。

（1）市场性。与“老龄事业”的含义不同，老龄产业强调了“产业”二字。在传统的经济学理论中，产业主要指经济社会的物质生产部门，是具有投入产出功能的经济单位。因此，老龄产业这一概念除了包含其特殊的服务对象外，其提供的主体应为营利性的企业，而非政府部门。同时，老龄产业综合了生产、流通、服务等多方面的经济活动，具有完善的市场主体，与政府提供的公共服务具有很大的差别。因此，老龄产业的运营就必须符合市场规律，遵循市场供需原则，才能应对日益激烈的国际竞争，否则老龄产业就难以生存和发展。

（2）微利性。由于老龄产业的服务对象特殊，其社会意义也与一般产业不同，具有明显的特殊性和福利性。如果参照一般行业的利润水平运营，完全按照市场自由价格进行交易，一味地追求市场利润是很难满足老年人的各项需求的，也体现不出整个社会对老年人的关怀和照顾。因此，政府在产业的发展过程中必须给予一定的资助，同时进行相对严格的监督和管制，保证企业所提供的商品和服务等于或低于社会的平均利润水平，不能存在过多的超额利润；另外，对于一些比较特殊的商品或服务，政府必须大力扶持，以较低的价格提供给老年需求群体。这样，老龄产业才能在市场竞争的环境之下发挥其社会和经济的双重功能。

二 老龄产业的分类

老龄产业是一个综合性的产业体系，涉及的内容多、领域广。它不仅包含了有形的商品，也包含了无形的产品和服务；不仅涉及老年人的物质需求，也关注老年人的精神需求。对老龄产业进行合理的分类，对老龄产业的研究和指导产业的发展具有重要意义。

（一）根据老龄产业的所有制来分

（1）政府创办的国有老龄产业。如老年大学、老年公寓、老年康复中心、老年活动中心等。这些老龄产业具有明显的福利性，运行的资金比较稳定，不以盈利为目的。在一些福利性质较强的老龄产业中，如老年大学，国有老龄产业占有较大的比重。

（2）私有老龄产业。在老龄产业发展较好的发达国家，私有老龄产业的行业种类和行业份额要高于政府创办的，如各类生产老年产品的企业、民营养老院、私人老年护理机构等。

（二）根据老龄产业提供的服务类型来分

（1）物质服务。包括老年服装、食品、住宅、商业寿险等。物质服务涉及第二产业的生产项目较多，老龄产品的生产占有较大比重，并且较为符合市场供需的基本原则和规律。

（2）精神服务。随着“四二一”家庭和空巢老人的增多，老年精神服务越来越被重视。老龄精神服务的内容很多，从狭义上说包括各种聊天、咨询、教育、婚介和职业介绍等；从广义上说，精神服务包含在老龄服务的很多内容中，无论是一般的护理服务还是娱乐等产业，甚至产品的生产设计都涉及了老年精神服务的内容。

（3）健康服务。包括老年锻炼器材、老年保健食品、老年医疗器具、各种保健治疗、疾病护理和上门诊疗等。

（三）根据老龄产业经营的内容和服务项目来分

中国老龄协会围绕老年人的特殊需求和未来我国老龄产业发展的总体框架，将老龄产业的行业内容划分为十个方面。

（1）养老服务业。如各类养老服务机构、居家养老服务业等。其中养老服务机构包括老年公寓、托老所、福利院、敬老院等；居家养老服务包括家政服务、日常送餐、代购、代领、外出服务（坐车、购物）、上门维修、上门咨询等。养老服务业是老年服务的基本行业之一，保证的是老年人的基本日常生活。

（2）老年护理服务业。其中护理机构包括老年医院、老年康复中心、护理医院、临终关怀医院等；家庭护理服务包括：家庭长期护理、钟点护理、上门诊疗、上门送药、住院陪护等。此外还包括志愿服务（如邻里互助）、时间储蓄（低龄老人为高龄老人服务）、一帮一助老活动等。老年护理服务业目前在业内的呼声较高，护理业的发展无论是从经济意义上还是从社会意义上来讲都具有较高的可挖掘潜力。

(3) 老年卫生保健业。如老年人药品、保健品及老年医疗辅助设备等。包括抗衰老保健品、补钙补脑用品、助听器，按摩器、多功能手杖、防冻背心、暖脚器、自动血压计、自动服药定时器、各种健身器材和康复器材等（顾大男，1999)。

(4) 老年日常生活用品业。如老年人的服装、生活用品等。具体来看，老年服装领域包括防滑鞋，穿戴方便、色彩适中的衣服，软底拖鞋，便鞋等；生活用品方面较多，起居方面的特殊用床（如可升降的床、各种健身床）、药枕、浴盆、尿袋、坐式淋浴设备、可调的淋浴喷头等；餐饮和食品方面，适合行动不便老年人使用的餐具、塑料量杯、假牙、小包装食品、适合假牙咀嚼的口香糖等；日常安全方面的紧急报警装置、火灾警报器、自动灭火器、遥控设施、安全防盗装置系统等；行走方面的轮椅、拐杖等。老年生活用品涉及了生活的各个方面，对创意性和实用性都有较高的要求，同时可挖掘的领域也较多。但是一些产品由于需求量小，市场宣传不到位等问题，发展难度较大。

(5) 老年金融保险业。如老年人的银行储蓄，人寿、健康和养老保险，老年储蓄计划，老年投资计划，老年理财服务，以及信贷、信托、金融租赁、金融咨询等。老年金融保险业是老年人更高层次的需求，是帮助老年人保证物质生活水平的重要方式之一。老年人拥有的储蓄是一笔不小的数目，投入金融保险市场将十分有利于促进我国资本市场的发展。

(6) 老年房地产业。如老年人住宅、老年社区等。住房对于老年人来说是安身立命之处。从住房的设计来说，老年人的住房应突出环境清静、楼层低、采光好、进出方便、楼梯走道有自动控制灯光等特点；在选址方面要注意周边的公园、医院、公交等配套设施。

(7) 老年文化娱乐业。如老年旅游业，老年文化、体育和娱乐业等。其中老年旅游主要由旅行社提供相关服务，如参观利于老年人身心健康的景区、设计适合老年人的旅行计划等。老年旅游和各项老年娱乐活动有助于老年人陶冶情操、增长知识、扩大社会交际范围，对消除老年人的孤独感、帮助老年人重新找到实现自我的方式具有重要的作用。

(8) 老年教育产业。如老年大学、老年培训班、老年职业介绍所等。老年教育是老年人自我实现的一种方式，在一定程度上它既可以消除老年人的孤独感，提高其生活质量，也可以让老年人发挥余热，服务社会。

(9) 老年咨询服务业。如为老年人进行心理、职业、法律、婚姻咨询服务等。老年咨询包含较多的项目，如劳动条例咨询、子女赡养咨询、财产分配咨询、老年人其他权益咨询等。老年人受文化水平的限制，社会交际面窄，在权益的争取和信息的获得方面常常处于弱势地位，老年人通过老年咨询服务可以获得更多的信心，了解自己的基本权益，消除老年人的无助感，保护老年人的基本权益。

（10）其他相关老龄产业。例如，老年人特殊需求品、残疾老人用品等，则主要针对一些老年人的特殊需求。

三　老龄产业市场供给现状及特点分析

（一）江苏省老龄产业发展状况调查方案及内容

为了更加系统地了解江苏省老龄产业的发展情况，我们分别对苏南、苏中、苏北的无锡市、如皋市（如皋市虽为县级市，但作为“世界长寿之乡”，老龄工作较有特色，故将苏中的调查地点选于此）、徐州市的老龄产业发展状况和养老机构服务的供需情况进行了调查。利用调查的第一手资料对比分析苏南、苏中、苏北老龄产业的发展状况，并重点通过民办养老机构的发展分析老龄产业的供需现状，为下文分析老龄产业发展中存在的问题及原因提供调查依据。

本次调查内容包括：①老龄产业发展状况。通过对民政部门的调研对老龄产业的发展进行整体性的把握；了解地方政府出台的有关老龄产业的政策和政策的实施情况；对各地具有特色的老龄产业发展进行深入了解。②民办养老机构供需情况。通过访谈、问卷等方式了解当前民办养老机构的经营状况、服务内容和服务质量；调查入住老年人的服务需求，结合老年人的服务需求对养老服务行业的供需状况进行分析。

（二）江苏省老龄产业市场供给概况

1993 年，省老龄委、省老年学学会在苏南的江阴、苏北的洪泽进行试点创办老年经济实体。1993～1995 年，无锡市以老年人为主体创办了 1000 多个老年经济实体，年产值 4 亿多元，年利润达 1 亿元。2000 年以后，由于体制转型、老龄产业的政策、管理没有及时研究解决，有的地方政府将经济实体移交给乡镇企业，老年人陆续退出，老龄产业的发展进入了低谷时期。近五年来，随着人口老龄化问题的加剧和政府政策的逐步完善，江苏省的老龄产业逐渐加快了发展步伐，特别是养老机构的发展尤为明显，但就全省而言，老龄市场仍不能适应人口老龄化形势和老年人的需求。与全国的情况比较，江苏省的老龄产业发展相对较好，但是仍处于发展的初级阶段。根据调查，目前老龄产业中发展较快且较好的为养老服务领域，其次为老年护理服务，再次为老年产品、老年旅游、房地产、金融保险业等，虽然老龄产业涉及的各领域均有发展，但各子产业的发展仍不均衡（王章华等，2010）。

在老年用品的开发方面，江苏省老年人的吃、穿、用等产品的开发、生产仍没有受到足够的重视，并出现了严重的发展不均衡现象。目前，在一些大中型城市都出现了老年用品专卖店，主要为老年人提供各种保健娱乐、锻炼、护理等产品，而老年服装市场及其他老年用品市场却相对冷清。据江苏经济报的记者调查，在南京市几大商业圈，很多大型购物中心、商场都没有设置老年人服饰用品的专柜或者专区，一些老年人用品与各式各样的妇女、儿童和中青年用品相比，不仅品种单一，而且数量很少；在一些大型批发市场，老年人用品虽然多，但是鱼龙混杂，其中不乏“三无”产品。调查显示，目前网店上老年产品的销售情况要比实体店好很多，产品涉及老年保健理疗、服装服饰、康复护理、便利生活、休闲锻炼等多个系列，范围相对广泛。对经营者的调查发现，出现这种现象的原因在于开实体店要报批的部门太多，至少要涉及工商、税务、药监、卫生等多个部门，不仅手续复杂，而且很难获批。老年产业调查发现（桂冕，2009），目前江苏省老龄产品市场存在的问题主要有：①经营老年产品的企业数量少、规模小、实力弱；②老年产品个性不突出；③定价不合理；④促销宣传不到位；⑤分销渠道不畅通；⑥政策支持不到位。

在老年文体娱乐方面，目前针对老年人提供的文体娱乐服务消费，带有福利性质的各级政府、各单位组建的老年文化娱乐场所较为普遍，如老年大学、老年活动中心等。随着老年人群体经济收入的增加和生活态度的改变，已经开始有越来越多的老年人参加舞蹈、歌咏、棋牌、戏曲、书画、花鸟、垂钓、摄影等活动，在缴纳一定培训费用的同时还会对一些文体器材进行消费。对文体商店负责人进行调查的结果显示，一些低价、简易的文体器材比较受广大老年人的欢迎。

另外，近些年来江苏省的老年旅游也逐渐兴起。老年人旅游市场在旅游路线、时间安排、收费标准、交通工具、饮食住宿等方面都充分考虑到了老年人的生理和心理特征。2011 年 1 月，曾在全国率先开展了“夕阳红”老年旅游路线的江苏康辉集团旗下的无锡市老龄人旅游俱乐部正式成立，来自各地的 500 多位中老年人成为其会员，标志着无锡市老年旅游业将以一种全新的业态出现。如皋市的“长寿之旅”已成为华东地区一条特色旅游专线，并列为上海世博会旅游项目之一。2010 年，全市旅游业年接待游客 500 万人次，其中海外旅游者 5 万人次。虽然旅游市场竞争日益激烈，但相对于一般性的旅游服务，老年旅游服务还需要进一步的创新和完善；同时，老年人权益的维护仍存在很多问题，要建立一个运行有序、服务质量有保证的老年旅游市场还需要法律法规的进一步完善。

据调查，多元化的老年服务行业也逐渐涌现，南京市近几年来出现了专业提供中老年健康、保健、医疗、文化休闲、家政产品及服务的信息集成商，诸如此类的老年服务行业，如老年证婚服务、老年理财服务等也正随着经济发展和老年人思想的逐步开放而逐渐多元化，但整体上仍处于“小而散”的状态。

（三）江苏省养老服务市场的供给情况分析——以民办养老机构为例

1. 江苏省民办养老机构的发展情况

1）江苏省对民办养老机构的政策支持

2000年，国务院办公厅转发了民政部等部门《关于加快实现社会福利社会化的意见》的通知。通知指出，到2005年我国要基本建成以国家兴办的社会福利机构为示范、其他多种所有制形式的社会福利机构为骨干、社区福利服务为依托、居家供养为基础的社会福利服务网络。在该文件的影响下，江苏省的民办养老机构逐步兴办起来。根据调查，江苏有85.5%的民办养老机构是2000年之后建立的。2002年，江苏省政府批转了民政厅等部门关于《发展社会福利事业实行政策扶持意见的通知》，规定对于包括民办养老机构在内的社会福利事业单位进行有关政策扶持和优惠。2009年，中共江苏省委、江苏省人民政府下发了《关于加快我省老龄事业发展的意见》，文件指出：“各地可采取土地划拨、规费减免、贷款贴息、床位建设补贴、床位运营补贴、以奖代补、购买服务等方式，吸引和鼓励社会资本投资兴办福利性、非营利性的老年公寓、老年康复中心、托老所、老年护理院等养老服务设施，并在土地使用上优先安排。”同时，文件还规定，对服务机构的税收进行减免，对福利性、非营利性的老年服务机构免征营业税，对符合条件的免征企业所得税；对老年服务机构使用土地和自用房免征城镇土地使用税、房产税，并对养老服务机构用水、用电、用气按民用收费标准执行，安装电话、网络、有线电视实行价格优惠等。在省里文件的指导下，各地出台了相关实施意见，并根据当地的经济发展水平制定了不同的政策扶持标准。例如，在床位补贴方面，苏北地区的平均标准为每年500～1000元每张，苏中地区为每年2000元每张，苏南地区为每年4000元每张。2011年5月1日，苏州市正式出台了《苏州市民办养老机构管理办法》。该办法是全省乃至全国地级市第一部规范民办养老机构管理的政府规章，明确了民办养老机构的筹建和开业申请程序，并使其从筹建、开业、运行等各个阶段都能享受到各级政府部门赋予福利机构的扶持优惠政策。

2）民办养老机构数量

截止到2008年8月，全省共有民办养老机构347家，其中苏南190家，苏中90家，苏北67家。调查表明，全省一半以上的民办养老机构集中在苏南地区，其中仅南京市的民办养老机构就有93家，占全省养老机构的26.8%，而苏北的徐州市仅有5家民办养老机构。据图6-1可以看出，地区经济的发展水平与民办养老机构的发展具有很强的相关性，经济发展的不平衡导致民办养老机构的发展存在较大的地区差异。

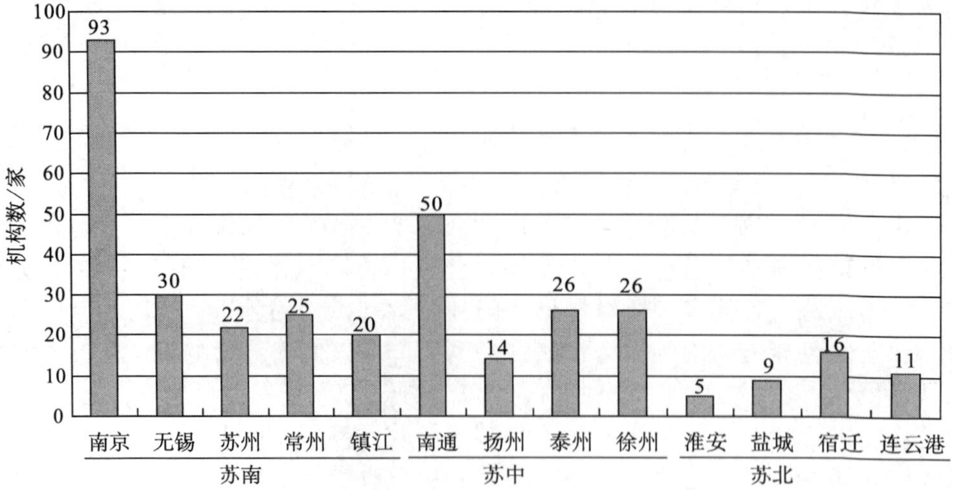

图 6-1　江苏省民办养老机构数量地区分布图

资料来源：由江苏省老龄委提供。

3）民办养老机构规模

截止到 2008 年，全省民办养老机构平均拥有房屋数为 34.49 间，拥有床位数为 89.27 张，其中规模最小的养老机构仅有 15 张床位，最多的有 600 张床位。拥有 30 张以下床位、30～100 张床位及 100 张以上床位的民办养老机构分别占 17.1％、52％和 30.9％。多数养老机构仍处于发展初期，规模不大。地区差异表明，苏南养老机构的平均规模为 94.72 张床位，苏中为 81.63 张床位，苏北为 84.18 张床位。

从床位的入住率来看，全省床位的入住率为 67.9％，其中，苏南地区为 73.2％，苏中地区为 61％，苏北地区为 62％①。

4）民办养老机构的硬件设施及人员配备

据统计，养老机构一般都会配备电扇、电视机、衣柜等生活必需品，空调和轮椅的数量稍低，而拥有紧急呼叫器、电话、饮水机和网络的机构数则相对较少，比例分别为 52.2％、66.2％、54.8％和 16.0％。在医疗设施方面，备有急救药箱的医疗机构较多，但是医疗设备的配备情况则不尽如人意，拥有救护车、B 超、心电图的机构不超过 20％（王虹森等，2010）。

养老机构的人员一般由管理人员和护工构成。目前，在医疗条件较好的养老机构会专门聘请具有医生背景的人员专门负责老年人的健康看护，一些以康复护理为特色的养老机构会配备相对完善的医护人员队伍。但多数养老机构的护工人员均为

① 数据根据江苏省老年学学会相关调研资料整理得到。

一些失业职工或进城务工人员，专业人员相对较少。在护工的使用上民政部门一般会有相应的规定，根据调查，苏南无锡市的护工人员要经过民政局的培训方可执业，苏中南通市护工人员的上岗培训由专门的职业技术学院负责，在学校颁发文凭后才具有护工资格，但在苏北的部分地区护工的培训上岗机制还未真正建立。

5）民办养老机构的服务内容及收费标准

目前，民办养老机构的服务主要有三种类型：日常生活照料服务、护理康复服务和临终照护服务。根据调查，我们发现大部分的养老机构均以第一种服务为主，根据老年人的服务需求，本书主要从生活照料、保健护理、精神慰藉、权益维护和社会参与五个方面对民办养老机构的服务内容进行归纳（表 6-1）。

表 6-1　民办养老机构的主要服务内容

服务项目	服务内容
生活照料	三餐服务（对于一般能够自理的老年人可允许自己安排饮食内容） 日常的起居安排（根据老年人自理能力情况，提供不同层次的照料） 居住场所和个人的清洁服务
保健护理	根据老年人的身体情况，安排不同的身体康复和保健运动 老年人通过健身器材等进行自我保健 护工人员帮助身体残障老人进行肢体恢复 老年人生病时带老年人看病，并进行病床护理
精神慰藉	根据老年人的不同状况，对其进行精神关怀，让老年人摆脱孤独感，如陪老人聊天、帮助老年人解决心理上的困难等 建有棋牌室、报刊室等文娱场所，帮助老年人增加生活乐趣
权益维护	尊重、维护老人的合法权益，尊重老年人的个人生活习惯
社会参与	与当地的老年组织或是社区合作，组织一些文化娱乐活动，鼓励老年人积极参与，如重阳晚会、元旦晚会等
其他	其他

目前，民办养老机构多致力于老年人生活照料和一些基本保健护理的供给，而老年人的精神慰藉、权益维护和社会参与往往会被大部分养老机构忽视，很多入住老人难以排解自己的寂寞和精神空虚；在个人权益方面也几乎很少会有养老机构提供相关的咨询和帮助渠道，老年人出现子女赡养问题、住房问题等其他权益受侵害的情况很难从养老机构获得帮助。

在收费方面，大部分地区的民办养老机构没有统一的收费标准。一般而言，对非营利性的民办养老服务机构，其收费标准按补偿成本原则确定，报同级物价、财政、民政部门核准；对营利性养老服务机构，其收费标准根据设施条件、服务项目等自主确定，实行明码标价，市场调节。在实地调查中发现，多数养老机构都会根据老人居住的床位是套间、单人间、双人间还是三人间而收取不同的床位费，并依据老年人的自理状况收取不同的服务费。有关调查表明，全省完全自理老年人的人均月收费标准为 649 元，半自理老年人为 775 元，完全不能自理老年人为 1044 元（王虹森等，2010）。

2. 民办养老机构发展的城乡差异分析

城乡二元结构对我国城乡社会的发展产生了方方面面的影响，由于经济水平、生活习惯和文化水平的差异，城乡养老机构的发展也存在着较为明显的差距，体现在基本的日常生活设施、医疗设备和服务内容等方面。

为了较为直观地展现二者的差距，本研究以徐州市城乡两所民办养老机构为例进行说明，通过对两所养老机构的机构状况和服务内容的对比来说明城乡养老机构的差异①。

案例 1

徐州市仁慈老年养护中心是徐州市唯一一家集医疗、护理、康复、临终关怀等服务为一体的老年养护中心，也是江苏省第一家由医院承办的老年养护中心。2011 年时该中心内设床位 150 张，有套间、单人间、双人间、三人间，每间房间内设有独立卫生间、壁橱、电视机、空调等设施。另外，该中心有阅览室、棋牌室、健身房、电脑室等活动场所，有餐厅、烹调室、洗衣房等服务设施。该养护中心配备护工 3 名，护理部主任 1 名，护理师 1 名，护士助理 1 名。该中心在 2008 年成立，目前有 51 位入住老人。入住老人多数生活能够自理，少数生活不能自理，并由老人或子女请护工照料。收费明细与服务见表 6-2 和表 6-3。

表 6-2　仁慈老年养护中心收费明细

费用项目	房间类型			可选项		
	单人间/（元/月）	双人间/（元/月）	三人间/（元/月）	伙食费	洗衣费/（元/月）	医疗费/（元/月）
收费标准	800	400	300	12 元/天（早晚各 3 元，中午 6 元）	300	根据情况自付

表 6-3　仁慈老年养护中心服务内容

服务项目	服务内容
生活照料	设有洗衣房，提供洗衣服务（另付费） 中心设有烹调室，如老年人不习惯食堂的饭菜，可以自己做饭菜，两者相结合 房间布置完全按照老年人意愿，被褥等均自带，橱柜、家电等也可自配，使老年人有家的温馨感 配有空调、独立浴室，夏天有太阳能洗浴，冬天有专门的公共浴室
保健护理	主任医师每周两次对老年人进行床边检查，指导患病的老年人用药 专职护士每周为老年人测血压 3～4 次，定期为老年人提供健康咨询、测血糖等，每年一次免费体检 每天早上统一集中老年人做早操，并设有专门的健身康复设备 为每位老年人建立健康档案 需要时，到徐州二院就医（在一个院落内）

① 据当地的民政部门介绍，这两所养老机构均为当地运营状况较好的养老机构，因此对两家机构进行对比可以抛开经营不善等问题来反映出城乡养老机构的差异性。

续表

服务项目	服务内容
精神慰藉	给老年人过生日，发放慰问礼物，如生日蛋糕等 重阳节等节日组织老年人举办活动 定期组织老年人外出郊游 为老年人提供专业的心理疏导，满足老年人的心理要求 中心设有棋牌室、阅览室等活动场所，为老年人提供休闲活动
权益维护	尊重老年人的生活习惯、帮助老年人解决养老机构内的纠纷
社会参与	参与各类文化艺术节，发挥老年人的特长
其他	中心院落空地由护工种植蔬菜，提供新鲜的蔬菜

案例 2

幸福托老所位于徐州市楚州区马甸镇二堡村内，属城乡结合地段，由农家四合庭院自主创新建成。于 2005 年 5 月创办，到 2011 年时已扩大为 2000 平方米的居住场所，有房屋 60 间，床位 100 张，托养老人 54 人，入住老人身体状况均较差，根据自理能力分为半护理区和全护理区，根据老人的性格、脾气、体质、嗜好、特长进行分类管理。托老所内设有厨房、餐厅、洗衣间、医务室、独立卫生间、浴室、娱乐室。托老所现有工作人员 15 人，其中有医护人员 3 人，食堂炊事人员 3 人，护理人员 6 人，勤杂人员 3 人。该托老所的收费标准根据老年人自理状况的不同分为 300～600 元/月，每间房间住 2～3 人。具体情况如表 6-4 所示。

表 6-4 幸福托老所服务内容

服务项目	服务内容
生活照料	请营养学的专家做指导，让厨师定制菜谱，配做营养餐 按不同季节合理安排老人的生活起居时间 在老人住的房间内安装呼叫铃，值班人员随叫随到，及时了解老人的突发情况 将不方便上下楼的老人安排在一楼的房间，外出行走均有人陪同
保健护理	早上督促老人按时起床，老人自发锻炼身体 配有多功能健身器材，增加老人的臂力和肺活量 老人生病时带其看病，并进行病床护理
精神慰藉	根据老人的不同状况，以亲情式的护理方式给予不同的精神关爱 托老所设有活动室，有棋牌和电视供老人们休闲娱乐
权益维护	尊重、维护老人的合法权益，尊重老人的个人生活习惯
社会参与	因入住老人为半自理或失能老人，基本无法参与社会活动
其他	无

根据以上案例和对苏南、苏中、苏北三地区城乡养老机构的调查，总结出城乡民办养老机构存在以下差异。

1）农村的入住老人多为失能、半失能老人

在农村，老年人入住养老机构主要有以下三种情形：一是子女在外打工，而老年人身体不好，照顾不了自己；二是家中没有房子供老年人居住；三是老年人生病后无人照顾。因此，一般入住养老机构的都为失能、半失能老人，有自理能力的老人很少会入住养老机构。帮助儿女务农、怕亲戚邻居笑话、住养老机构花费较多等因素成为能够完全自理的老年人拒绝入住养老机构的主要原因。例如，案例2中的幸福托老所，入住的基本为失能、半失能老人。相比之下，城市养老机构入住老人的入住原因则是多种多样的，不仅仅是失能、半失能老人，身体状况好的老人也会出于各种原因而选择住进养老院。在调查中发现，产生这种差异的原因不仅仅在于城乡居民思想观念开放程度的不同，经济水平、城乡的人际交往结构、日常的生活方式等都会影响老年人的入住意愿。

2）城市民办养老机构的硬件设施相对完善，服务内容较为多元化

在居住条件上，城市养老机构要好于农村，城市养老机构居住的房间内卫生间、空调、卫浴条件一应俱全，但农村往往达不到这样的水平；此外，城市养老机构对老年人的医疗保健也有更多的关注，量血压、测血糖、体检等项目在农村养老机构提供的较少。同时，城市养老机构在精神娱乐方面提供的内容也较多，城市的养老机构都会不同程度地提供老人郊游、各类晚会等活动以丰富老年人的生活，但在农村却较少。

3）提供养老服务的方式不同

由于城市老年人交往习惯的差异和护理人数较多的限制，老年人与护理人员之间往往是一种护理与被护理的关系，亲情式的关怀较少。但在农村，由于生活方式的不同，院落式的居住结构和邻里互动式的交际方式也被带入了养老机构中，老年人与老年人、老年人与护理人员之间往往更加亲密。农村养老机构的规模一般较小，老年人与护理人员之间的沟通也就相对较多，加之入住的老年人往往都是七村八邻的乡亲，地域关联较大，因此老年人入住之后的亲切感会比较强。抛开物质条件的差异，农村养老机构的服务模式要较城市更加人性化，更加符合老年人的心理需求。

3. 民办养老机构发展的地区差异分析

由于地区经济发展的不均衡，江苏省的苏南、苏中、苏北地区在民办养老机构的发展上也存在着显著差异。除了前文所述的机构数量、规模、生活及医疗设施的配备上存在差异以外，地区发展不均衡还表现在如下几方面。

1）政府对养老机构的政策支持力度存在差异

从政府的补贴上看，从苏北到苏南，政府的补贴力度逐渐加大。在苏北的一些地区，政府虽然对民办养老机构进行税费的减免，并对水电等费用进行相应的优惠，但没有建设补贴和床位补贴。苏中地区的状况与苏北地区类似，调查中了解到，苏中的一个民办养老机构自创办以来，地方政府从未划拨过补贴，养老机构的资金周转曾一度成为该机构的发展难题。相比之下，苏南地区的政策补贴则相对及时和到位。据调查，在调查地无锡市，财政对民办养老机构所

实施的一次性建设补贴和创办前三年的床位补贴极大地推动了民办养老机构的发展。

另外，在创办养老机构的审评程序上，程序的繁简程度也出现了与经济发展水平成正相关的情况。苏北地区一家养老机构的管理人员反映，为了创办现在经营的养老机构，他连续走访的相关部门的次数已经数不清，手续十分繁琐；而在苏南地区情况就有很大改观，由于政策大力推进，创办养老机构的程序相对简单，给养老机构的创办创造了较为优越的条件。

2）养老服务的层次差距明显

在所提供的养老服务的层次上，经济相对发达的地区多样化趋势更明显。以无锡市的情况来看，近几年来已经出现了针对不同老年人的服务需求和消费能力而提供的不同内容和不同消费层次的养老服务。除了不同养老院的服务层次和服务标准不同外，同一养老院所提供的服务层次也逐渐增多，例如，在无锡市一家养老机构，有为经济条件较好的老年人提供的家庭套间，老年人可以自己从家里带家具，自己购置房间用品，自己在房间内做饭、娱乐等，同时也有为一些收入条件较低的老年人提供的价格较低的床位。另外，一些养老院还在服务上进行了创新，成立伙食协商小组，让老年人每周自己定制菜单，按照个人口味提供饭菜。但在苏北地区如此个性化和具有层次化的服务还较少。

3）养老机构的管理标准也存有差异

目前，我国对于民办养老机构的管理还没有明确和统一的规定，2011 年 5 月 1 日，苏州市正式实施《苏州市民办养老机构管理办法》，该办法是全省乃至全国地级市中第一部规范民办养老机构管理的政府规章，但在全省的其他地区，对于养老机构的规范管理还缺乏规范依据。立法的空白在不同程度上导致了养老机构管理的混乱，以护工的使用为例，从调查地的情况来看，在苏北地区老人护理人员的使用比较随意，护工的职业资格和护工比例都没有严格的控制；在苏中的如皋市，护工就需要经过专门的培训学校颁发结业文凭，由于护工紧缺，养老机构往往需要自己聘请人员送到培训学校进行培训，并需要支付培训费用；而在苏南的无锡市，护工的培训则是由政府的培训机构统一负责，颁发护工资格证书。无论是从培训的专业化程度还是从操作的模式上，苏南地区都要较其他两个地区更加合理。

4. 民办养老机构的发展困境

1）政策困境

民办养老机构作为一项与社会福利事业相关的微利性产业，对于政府政策具有较强的依赖性。一方面，养老机构在发展初期必须通过政府的政策扶持和财政的适当补贴才能形成一定的规模，并在保持微利性的条件下吸引投资者；另一方面，由于养老机构的供给性质为社会化的养老服务，涉及公民的保障问题，因此政府必须对民办养老机构进行严格的监管，以保证整个服务体系的良性运行。虽然在产业的相关领域中，政府对养老机构的扶持力度已经相对较大，但仍存在诸多问题。目前，政策落实不到位和政策制定体系滞后是严重影响民办养老机构发展的重要方面。

由于经济发展水平的差异，江苏省不同地区对于民办养老机构的政策支持存在着较大差异。在基本的政策扶持上，苏中、苏北地区的政策落实情况较差，地方政府部门虽然对民办养老机构进行税费的减免，并对水电等费用实行相应的优惠政策，但建设补贴和床位补贴却迟迟难以落实，资金问题成为众多养老机构的发展障碍。在苏南地区，这一状况有较大的改观，一般符合标准的民办养老机构通过申请均可得到相应的一次性建设补贴和创办前三年的床位补贴。

另外，相关政策制定的滞后和政策的不灵活也在阻碍着养老机构的发展。例如，在养老机构的设立程序上，除苏州市出台了针对性的管理办法以外，其他地区仍缺乏明确的指导，难免导致政出多门、程序审批冗繁等问题。在对苏南地区的调查中发现，虽然政府对民办养老机构的政策扶持基本到位，但养老机构在发展完善过程中需要政策支持时却面临诸多问题。以养老机构的医保卡问题为例，由于一些细节政策制定的滞后和相关部门的利益博弈，审批部门一直不允许民办养老机构成为医保刷卡的定点单位，有医保卡的老人只能到外面刷卡拿药，不仅导致养老机构的药品成了摆设，医务室基本处于无盈利的状态，制约了养老机构医疗条件的改进，同时也极大地浪费了医疗成本。据养老机构的人员介绍，在医院一个床位要1000元，而若在养老机构设置床位，成本仅为80元。目前，在苏南一些地区，这一问题正在多方的努力下探求解决，但政策的出台却仍需要时间。

2）供需困境

江苏省负责老龄工作的相关人员表示，目前江苏省养老机构的床位需求量为老年人口总量的3%～4%，但目前供给数量还不到2%，可见虽然近些年来包括民办养老机构在内的养老服务机构的发展较快，但从整体的数量上看仍远远不能满足社会的需求。除了供给的不足之外，民办养老机构的发展还存在着较为严重的供需矛盾，双方未形成良性的循环和互动。具体表现为：

（1）老年人的需求未转化成有效需求。受传统观念的制约，居家养老模式在我国居民的思想中是根深蒂固的，“儿女膝前绕”的家庭观念导致人们排斥社会化养老的方式。随着社会的发展，这种观点正日益淡化，但是目前仍较强地影响着人们的养老思想。加上老年人的经济收入水平较低，消费观念较为保守，人们对于社会化养老服务的需求仍是潜在的，未转化为有效需求。

（2）养老机构提供的服务缺乏吸引力。目前，大部分养老机构的服务内容都比较单调，一般仅限于满足吃、住等基本生活需求，缺乏特色和个性化的服务，对老年人身体康复、心理慰藉、精神赡养、文化娱乐等更高层次的需求供给不足。另外，有的养老机构的硬件设施投资很高却不符合老年人的需求，比如，很多养老院的楼梯都是不锈钢扶手，冬天老人扶上去很凉；健身室内安装运动员用的专业健身器材，虽然很昂贵但并不适合老年人健身等。可以说，很多养老机构要么价格较高，老年人望而却步；要么设施缺乏，服务较差，“机构”味过浓，老年人不愿入住。有学者指出，目前养老机构的经营已经陷入了高需求低入住的怪圈：一方面，许多老人找不到地方养老，要排队等候中意的养老机构有床位；另一方面又有许多养老机构的入住率并不理想，持续亏损。

3）专业人才困境

针对人才的使用，民办养老机构主要存在两大困境：

（1）专业人才匮乏。经过调查，养老机构的护理人员多为小学及以下学历，仅有少数医护人员具有专业的医疗护理知识。虽然多数地区对护工都进行了岗前培训，但仍不具备专业的护理知识。另外，在调查中发现，即使是由养老机构支付护工的岗前学习和培训所需的全部费用，护工人员的供给仍远远小于需求，一些养老机构甚至要额外付出一定的宣传和招聘成本到附近地区招募护理人员。

（2）护理人员流失量大。由于养老机构属于微利性行业，护理人员的工资相对较低，护工在与养老机构签订了合约，接受了政府或养老机构免费的培训，取得执业证书之后很难会在养老机构工作较长时间，而是凭借已获得的执业证书选择工资更高的护理工作，如到医院对病人进行短期的病床护理等。养老机构难以通过合同或是保险的方式留住护理人员，通过情感维系留下来的护工比例很小，导致机构的护理人员流失严重。这不仅增加了培训成本，还影响了机构的服务质量。

四 老龄产业市场需求调查

（一）江苏省老龄产业市场需求现状

1. 老龄市场消费需求影响因素分析

从严格的经济学意义上讲，对于一个市场而言，需求是指“有支付能力”的需求，即有效消费需求。老年消费市场的有效需求主要取决于两个方面：一是老年人的购买能力；二是老年人的消费倾向。

1）老年人购买能力分析

购买力是指一定时期内投入市场购买商品或劳务的货币总额，与市场容量成正相关关系。居民购买力的大小取决于可支配收入的多少，在这一点上，老年人与其他群体并没有本质区别，但老年人的可支配收入却与其他年龄人群有所不同。由于老年人身体素质的下降，大多数老人难以通过劳动获得收入，在江苏省乃至全国，由于社会保障制度的不健全，除了城市地区的部分老年人拥有比较稳定的收入之外，绝大多数老年人都没有稳定的收入来源。如表 6-5 所示，2010 年江苏省 65 岁及以上老年人口中仅有 28.17%的老年人有稳定的退休金来源，37.25%的老年人都需要依靠家庭成员供给，甚至还有近 30%的老年人仍然需要通过体力劳动作为主要收入来源。可见，目前收入水平低、收入不稳定是造成老年人购买力低下，影响老年人有效需求的主要因素之一。

表 6-5　2010 年江苏省 65 岁及以上老年人口主要经济来源构成　（单位：%）

主要经济来源	全省	城镇	乡村
劳动收入	29.19	17.45	41.06
离退休养老金	28.17	47.09	9.03
最低生活保障金	3.28	3.30	3.26
财产性收入	0.27	0.39	0.15
家庭其他成员供养	37.25	29.74	44.84
其他	1.85	2.03	1.65

资料来源：2010 年江苏省第六次全国人口普查数据。

2）老年人消费倾向分析

消费倾向是指当收入水平或价格水平发生变化时，其消费需求的变化程度。由于生理变化、家庭及社会角色转变，以及社会参与的减少等因素的影响，老年人的消费倾向表现出更为显著的年龄群特征。老年人的消费倾向可以归纳为以下几个方面。

（1）消费欲望较低。由于生理机能的老化，老年人的行动能力逐渐减弱，活动范围也因此缩小。大部分老年人，尤其是高龄老年人一般只会在居住地附近进行消费，即便是低龄老人，单次商场消费的时间也很短。另外，由于社会参与的减少，老年人对于服饰、应酬及交通等的消费欲望也明显低于年轻人。

（2）消费行为较为理性。相对于其他年龄人口，老年人的消费表现出较强的理智性，发生冲动性消费的可能性较小。一方面，老年人在购物时往往会综合考虑很多因素，颜色、样式、尺码是否适合，衣服的舒适程度如何，通常要经过“货比三家”、多次讨价还价之后才会购买；另一方面，由于要对未来可能发生的风险（特别是疾病风险）进行储备，而收入的获得能力又急剧下降，所以老年人的消费往往决定于现期收入而非预期收入，这就导致老年群体的消费在很大程度上会受到收入和储蓄的限制而表现为较强的消费理性。

（3）追求实用性。老年群体较低的消费欲望和较强的消费理性导致他们对商品的实用性要求较高。老年人的消费方式并不像其他群体一样具有较多的情感变化，而是成熟、理智地进行购买决策，“用什么买什么”是他们的购买原则。因此，商品的实用、安全、性价比成为影响老年人购买的主要因素。

一般而言，由于进入衰老阶段，老年人对健康保健及生活照料方面的产品和服务的需求会较多。另外，由于社会参与的减少，老年人对于精神方面的需求会随之增加。家庭经济学认为，在家庭效用生产中，精神消费活动是时间密集型的家庭产品。当一个人的闲暇时间短缺时，精神消费的成本就会比较昂贵，因此时间成为限制人们精神消费的主要因素之一；退休以后，其闲暇时间会大大增加，可以降低精神消费的时间成本。因此，与其他年龄人口相比，老年人的精神消费需求不一定少，而可能会更高（李建民，2001）。

（4）需求结构日益多样化，需求层次逐渐提高。老年群体的消费观念较为保守，导致老龄产业市场的供给动力相对不足。但随着老年人物质生活的改善和思想观念的逐渐转变，老年人的购买力也在明显增强，对于一些满足老年人基本生存之外的社会交往、文娱服务、旅游、体育等文化消费品的需求也大大增加。特别是在城市地区，很多老年人也开始像年轻人那样追求时尚，在饮食、衣着和活动等消费上较以往更加注重健康和享受，需求层次不断提高。这一趋势的变化表明，老龄产业的潜在需求正在逐步向现实需求转变，增加了老龄产业的市场供给动力，使老龄产业市场“供需两不旺”现状逐步得到改观。

2. 江苏省老年人口消费需求总量估计

作为一项由市场供需调配的综合产业，老龄产业市场需求状况是产业发展需要考虑的重要因素之一。因此，对产业规模的估计和预测具有重要意义。而老年人口的消费需求总量又在一定程度上反映了老龄产业市场的发展规模，所以如何估计老年人口的消费需求是规划老龄产业发展的重要依据。

对于老年人口消费需求的评估和预测，李建民、朱国宏、吴国英等多位学者都进行过相关的研究。本书借鉴李建民（2001）的“标准消费人”测算方法，并进行了改进，分城乡对江苏省老年人口的消费需求总量进行分析。

“标准消费人”测算方法是将劳动年龄人群作为标准消费人，将消费水平低于劳动年龄人群的老年人和少年儿童按一定的比例折算为标准消费人。这一比例会因不同地区的经济社会发展水平和文化传统的不同而存在差异，本书在此将儿童及老年人的折算比例系数都定为0.7。表6-6为2010年江苏省各年龄层次的人口数量及折算为标准消费人后的数量。

表 6-6　2010 年江苏省标准消费人折算情况　　（单位：人）

地区	各年龄层次人口数量			标准消费人数量		
	0～14 岁	15～59 岁	60 岁及以上	0～14 岁	15～59 岁	60 岁及以上
城镇	5 927 580	35 132 994	6 268 516	4 149 306	35 132 994	4 387 961
农村	4 467 833	20 756 080	6 056 916	3 127 483	20 756 080	4 239 841
合计	10 395 413	55 889 074	12 325 432	7 276 789	55 889 074	8 627 802

资料来源：2010 年江苏省第六次全国人口普查数据。

据表 6-6 可知，全省标准消费人规模为 7179 万人，其中老年人口按照 0.7 的比例可折合为 862.78 万标准消费人。2010 年，江苏省城镇居民平均消费支出为 14 357 元，农村居民为 6543 元，由此可以计算出，2010 年江苏省城镇老年人口的总消费支出为 629.98 亿元，农村老年人口总消费支出为 277.41 亿元，老年人口总消费支出为 907.39 亿元。可见，老龄产业具有庞大的市场需求，这一庞大的需求必将拉动老龄产业的迅速发展。

（二）江苏省养老服务市场的需求状况分析——以民办养老机构为例

目前，随着社会化养老的逐步兴起，养老服务的市场需求迅速增加。为了对江苏省养老服务市场的需求状况进行较为细致的分析，以民办养老机构为例，通过调查入住老人的生活状况、居住条件、满意程度等内容，结合其他相关研究反映当前的需求状况。

1. 老年人对入住养老机构的意愿分析

有关调查表明，大多数进养老院的高龄老年人，主要是因为身体多病、生活不能自理，而子女又较忙，难以给予日常照顾，因此希望可以通过"购买服务"获得相应的养老服务。而低龄老人、能自理老人入住则多是因为在与子女共同生活中经常发生冲突，或因没有房屋、丧偶感到寂寞（谢钧等，2000）。济宁市一家老年公寓的调查结果显示，老年人入住社会养老机构的主要原因有："子女工作忙，在家里没有人照顾"（60%）；"自己身体不好，不愿意给子女添麻烦"（50%）；"家庭关系不好"（10%）；"家里的房子面积小，住不开"（5%）；"其实自己不想来，家里人送来的"（5%）（李芹等，2003）。通过这两项调查可以看出，多数老年人入住养老机构都是非自愿的，但调查中也发现有一些文化程度较高、经济条件较好的老年人自愿选择入住养老机构，为的是可以有一个比较自由的生活空间，或在养老机构中能获得比较好的医疗服务。

2. 入住老人养老服务的需求内容分析

根据老年群体的需求特点，可以将老年人的养老服务需求内容分为生活照料、保健护理、社会参与、权益维护、精神慰藉和临终关怀六个部分。在调查研究过程中，通过对入住老年人的深入访谈，可以将老年人的养老服务需求归纳为表 6-7 中的内容。为了清晰反映入住老年人服务需求的满足程度，表 6-7 还列出了目前民办养老机构提供的各项服务内容。

表 6-7　入住老人养老服务需求的内容及提供情况对比

服务项目	服务需求内容	目前的提供情况
生活照料	相对比较可口的饭菜（营养、味道、软硬度等）	很多养老机构饭菜的营养、可口程度都难以满足老年人的需求。一方面存在众口难调因素，另一方面服务成本和服务人员的细心程度影响了服务质量。但一些服务较好的养老机构允许老人协商制定菜单或自己烹调饭菜
	接受到细心、贴心的日常起居服务	基本可以满足老年人的需求，但是护工所提供的日常照顾的规范性和专业性不够
	居住环境干净、整洁	基本可以满足老年人的需求
保健护理	根据身体情况，进行不同的身体康复和保健运动	一些不以康复保健为主要服务内容的养老机构大部分都没有建立较为健全合理的老年人康复保健计划，一般只是简单的保健护理。大部分的保健需求还是要老年人自主完成
	通过健身器材等进行自我保健	大部分养老机构都会配置健身器材，但器材的利用率普遍不高
	护工人员帮助身体残障老年人进行肢体恢复	大部分养老机构都不会提供这项服务，除非老年人聘请专门的护工照料
	生病时进行细心、专业的病床护理	临时性的病床照料会由护工人员或老年人的儿女完成，对于长期卧床老年人，则按照失能、半失能老年人的护理规则进行
精神慰藉	有人陪自己聊天，进行心理疏导等	在护工比例小、工作量大、护理水平不高的情况下，以心理疏导为目的的聊天服务远远达不到要求
	闲暇时可以进行一些娱乐活动，如打牌、看电视、外出游玩等	老年人的娱乐方式多为打牌、下棋和看电视，其他娱乐方式较少
权益维护	对可能发生的侵权行为进行维护	养老机构一般仅负责老年人在机构内部发生的侵权问题，对于其他权益的维护均不涉及
社会参与	参与一些社会活动，实现自身价值	仅有少数养老机构会针对自理或具有特殊需求的老年人开展这项服务
临终关怀	减少病痛和对死亡的恐惧	很少有养老机构提供该项服务

在调查中发现，老年人很在意日常的照料和基本的精神关怀，希望可以得到悉心的饮食起居照顾。在精神关怀的层面上，老年人也希望有人可以陪他们聊天，能够有倾诉的对象。但目前，这些看似基本的需求却由于成本限制、管理方式及服务理念等原因而难以满足。在身体的保健护理方面，对于能够自理的老年人来说，虽然多数老年人具有保健意识但往往认识都比较模糊，不知道该如何自我保健，而养老机构又往往会忽视该部分的服务；对于那些不能自理的老人来说，一些复健运动和肢体恢复都需要养老机构的护理人员帮助完成，但一般的养老机构却少有提供。

然而，需要注意的是在被问及对所居住的养老机构有什么不满时多数老人一般都只会提到三餐问题，部分老人会对养老机构的医疗条件产生质疑，而对其他却感到满意。不难想到的是，并不是养老机构的服务供给已经充足，而是对于多数老年人来说，他们难以支付较高的费用去获得更为广泛的服务，他们并没有意识去满足这些潜在的需求。但可以预见的是，随着养老机构的逐渐发展、居民生活水平的提高和社会制度的日益完善，养老服务需求的各项内容都将出现在养老机构的服务之中。

第三节 老龄产业发展存在的问题及原因分析

一 老龄产业发展存在的问题

（一）老龄产业市场存在供需矛盾

市场的发展是由供给和需求的良性互动而推进的，但目前老龄产业市场的供求矛盾较为突出，供需双方没有形成良性的循环和互动。当前，老龄产业市场的发展问题不仅仅只是表现为需求不足或供给不足的简单矛盾，而是供需不匹配的双重矛盾。一方面，老年人的潜在需求很大，但有效需求不足。由于目前老年人的收入仍处于较低的水平，多数老年人的消费观念都比较保守，消费水平较低，大部分老年人都难以享受到商业化养老服务和中高档产品服务；另一方面，产品和服务的供给严重不足。上一节已做出估计，2010 年时江苏老年消费市场约消费 907.39 亿元，但根据有关调查显示，能提供的老年消费产品大约只有 100 亿元。

（二）老龄产品和服务缺乏吸引力

目前老龄产业市场提供的产品和服务存在两个极端：“粗放型”的产品和服务占多数；少部分产品和服务过于奢华，价格昂贵。体现在老龄产品的供应上就是：要么产品数量少、品种单一、质量较差、款式陈旧、样式不美观、设计不合理，要么市场供应少，价格昂贵。有学者将目前老龄产业市场上老年消费产品的现状总结为“数量少、品种缺、质量差、价钱贵”。这种“少、缺、差、贵”的现象使得消费观念较为理性的老年人更加不愿意购买产品。在苏南地区的一家老龄产品展示中心，一个多功能的老年人洗浴设备要 30 余万元，主要供高档养老机构购买选用，绝大部分老年人都难以消费得起。供应的产品不符合老年人的消费需求特点，对于老年人自然也就没有吸引力。

目前大部分养老机构的服务内容都比较单调，一般仅限于满足吃、住等基本生活需求，缺乏特色和个性化的服务，对老年人心理慰藉、精神赡养、文化娱乐、身体康复等更高层次的需求缺乏相关服务。另外，养老机构设施的设计也缺乏创新性，一些无障碍设施设计做得不好，如房门有门槛、卫生间不够防滑等；有的养老机构的硬件设施投资很高却不符合老年人的需求，比如，不锈钢扶手，冬天老人扶上去很凉；运动员用的专业健身器材，不适合老年人健身却很昂贵等。

（三）缺乏产业标准和市场规范

老龄产业虽具有产业性质并遵循市场化的运作模式，但老龄产业的目标人群特殊，因此必须要有统一的产业标准和市场规范加以控制。然而，目前，老龄产业市场的行业监管仍然不健全，行业在一定程度上处于无序的运营状态。特别是老年保健品行业，过分夸大的产品宣传误导了老年消费群体，很多产品都是昙花一现，导致老年人对保健产品产生信任危机。对于养老服务机构，正如前文所述，目前也缺乏统一和完善的标准和规范，室内设计较普通住房无差别、饮食营养不合理、护理人员的使用无规范、医疗卫生设备的不足等问题导致养老机构的发展难以形成良性循环。

二 原因分析

（一）政府对老龄产业的政策支持力度不够，管理体制不完善

从一般产业发展规律上看，国家产业政策和市场需求导向是一个产业起步和发展的两个基本杠杆。虽然现阶段老龄产业的市场需求量十分大，但缺乏强有力的政策支持和政策引导。老龄产业的服务人群较为特殊，一些行业像老年服务、老年娱乐和文化业等都具有较为明显的福利性，因此，在产业发展的初期往往会出现投资成本高、利润低、资本回收周期较长等问题。在老龄产业发展初期，政府必须制定和完善老龄产业的相关产业政策以实现宏观的调控。2009年，江苏省出台了《关于加快我省老龄事业发展的意见》（以下简称《意见》），各地根据《意见》的指导思想出台了相应的地方文件，但政策的落实却很难到位，尤其是在经济发展状况较差的苏北地区，对于老龄产业的政策支持主要还停留在“书面”阶段，实际操作中许多政策并未落实。例如，在苏中、苏北的多个地区，虽然有关部门对地方政府的床位补贴和一次性建设经费做出了文件规定，但实际却并未到位。在民办养老机构发展状况较好的苏南地区虽然政策落实情况较好，但也存在着各部门、各利益主体相互博弈，政策落实难度较大等问题。无锡市老年学学会在一项调查中发现，一家康复院的水、电费并没有按照民用的标准进行收费，其原因在于养老院的前身是一个酒店，若要

另行安装水、电线路，建设资金投入很大，而当地的相关部门都以不涉及相关管理为由要求养老院自行解决。

另外，我省政府对于老龄产业的管理体制仍不完善。政府有关部门还没有将民办养老机构正式纳入自己的管理范围进行规范运作，“多头管理”和“无人管理”问题导致养老机构在遇到困难和问题时出现“踢皮球”现象。养老机构在遇到银行贷款、费用调整等问题时由于政府职责不清、政出多门等原因而很难得到及时有效的解决，严重挫伤了经营者的积极性。

（二）消费群体的消费能力和消费心理的制约

老龄产业供需两不旺的重要原因之一在于老年消费能力的不足，导致潜在需求难以转变为有效需求。由于社会保障制度的不完善，我国老年人的收入水平还处于较低的水平，尤其是农村老年人，由于生产能力的下降，老年人收入都极其有限，一般均要靠子女进行赡养；而城市老年人的收入层次也存在很大差别，部分老年人不具备消费的经济条件，难以有效刺激生产。目前，老龄产业中，除了养老机构和部分老龄产品涉及农村老年需求群体之外，其他产业在农村几乎都没有涉足。

市场消费群体的消费心理对市场的发展影响很大。受传统观念和经济、社会环境的影响，我国老年市场消费群体的消费心理具有以下明显特点。首先，在原有的经济条件和社会环境的影响下，老年人形成了重积累轻消费、重子女轻自己的消费习惯，大多数老年人养成了过于节俭的生活习惯和简单的生活方式，舍不得为自己花钱。中华民族几千年勤俭节约的优良传统在老年人身上表现得尤其明显且根深蒂固，超前消费在老年群体中基本是不存在的。虽然近几十年来我国居民生活水平有明显的提高，老年人的消费观念正在逐渐改变，但要想彻底转变老年人的消费习惯仍需要很长的时间。其次，由于受传统养老观念的制约，无论是老年人还是子女，对社会化养老的方式都还不能完全接受，认为住进养老院是一件丢人的事。很多老年人即使不得已住进养老院也不敢告诉周围的邻居或亲朋，一些思想开明的老年人即便自己愿意入住养老院，子女也会因为顾及颜面而进行阻拦。由此看出，老龄产业的发展受到的是整个社会群体消费心理的阻碍，要改变老龄产业的发展现状就必须改变整个群体对老龄产品和服务的消费认识。

（三）投资者对老龄产业的认识不足

目前，我国老龄产业发展缓慢，与投资者的投资积极性有着很大的关系。除了政策条件、市场等客观因素的影响外，投资者对老龄产业认识的不足也导致了诸多问题。在调查中发现，一些经营成功的民办养老机构的投资者往往都是抱着“先做事业再做企业”的想法一步一步将养老机构发展壮大的，如南京成功创办养老机构的杰出代表李思美、韩品嵋和黄恩梅等都经历了艰苦的创业历程，但目前很多投资人都很难具有这种创业精神，急功近利的心理较为严重。老龄产业的各个子产业一般都具有微利性，并且在产业发展初期，市场营销也较差，很多投资者望而却步，或在尝试中因为过于追求利润而以失败告终。在对一家农村养老机构的投资人进行访谈时，她对我们说：“在农村办养老机构是要靠一颗热心的，这么多年我并没想过要靠办养老机构赚很多钱，我更喜欢一种创业的快乐，一些人仿照我进行经营失败了，问题就在于他们希望可以不花心思就赚很多钱。”

对于已经投资老龄产业的投资者，也存在对老年需求和消费认识不到位的问题。这里仍以养老机构的经营为例，中国社科院老龄科研所特约研究员伊密指出，当前一些养老机构经营不善的原因在于老人更看重情感赡养和疾病护理，而养老机构没有真正抓住老年人的需求（江苏老龄网，2010）。首先，养老机构的布局与老年人的需求脱节，老年人往往喜欢离自己家较近的养老机构，这样可以经常见到子女，和老邻居聊聊天等；另外，多数老人入住养老院是迫于健康问题，住在家附近的养老院才比较方便子女和亲友探望。但受到土地因素的制约，市区养老机构的建筑面积都相对较小，一般新建的养老院选址都相对“偏远”，虽然活动面积大，风景宜人，但是老年人却不愿搬到那么远居住，导致城郊结合部的养老机构空置率较高。其次，投资者对于目标人群定位过窄。许多高档养老院的投资方不熟悉养老专业，目标人群定位于那些高收入、比较健康、养老观念前卫、子女开明的老年群体。实际上，这部分人群并不多，难免出现床位落空的现象。目前，国人的养老需求尚处于较低层次，对于70岁及以上的老人来说，身体健康和精神充实是最重要的，豪华的硬件设施只是摆设，浪费投资。

老年住宅、老年理财行业的投资者也缺乏对市场足够的认识。目前针对一般老年人的商业性住宅还很少，开发商忽略了这部分需求；理财行业也未充分调动老年人的投资热情，老年人的理财往往注重安全性，不喜欢风险，同时如果可以与健康保险等有效挂钩就会增加吸引力，然而，目前市场上这一类型的理财产品虽然已经出现，却仍然缺乏足够的吸引力。

（四）专业人才匮乏

与其他产业相比，老龄产业的专业人才明显缺乏。老年消费群体长期处于被忽视的状态，了解老龄产业市场的人才少之又少，很多开展的项目明显缺乏专业技术指导，加上老龄产业微利性的特点，导致企业没有多余的资金吸引优秀的人才从事生产经营的管理。在老年服务领域，具有老年护理和老年保健的专业人员也很少。一方面，很多高校没有相关的专业设置，专业人才的培养机制没有形成；另一方面，老年服务在当今社会不被大众看好，很少有人愿意从事相关领域工作。调查中我们发现，目前养老机构的护理人员基本上都是失业女工和农村进城务工人员，只有跟医疗相关的职位才使用具有专业知识的人员。由于知识水平的制约，养老服务只能处于低水平，难以得到实质性的发展和进步。

第四节　先进国家及地区发展老龄产业的方法

由于发达国家一般都较早地进入了老龄化社会，所以老龄产业在发达国家起步较早，相关经验较为丰富。因此，分析和借鉴发达国家的相关方法，对推动我们老龄产业的发展具有重要意义。

（一）国外特色老龄产业

1. 社区照顾

在崇尚人权的英国人发出的“让住院者回归社区”的呼声中，社区照顾作为一种运动于20世纪50年代开始于英国。社区照顾的理念主要有两种含义：一是不使老年人脱离其所熟悉的社区，在社区内为他们提供服务；二是动员社区资源，运用社会人际关系资源即社区支持体系开展服务。这两种措施的主要目的是使老年人感受社会的温暖，像正常人那样生活，而不把他们当做被社会抛弃的人群；同时，利用社区提供的一些非正式服务也可以减轻政府财政支出的压力。

理想的社区照顾同时注重“在社区内的照顾”（care in the community）、“由社区照顾”（care by the community）和“与社区一起照顾”（care with the community）。同时社区照顾还强调“正式与非正式的照顾（formal care and informal care）互相配合”。英国社区照顾的主要做法有以下几种：①在一定规模的社区中兴建中小型的院舍设施，对无依无靠、生活不能自理的老年人进行院舍照顾，但这种院舍是开放型的，住院老年人可以走出院舍，进入其所生活的社区。这与传统的将院舍与老年人生活的社区隔离开来的院舍式照顾有本质的不同。②在社区中兴建服务设施，有需要的老人可定期来使用这些服务设施，同其他老年人聚首，政府分派交通工具接送老年人，老年人一般当日返回自己的住所。③对行动不便或日常生活有困难的老年人实行上门服务，包括代买生活用品、代做饭食、清理卫生、陪同聊天等。

英国社区服务的一大特点是以政府财政支持的人员管理为主导，但也接受企业等各种营利的社会服务机构提供的专业服务（杨宏等，2006）。同时，它的服务体系完整，人员管理正规，指导思想明确，为英国社会营造了良好的社区服务理念。现如今，英国已将社区服务应用于社会服务的各个领域，不仅在很大程度上解决了老年人的照顾问题，也为政府的财政支出减轻了压力。

2. 老年护理保险

老年护理保险制度又称长期护理保险制度，始于美国，深受一些保险业发达国家的欢迎。随着该制度的逐渐发展与完善，目前德国、日本等国也建立起了比较有代表性的长期护理保险制度，并在其健康保险中占有很重要的地位。老年护理保险制度的主要责任包括：在疗养院、护理中心等收容机构（如日间护理中心、成人护理中心、儿童护理中心）由授权护士或医生提供的护理服务；在社区护理中心或家中由社会工作者或亲戚朋友提供的正式及非正式护理服务；在上述护理机构或家中由于相关原因而需要进行一定时期内转移的延迟护理服务；以及一些辅助性生活设施的提供和服务。产品类型主要有日额津贴、费用补偿、服务提供等单一或相互交叉的形式。保险责任的判定一般可通过日常活动损失、认知能力损失、特定疾病（阿尔茨海默病、早老性痴呆、帕金森病、卒中、冠心病等）加以鉴定。目前，国外现行常见的长期护理保险产品类型有：独立保单、万能寿险、延期失能收入保险、递增年金保险、医疗费用保险附约等。

护理产业为很多国家带来了丰厚的社会效益和经济效益，以日本为例，据统计，1985 年日本护理产业占老龄产业的比重为 45%，1990 年为 47.3%，2000 年上升至 51.4%。日本护理保险制度的推行也大大刺激了护理行业的发展，促进了国民的就业。根据计算，每 100 亿日元老年介护方面的需求所创造出的就业机会可达 1785 个，而 100 亿日元基础设施建设等公用事业方面的需求所创造出的就业机会仅为 994 个（陈茗，2002）。从事护理行业的人员也因为具有专业的从业能力和良好的社会形象而具有很好的口碑，近年来护理行业人员的社会地位正不断提高，日本女性已经把通过护理人员资格考试当成一个表明自己有能力、有地位、有爱心的标志。另外，护理专业也成为众多学校的热门专业之一，学校专业的培训为护理行业提供了大量的专业人才，进一步促进了护理产业的良性发展。

3. 各类老龄产品

在一些发达国家，商家瞄准了老龄市场的巨大消费潜力，从产品性能、产品质量和产品实用性等方面进行了产业开发以满足老年人的特殊需求。例如，在法国，厂商大力开发老年人商品和发展老年人服务市场，从药品到宠物食品、家居防盗安全系统等，深受老年人的喜爱；日本商人首先为尿失禁的老人生产

“老人尿裤”、“随身尿袋”、解决了老年人在生活中的诸多不便；美国厂商设计的适合老年人假牙咀嚼的口香糖、脚踏式开关电冰箱、简易拆包裹器、按钮式自动弹簧锁、自动配药服药定时器等都很受老年人的青睐；俄罗斯为老年旅游爱好者研制了一种轻便型的旅游电视；英国市场上推出的一种适合老年人饮酒的免醉酒杯，杯中的化学物质表层可以柔和酒的烈性；德国设计的增音电话机可调节音量；瑞典的大体积乒乓球可以保证老年人从容击球等。丰富的老龄产品方便了老年人的生活，提高了老年人的生活质量。

4. 老年住宅

老年住宅于20世纪70年代初创于北欧，目前在发达国家已盛行，如美国、加拿大、瑞典、荷兰、日本都有不少大规模的老年住宅。1986年，国际慈善机构（HTA）曾制定了老年人居住建筑的分类标准（即将老年人居住建筑分为Ⅰ类住宅、Ⅱ类住宅、退休住宅、生活基本自理住宅、护理住宅、养老院和护理院等七类）。很多西方国家逐渐采纳或部分采纳了这一标准，英国则完全使用该标准，他们强调对不同的老年人提供不同形式和服务的住宅产品，使有自理能力的老年人尽可能自己多做一些力所能及的事情，而对于那些丧失了自理能力的老年人则提供全方位的服务。欧洲大多数国家已将老年住宅纳入整个社会保障体系中，例如，英国、法国、德国和瑞典等国家的福利政策中重点考虑的一个内容就是老年人的住宅问题。政府通过扶持保障房、老年公寓或者建立一些老年社区的方式来保障老年人的住宅问题。在政府重新认识“老龄群体”的同时，一些建筑商开始提供适合老年人需要的住房改造服务，如将厨房里的吊柜、卫生间的洗脸盆改造为自动升降，以方便老年人使用；对家里的地面进行防滑处理，将各种明线转为暗线或无线，以防止老人滑倒或绊倒等。

美国的老年住宅设施相当完善，其老年社区十分普遍，它们分为营利性和非营利性两类。前者大多为私人公司所办，后者主要由教会兴办，美国政府则给予部分津贴。老年人居住的社区会为老年人提供很多服务，并有很多不同类型的俱乐部，老年人可以根据自己不同的兴趣加入各种俱乐部；日本的住宅设计则体现了较多的自助自理的成分，日本住宅的技术和电器化程度很高，将其应用于老年住宅也可以使得老年人能够在生活中充分实现自助和自理，比如，提供无障碍设施的老年人住宅产品、提供具有看护性质的老年人住宅产品、提供能和家人共同生活的“二代居”住宅产品等。

5. 老年教育

老年大学从20世纪70年代初期就开始在世界各地创办，由于国情国力的差异，各国的老年大学也各有千秋。世界各国的老年教育大致可以分为三类：补偿教育、继续教育和闲暇教育（陈茗，2002）。法国是老年教育比较正规的一个国家，第一所老年大学创建于1973年，而后迅速发展了很多所，其中大多数由国家经办，学员年龄为55～90岁，平均年龄为65岁。课程包括：体育锻炼，以延缓生理老化；卫生保健，以预防老年病；研究文学、历史、政治、法律、时事，以提高对国家与时代的认识和责任感。有的学校还设有社会学、老年学等课程，增强理论研究。瑞典也是一个老年教育比较有特色的国家。瑞典20%的大学生是老年人。瑞典的老年教育与正规教育融为一体，所有的大学都对老年人开放。在大学生中55岁以上的占20%左右，65岁及以上的占10%以上。瑞典的广播和电视都设有老年教育节目，图书馆为老年人送书上门，多方面为老年读者服务。巴西几年前开始实施老年人上大学计划，60岁以上的老年人可以不必经过高考而上大学，课程安排也与常规不同，学生可以选择科目而学，不必天天上课，还可以在不同的学习班中学习多个科目。如果参加像经济和土木工程这些比较难的专业学习，学生必须接受专业教授的面试，一般情况下，一门专业学习时间是6个月。本人如果愿意，可继续学习其他专业，结业时发放证书。现在巴西全国大约有150所公立和私立大学接收老年大学生。虽然各国老年教育的方式都有所不同，但其基本的宗旨都是相同的，就是服务于老年人，让老年人也拥有继续受教育的权利，从而帮助他们更好地度过晚年。

（二）国外老龄产业发展理念

国外老龄产业的快速发展是在政府调控和市场的有序经营之下共同实现的，不同的国家都具有各自的国情，树立良好的发展理念才能建立具有自身特色的老龄产业体系。从国外老龄产业的发展历程来看，有以下三种优秀的理念值得借鉴。

（1）成熟的政策制定理念。在老龄产业发展的初期，国家产业政策的制定和完善将是带动老龄产业发展的最基本和最主要要素，政策的制定是西方发达国家老龄产业稳步发展的重要基础。西方国家在老龄产业政策的制定上具有良好的基础。一方面，与中国不同，西方国家一般都是在经济社会达到比较好的水平之后才进入人口老龄化社会的，各项社会政策的制定都已经比较成熟，市场的运行也比较规范，关于老龄产业相关制度的制定也就相对更加成熟；另一方面，受到福利制度的影响，社会对于老年人的福利制度具有较高的要求，各社会团体的参与推动了政府相关政策的制定。因此，在政策制定的理念上更符合老龄产业发展的需要。

（2）良好的社会服务意识。社会服务意识是国外老龄产业发展的灵魂。国外体现这一理念的例子很多，例如，纽约的街头为老年人增加了小憩的长椅，还将市内的400个路口进行了改造，延长了行人过街的绿灯时间，因为年轻人每秒能走1.2米，而老人只能走1米；日本的公交车有内置式轮椅升降机，大部分的公共场所（公厕、楼梯等）安装有低位扶杆，甚至连交通信号、交通规则等都作了相应调整，例如，设置行人按钮、红灯时车辆全停止（包括拐弯）等。“想老人所想”、“做我所能做”的服务意识是这些设计的思想来源，强大的非政府组织和社区自发的互助模式给了老龄产业无限的活力和生机。

(3) 先进的市场经营理念。企业的市场经营理念也是值得借鉴的经验之一。敏锐的市场嗅觉是开创新兴产业的基本要求，企业抓住市场需求进行开创性的市场尝试，这样才能使老龄产业成为一个庞大的产业体系，而非零星行业。早在20世纪60年代中期，美国的经营者就意识到了日益突出的老年市场的重要性。他们在得到并开发了人口预测关于老年人消费和生活习惯的有关数据后，便意识到了老年市场是一个有独特需求的市场，并对相关市场展开了充分的调研。例如，1975年，美国的一家零售店的经理在对零售店做了调查后发现，老年人尚有许多未得到满足的消费需求：①老年人需要更多的折扣、优惠；②更需要雇员对他们以礼相待；③在商店购物时需有人给他们指出要买商品的具体位置；④价格标签要清楚易读；⑤结账要快；⑥商品包装要小；等等（楚军红，1995)。可见，具有先进的经营管理理念，对市场进行有效的分析，从老年人的切实需求入手，进行有针对性的生产和管理是发展老龄产业的又一宝贵经验。

第五节　发展江苏老龄产业的建议

在人口老龄化不断加剧、老年人口逐渐增多及老年人消费需求呼声不断高涨的背景下，市场消费需求结构被不断调整与更改，老龄产业应需而生。老龄产业不仅是人口结构老化带来的全新发展契机，也是有效应对人口老龄化的重要内容。现阶段，老龄产业仍处于发展初期，滞后于人口老龄化进程，既不能有效满足老年人口需求，也不能充分发挥其缓解人口老龄化负面影响的作用。江苏省老龄产业发展走在全国前列，但是仍然存在诸多问题，如老龄产业发展领域单一、子产业发展不均衡、产业标准和市场规范缺失等，严重阻碍了老龄产业对日益增多的老年人需求的供给数量与质量，不利于老龄产业的健康发展。基于对江苏省老龄产业发展现状及问题的研究，我们认为，可以从以下几个方面入手来促进老龄产业的发展。

（一）政府应加大对老龄产业发展的扶持力度

对于老龄产业的兴起和发展，无论是发展中国家还是发达国家，政府都起着扶持、指导和催化的作用。对于江苏省来说，政府应加大对老龄产业的扶持力度，在政府层面上注重老龄产业的发展，利用政策的调节充分推动老龄产业的发展；进一步整合老龄产业发展，形成发展老龄产业的良好氛围和环境；紧密围绕老年人的消费需求，结合江苏经济社会发展水平，制定老龄产业的中长期行业发展规划。

首先，政府要为老龄产业的发展创造良好的竞争机制和政策环境。一方面，要清除对非公有制老龄企业创办的限制条件，为老龄产业提供公平的竞争环境；另一方面，制定可实施性强的政策和实施计划，针对我省不同地区的发展情况应制定差别化的公共政策。例如，在养老机构政策的制定上，应对苏南、苏中、苏北地区制定不同的政策要求：苏中、苏北地区首先应加大基本扶持政策的落实，同时根据地区的发展特点，制定其他符合现实需要的政策思路，如简化审批程序、引入评估机制及实现监督管理社会化等，从而促进民办养老机构的良性发展；苏南地区则应重点针对养老机构发展过程中出现的问题，在政策上"各个击破"，及时制定相关政策法规，并不断创新发展民办养老机构的政策思路。

其次，加大并确保政府对老龄产业的财政支持及税收优惠政策的落实。目前，江苏省已出台相关文件规定了对民办养老机构进行相应的补贴和税收减免，但未应用于其他老龄产业。老龄产业的整体利润率较低，因此政府应在项目审批、财政、信贷、税收、投资、营销和流通等多个方面给予必要的政策扶持。在项目审批方面，尽量简化立项和审批手续；在税收方面，对新开办的从事老年产品和服务的企业实行减免，对利润偏低的企业实行低税率，对提供养老服务的机构免征营业税等，同时在公用事业收费方面，如水电、通信等方面，尽量减免有关行政性收费；在信贷方面，银行应对老年产品生产和服务的企业放低贷款门槛，并收取较低的利息；等等。

（二）创新老龄产业的发展机制，建立多元化的发展模式

老龄产业的发展需要通过政府引导社会各方面的力量，建立国家宏观管理、社会力量兴办、市场化运作的运行机制。在产业投资、产业经营模式、产业管理等多方面进行创新。

第一，发展多元化的投资方式。老龄产业的产业化、市场化、社会化的发展路径要依靠多种形式的投资，除了政府投资，民间资本的加入将有利于发展多元化的投资方式，并由此推动老龄产业的发展。例如，在养老服务领域、老年住宅领域可以放开投资限制，允许房地产开发商进行投资，通过政策的调节以房地产市场的发展带动养老机构和老年住宅的发展。另外，也可以鼓励国外经济实体和个人投资我们的老龄产业，借以引入其他国家和地区在老龄产业发展方面的先进经验。

第二，建立多样化的生产和服务模式。一方面，在产品和服务的供给上要丰富内容，满足不同老年人的需求；另一方面，在管理体制、产品及服务的类

型、人才的使用等方面，老龄产业的经营主体需要根据市场需求和社会环境的变化而不断创新，建立多样化的生产和服务模式，改变当前“少、缺、差、贵”的现象。以养老服务领域的经营为例，可以借鉴一些地方的做法，将一些床位入住率低的养老机构与床位紧张的地区联合，组织“候鸟式养老”，不仅可以满足老年人的需求，还能充分利用床位资源，有效解决养老机构的床位问题。

第三，提高管理者的管理素质，完善产业管理。要借鉴西方国家的管理经验，提高参与者的服务意识和管理者的管理理念。通过教育及培训的方式提高公众对老龄产业的认识并培养专业的管理人才。通过对创业者的培训，以及对高校毕业学生创业的资助来提高经营主体的管理素质，同时，完善职业资格审批制度，提高从业标准。

第四，积极推动老龄产业结构的调整。根据目前市场的供求状况，要把调整产业结构同开拓老年市场、发展老龄产业密切结合。在发展老龄基础产业的前提下，重点发展养老服务业；建立和完善公开、规范的养老服务业准入制度，积极支持以公建民营、民办公助、政府补贴、购买服务等多种方式兴办养老服务业，着重发展日间照料服务业，积极发展护理康复服务业，发展临终关怀服务业；鼓励发展老龄休闲业，包括鼓励发展老龄旅游业，鼓励老龄娱乐产业化经营；大力培养老年社会工作人才，老年社会工作并非单纯的养老服务工作，还包括心理咨询、权益保护、法律援助、社会救助、特殊群体融合等。

第五，发展老龄优势产业，带动老龄产业的全面发展。老龄产业及其所有子产业面向的市场消费对象相同，因此一项老龄子产业的发展将对其他老龄子产业的发展产生深远影响。为完善老龄产业，可以利用优势产业的发展带动其他老龄产业的发展。在江苏省老龄产业中，养老服务行业的发展较为迅速，因此可以通过对养老服务体系的完善进一步推动和完善老年日常用品业、老年保健用品业、老年住宅业、老年理财业的发展。以各类养老服务机构对产品和服务的购买为起点，刺激其他老龄产业的发展。

（三）总结已有的发展经验，由点到面全面发展

近些年来，江苏省在老龄产业方面也积累了丰富的发展经验。虽然目前多数好的发展模式仍处于部分地区的试点阶段，但是总结这些经验，将对江苏省老龄产业乃至全国老龄产业的发展起到重要的促进作用。

无锡江阴市老龄产业的发展就有很多方面值得借鉴。一是开放养老机构内医保卡的使用，综合了医院和老年公寓优点的同时，又弥补了医院和老年公寓自身的缺陷，由此在老龄服务产业方面产生了医养结合的新模式；二是鼓励社会民间资本投入老龄产业，并在2010年启动建设了外商投资养老服务项目；三是建设老年用品展销中心，对外经营睡眠保健类、生活护理类、助医理疗类、

休闲锻炼类、娱乐文化类等共计680多种老年产品，并提供护理培训、居家养老、心理咨询等助老服务，弥补了在老龄专用产品和专业服务方面的不足。另外，南京市鼓楼区在社区居家养老中建立第三方评估机制的做法也值得推广，通过成立南京市惠康通居家养老服务中心，对参与政府购买服务的社会组织进行全程监督管理，不仅为政府决策提供依据，还扩大了养老服务产业的服务范围。

本章小结

在逐渐增多的老年人口及日益增加的老年人消费需求的推动下，老龄产业方兴未艾，将日益成为新的经济增长点。与此同时，老龄产业的发展将对促进居民就业、优化高校的专业结构设置、改变人们的就业观念等方面产生积极意义。随着人口老龄化问题的突出和政府政策引导力度的进一步加大，江苏的老龄产业逐渐加快发展步伐，特别是养老机构的发展尤为明显。但就全省而言，老龄产业的发展仍远远不能适应人口老龄化形势的需求，其市场供给亦不能满足广大老年人的需求。与全国的情况比较，江苏省的老龄产业发展相对较好，但是仍停留于初步发展阶段。目前江苏省老龄产业中发展较快且较好的为养老服务领域，其次为老年护理服务，再次为老年产品、老年旅游、金融保险业等。虽然老龄产业涉及的各领域均有发展，但其子产业的发展仍不均衡，问题较为突出。人口老龄化程度的加剧将推动江苏省老龄产业迅速发展，但在老龄产业发展中仍存在着供需矛盾、老龄产品和服务缺乏吸引力、产业标准和市场规范缺失等问题，这主要是受到政府对老龄产业的政策支持力度不够、管理体制不完善、消费群体的消费能力和消费心理的制约、投资者对老龄产业的认识不足，以及专业人才匮乏等因素的影响。在逐步解决以上问题的基础上，人口老龄化将促进江苏省老龄产业的发展并带动相关领域共同发展，为促进经济社会进一步发展提供重要的支撑。

政府需要高度重视老龄产业的发展：首先，应加大对老龄产业发展的扶持力度，为老龄产业的发展创造良好的竞争机制和政策环境，加大并确保政府对老龄产业的财政支持及税收优惠政策的落实；其次，政府应引导老龄产业发展机制的创新，提倡多元化的发展模式，鼓励企业完善产业管理，提高人员素质，积极推动老龄产业结构调整，走出一条由老龄优势产业优先发展到老龄产业全面铺开的发展道路；最后，还应不断总结老龄产业已有发展经验，推广无锡和南京相关老龄产业的发展模式，促进老龄产业由点到面的全面兴起与健康发展。

参 考 文 献

班茂盛，朱连忠．2003. 城市人口老龄化对养老保险筹资模式的影响及政策建议．浙江大学学报（人文社会科学版），06：74-80.

保罗·朗格让．1988. 终身教育导论．滕星，等译．北京：华夏出版社．

彼得·戴蒙德 ，张占力．2010. 社会保障私有化：智利经验．拉丁美洲研究，06：66-73.

曹东勃．2009. 快速人口老龄化背景下都市养老模式的转变．中州学刊，02：106-110.

陈浩．2006. 浅谈日、德医疗保险制度中对个人责任激励的经验与借鉴．生产力研究，07：194-195.

陈良瑾．1990. 社会保障教程．北京：知识出版社．

陈茗．2002. 日本老龄产业的现状及其相关政策．人口学刊，11：8-12.

陈乃林，孙孔懿．1998. 终身教育的一项紧迫课题——关于我国老年教育的若干思考．教育研究，03：65-68.

陈星．2005. 美国养老金制度的改革与创新．经济导刊，10：56-60.

程永宏．2005. 现收现付制度与人口老龄化关系定量分析．经济研究，03：57-68.

楚军红．1995. 美国和法国的老年消费市场服务．人口与发展，12：56-57.

褚福灵．2010. 中国社会保障体系的科学架构研究．社会保障研究，01：65-77.

戴维斌．2008. 中外社会保障体制比较．北京：国家行政学院出版社．

戴卫东．2012. 中国长期护理保险制度构建研究．北京：人民出版社．

戴星翼．1996. 论老龄化过程与市场体系．市场与人口分析，01：13-15.

邓大松，杨红燕．2005. 人口老龄化与农村老年医疗保障制度．公共管理学报，05：81-84.

邓聚龙．2002. 灰理论基础．武汉：华中科技大学出版社．

丁建定．2004. 瑞典社会保障制度的发展．北京：中国劳动社会保障出版社．

丁建定．2007. 西方社会保障制度改革及其评价．学习与实践，02：97-101.

丁建定，杨凤娟．2004. 英国社会保障制度的发展．北京：中国劳动社会保障出版社．

董之鹰．2009. 试析我国改革开放以来老年教育的发展历程．社会科学管理与评论，01：78-83.

杜鹏．1992. 中国人口老龄化主要影响因素的量化分析．中国人口科学，06：20-26.

杜鹏，翟振武，陈卫．2005. 中国人口老龄化百年发展趋势．人口研究，06：92-95.

杜子才．1997. 有中国特色的社会主义老年教育刍议．中国老年学杂志，02：62-63.

方曙光，疏蕾．2008. 公民社会下我国慈善事业发展目标的构建．学术界，04：25-30.

高芳英．2006．美国医疗保险体系的特点及对中国的启示．江海学刊，04：218-223.
高向东．1999．健康老龄化与老年教育．西北人口，01：58-60.
顾大男．1999．中国人口老龄化与未来商机分析综述．人口与发展，03：40-43.
桂晁．2009．老年用品市场是座金矿江苏“银发产业”观察之一．http：//jsjjb. xhby. net/html/2009-10-20/content-67801. htm[2009-10-22].
韩伟，穆怀中．2007．德国公共养老金调整指数改革研究．市场与人口分析，04：70-76.
胡春才．1999．老年人资源开发探讨．市场与人口分析，05：8-12.
胡晓，赵鹏程．2009．老年教育事业发展的制约因素与对策．求索，02：164-165.
黄健元．2008．人口老龄化与基本养老保险基金平衡研究——以江苏省为例．南京：江苏人民出版社．
江苏老龄网．2010．聚焦13亿人如何养老，养老机构陷入高需求低入住怪圈．http：//www. jsllw. gov. cn[2010-6-24].
“江苏生育意愿和生育行为研究”课题组．2008．低生育水平下的生育意愿研究．江苏社会科学，02：170-177.
姜向群．2006．人口老龄化对退休金负担影响的量化研究．人口研究，02：53-57.
姜永宏．2006．关于中国隐性养老金债务问题研究．暨南学报（哲学社会科学版），03：72-79.
杰夫·奥斯契夫．1997．人口老化的七大商业机会．市场与人口分析，03：52-53.
凯瑟琳·麦金尼斯-迪特里克．2008．老年社会工作——生理、心理及社会方面的评估与干预．隋玉杰，译．北京：人民大学出版社．
康建英．2009．人口年龄结构转变对我国综合要素生产率的影响——基于人力资本的视角．西北人口，03：43-46.
李光勇，夏怀华．2007．国际医疗体制改革及启示．西北人口，04：117-120.
李国林．2003．论慈善事业与社会保障的关系．求实，11：160-161.
李洪心，高威．2008．中国人口老龄化对消费结构影响的灰关联度分析．人口与发展，06：67-72.
李建民．2001．老年人消费需求影响因素分析及我国老年人消费需求增长预测．人口与经济，05：10-16.
李建民．2011．关于我国退休制度改革的几点思考．人口与发展，(04)：25-28.
李赖志，赵维良．2009．发达国家医疗保险改革及对我国的借鉴．财经问题研究，03：83-87.
李兰英．2001．社会保障制度改革的国际借鉴及其完善．中央财经大学学报，08：23-27.
李芹，孙艳艳．2003．民办养老机构中老年人基本生活状况调查．社会福利，02：33-40.
李薇．2007．谈发展老年产业与发展老年福利事业．知识经济，08：64-65.
李伟．2005．经济转型期我国就业弹性问题研究．广西社会科学，09：73-75.
李文星，徐长生，艾春荣．2008．中国人口年龄结构和居民消费：1989—2004．经济研究，07：120-131.

李珍．2001．社会保障概论．北京：中国劳动社会保障出版社．
林宝．2010．人口老龄化对企业职工基本养老保险制度的影响．中国人口科学，01：86-94.
林燕．2009．中国城镇职工基本医疗保险制度转型研究——基于制度经济学视角的分析．江西财经大学硕士学位论文．
凌文豪．2009．人口老龄化对养老保障体系的挑战及对策．求索，10：85-87.
柳清瑞．2005．基于人口老龄化的日本养老金调整机制分析．东北亚论坛，04：58-61.
柳清瑞，田香兰．2008．中国建立覆盖城乡社会保障体系的基本框架与推进策略．天津社会科学，06：56-58.
卢元．2000．试论人口老龄化过程中我国城镇职工养老保险的可持续发展．人口研究，03：59-62.
骆勤．2006．人口老龄化与社会保障制度可持续发展．财经论丛（浙江财经学院学报），11：32-37.
马丁·费尔德斯坦．2000．20 世纪 80 年代美国经济政策．王健，等译．北京：经济科学出版社．
马歇尔·N·卡特，威廉·G·希普曼．2003．信守诺言——美国养老社会保险制度改革思路．李珍，译．北京：中国劳动社会保障出版社．
民政部财务司．2009．2009 年民政事业发展统计公报．http：// cws. mca. gov. cn/article/tjkb/[2010-9-2].
欧广源，雷于蓝．2006．广东人口发展战略研究．北京：中国人口出版社．
彭秀健，Dietrich Fausten. 2006．低生育率、人口老龄化与劳动力供给．中国劳动经济，04：49-69.
乔晓春，张恺悌，孙陆军，等．2005．对中国老年贫困人口的估计．人口研究，02：9-16.
仇雨临．2005．人口老龄化对医疗保险制度的挑战及对策思考．北京科技大学学报，01：30-32.
曲海波．1989．中国人口老龄化的人口学原因．人口研究，04：10-18.
阮凤英．2004．社会保障通论．济南：山东大学出版社．
史柏年．2001．退休年龄与养老金支付．人口与经济，02：71-76.
斯温·霍特，郑秉文．2004．20 世纪 90 年代瑞典社会保障改革综述：从“慷慨”到“吝啬”．国外社会科学，04：45-53.
宋建军．2002．莫迪利亚尼生命周期假说与中国农民人力储蓄模型．经济学动态，11：57-61.
田雪原．2007．21 世纪中国人口发展战略研究．北京：社会科学文献出版社．
田雪原，王金营，周广庆．2006．老龄化——从“人口盈利”到“人口亏损”．北京：中国经济出版社．
童玉芬，刘广俊．2008．北京市人口老龄化及对社会保障支出的影响．人口与发展，(04)：16-22.
王诚．2004．社会保障体制改革中的美国经历与中国道路．中国人口科学，02：24-34.

王德文，蔡昉，张学辉．2004. 人口转变的储蓄效应和增长效应——论中国增长可持续性的人口因素．人口研究，05：3-12.
王东进．2001. 中国社会保障制度的改革与发展．北京：法律出版社．
王虹森，郭爱妹．2010. 江苏省民办养老服务机构发展研究．江苏老年学研究，01：16-22.
王慧敏．2007. 瑞典养老保障制度及其对我国改革的启示．山东大学硕士学位论文．
王金营，付秀彬．2006. 考虑人口年龄结构变动的中国消费函数计量分析——兼论中国人口老龄化对消费的影响．人口研究，01：31-38.
王森．2010. 中国人口老龄化与居民消费之间关系的实证分析——基于 1978—2007 年的数据．西北人口，01：24-29.
王树新，杨彦．2005. 老年人力资源开发的策略构想．人口研究，03：65-71.
王艳霞．2005. 关于英国社会救助制度的研究．河北大学硕士学位论文．
王宇鹏．2011. 人口老龄化对中国城镇居民消费行为的影响研究．中国人口科学，91：64-73.
王章华，黄丽群．2010. 我国老龄产业现状、问题与建议．宏观经济管理，01：39-41.
邬沧萍．1999. 社会老年学．北京：中国人民大学出版社．
吴好，曹晶晶，刘嘉丽．2010. 俄罗斯三支柱养老金制度评述及其对中国的启示．生产力研究，06：196-198.
谢钧，谭琳．2000. 城市社会养老机构如何适应日益增长的养老需求？——天津市社会养老机构及入住老人的调查分析．人口与发展，05：67-70.
许琳．1999. 论老年人的经济保障与服务保障——迎接人口老龄化对养老保障制度的挑战．宁夏社会科学，06：60-63.
阎青春．2006. 发展老龄产业满足老年人多种需求．社会福利，12：14-16.
杨宏，谭博．2006. 西方发达国家老龄产业的发展经验及启示．经济纵横，11：67-68.
杨宏，吴长春．2010. 完善我国老年社会保障体系．东北师大学报（哲学社会科学版），02：36-41.
杨娟．2009. 21 世纪西欧国家养老金改革述评．公共管理学报，04：110-116.
杨莎．2009. 世界银行多支柱养老金制度改革模式研究．湖南师范大学硕士学位论文．
杨燕绥，胡乃军．2012. 老龄化视角下的养老保障问题研究//2012 年养老保障国际学术论坛．2012 年养老保障国际学术论坛论文集．武汉：武汉大学社会保障中心：3-6.
姚从容，李建民．2007. 人口老龄化与社会福利状况：国际比较及其启示．人口学刊，06：20-24.
姚远．2004. 从财富论到资源论：对老年人力资源问题的再认识．学海，01：123-126.
于学军．1996. 中国人口老化与储蓄．人口与经济，03：10-17.
于学军．2003. 从上海看中国老年人口贫困与保障．人口研究，03：33-38.
袁辉．2001. 浅谈社会福利社会化改革．经济研究参考，32：46-49.
袁霓．2012. 论当前中国的就业结构及其调整．技术经济与管理，01：110-114.
原新，刘士杰．2009. 1982～2007 年我国人口老龄化原因的人口学因素分解．学海，04：142-147.

曾湘泉．2010. 劳动经济学．上海：复旦大学出版社．
曾毅，张震，顾大男，等．2011. 人口分析方法与应用．北京：北京大学出版社．
张纯元．1989. 论中国的老年教育．北京大学学报（哲学社会科学版），06：95-100.
张纯元．1994. 中国人口老龄化与未来市场．市场与人口分析，01：44-46.
张晖，何文炯．2007. 中国养老模式转变的成本分析．数量经济技术经济研究，12：87-91.
张维华．2008. 和谐社会视野下发展老年教育的思考．浙江社会科学，03：122-124.
张再生．2000. 中国人口老龄化的特征及其社会和经济后果. 南开学报，01：84-90.
张志莹．2003. 浅谈老年人力资源的开发．西北人口，01：45-47.
赵春明，郑海燕．2000. 美国社会福利保障体制改革及对我国的启示．亚太经济，05：25-27.
赵巍巍．2011. 美德：养老金待遇调整殊途同归．中国社会保障，09：23-25
郑秉文．2004. OECD 国家社会保障制度改革及其比较．经济社会体制比较，05：112-124.
郑秉文，春雷．2001. 社会保障分析导论．北京：法律出版社．
郑秉文，房连泉．2006. 社保改革“智利模式”25 年的发展历程回眸．拉丁美洲研究，28（05）：3-15.
郑功成．1994. 中国社会保障论．武汉：湖北人民出版社．
郑功成．2002. 中国社会保障制度变迁与评估．北京：中国人民大学出版社．
郑功成．2006. 社会保障概论．上海：复旦大学出版社．
郑功成．2008. 中国社会保障 30 年．北京：人民出版社．
郑少春．2008. 我国人口老龄化与养老保险体系的完善．福建论坛（人文社会科学），02：121-124.
周薇，郭爱妹．2002. 人口老龄化的挑战与我国养老机制的选择//中国社会保障制度 2002 年国际学术研讨会——中国社会保障制度改革与发展．武汉：武汉大学社会保障中心：445-461.
周新宏．2007. 杭州市区社会养老设施现状及发展对策研究．西北人口，02：90-94.
朱庆芳. 2007. 我国老龄化社会的特点、问题和对策．http：//www. sociology. cass. cn［2011-1-23］.
Cumming E，Dean L R，Newell D S，et al. 1960. Disengagement—A tentative theory of aging. Sociometry，(23)：23-35.
Clark R L，Burkhauser V R，Moon M，et al. 2004. The Economics of an Aging Society. Hoboken：Wiley-Blackwell.
Clark L R，Spengler J J. 1992. The Economic Consequences of Population Aging. New York：Cambridge University Press.
Cutler D M，Poterba J M，sheiner L M，et al. 1999. An aging society：opportunity or challenge. Brookings Paper on Economic Activity，01：1-73.
Erlandsen S，Nymoen R. 2008. Consumption and population age structure. Journal of Population Economics，21 (3)：505-520.

Gould A. 1993. Capitalist Welfare Systems：a Comparison of Japan，Britan and Sweden. London：Longman.

Holzmann R，Palacios R，Zviniene A. 2004. Implicit pension debt：issues，measurement and scope in international perspective. Social Protection Discussion Paper Series，No. 0403，30153，The World Bank. http：//www. worldbank. org/[2012-9-20].

Mason A. 1985. National saving rates and population growth：a new model and new evidence. //Johnson D G，Lee R D. Population Growth and Economic Development：Issues and Evidence. Madison：The University of Wisconsin Press：523-560.

Rose A M，Petersen W A. 1965. Older People and Their Social World. Philadelphia：F. A. Davis Company.

United Nations. 2009. World population aging 2009. http：//www. un. org/ en/ index. shtml[2012-6-13].